세계관의 충돌
21세기 국제질서 사상으로 이해하기

세계관의 충돌

21세기 국제질서 사상으로 이해하기

CLASH *of* WORLDVIEWS

정하늘 지음

SILO 국제법질서연구소
SYSTEM FOR INTERNATIONAL LAW AND ORDER

CONTENTS

영어판 서문 ··· 4
한국어판 서문 ··· 10

PART 01 · 변화하는 세계	··· 13
PART 02 · 국제정치의 본질과 원리	··· 21
PART 03 · 권력과 정당성: 역사 속 현실정치의 도전	··· 33
PART 04 · 유럽의 계몽주의, 근대의 문을 열다	··· 45
PART 05 · 칸트의 평화 비전과 자유주의 세계관	··· 55
PART 06 · 세력균형의 역설: 19세기 유럽의 지정학	··· 73
PART 07 · 세계의 사명: 미국 예외주의와 자유주의적 국제주의	··· 85

    01. 자유주의적 패권의 기원
    02. 글로벌 행위자로서의 부상

| PART 08 · 제2차 세계대전: 이념의 충돌과 냉전의 탄생 | ··· 103 |
| PART 09 · 냉전기의 역학 | ··· 113 |

    01. 전략, 이념, 그리고 초강대국 경쟁
    02. 다자주의의 새벽

| PART 10 · 팍스 아메리카나와 자유주의 국제질서 | ··· 133 |

PART 11 · 다극화를 향한 중국과 러시아의 도전 ··· 149

PART 12 · 일극 패권의 쇠퇴와 다극체제의 부상 ··· 167

PART 13 · 패권국이 없는 세계 ··· 181

    01. 미국: 패권국에서 최강대국으로
    02. 길 잃은 자유민주주의 국가들: 지도력의 부재 속에서
    03. 중국과 러시아: 경쟁자이자 동반자
    04. 기회의 땅 글로벌 사우스: 다극 세계의 교차점

PART 14 · 다극화 시대, 다자주의는 살아남을 수 있을까? ··· 227

PART 15 · 자유민주주의의 실존적 위기 ··· 241

    01. 자유주의 이념의 확장과 분열
    02. 양극화의 위험: 극단주의가 자유민주주의에 미치는 위협
    03. 잠재적 해결책: 정치적 중도의 부상
    04. 자유민주주의의 미래와 다극화 세계의 운명

PART 16 · 변화의 격랑 속에서: 미래를 향한 성찰 ··· 285

참고 문헌 ··· 291

| 영어판 서문 |

 개인적인 경험 하나를 나누고자 한다. 저자에게 '진실'에 관한 화두를 던져준 사건의 이야기다.
 과거 나는 정치적으로 무척 민감한 법적 분쟁을 총괄한 적이 있었다. 사실관계도 복잡했고, 법리적 쟁점 역시 얽히고설켜 있었다. 다행히 훌륭한 동료들의 헌신과 약간의 행운 덕분에 최종적으로는 좋은 결과를 얻을 수 있었다. 그러나 1심 판정이 문제였다. 최종심에서 승소를 거두었음에도 불구하고, 1심의 패소가 정치적 개입으로 인한 이른바 '자초한 패배'라는 주장이 제기된 것이다. 근거 없는 음모론에 불과했지만, 몇 년간 사건에 온 힘을 쏟았던 팀원들 가운데는 그 말에 상처를 받은 이들도 있었다.
 팀을 이끄는 입장에서, 나는 1심 대응이 정당했음을 설명해야 한다는 책임감을 느꼈다. 그래서 공개적인 자리든 비공개적인 자리든 가리지 않고, 1심에서의 철저한 대응이 있었기에 최종심에서의 승리가 가능했다고 꾸준히 밝혀왔다. 책임 있는 자리에 있던 이들은 정치적 입장과 무관하게 나의 설명을 이해해주었다. 하지만 모든 이들이 그렇지는 않았다. 내가 소영웅주의에 취해서, 또는 정치적 의도를 갖고 1심 대응과정을 두둔한다고 비난하는 사람도 있었다. "그저 사실을 설명하려는 것"이라 항변하는 나를, 이렇게 다그친 사람도 있었다.

"사실 위에 진실이 있어!"

그 발언을 통해, 나는 모든 정치적 갈등의 본질을 엿볼 수 있었다.

그에게 있어 '진실'이란 단순한 사실의 집합을 넘어, 신념과 가치, 이념적 정수가 응축된 그 무언가였을 것이다. 그러나 그러한 '진실'은 언제나 주관적일 수밖에 없다.

실제로 정치적 행위와 그에 대한 평가는 논리만으로는 설명되지 않는 것이 보통이다. 직관, 감정, 그리고 신념이 종종 객관적 사실을 압도한다. 심지어 누구나 인정할 만한 '사실'조차도 이념의 프리즘을 통과하는 순간 보편성을 잃기 쉽다. 논리적 추론을 통해 객관적인 결론에 다다를 수 있어야 마땅할 것 같지만, 현실은 그렇지 않다. 논리는 진실을 찾는 도구가 아니라, 이미 내린 결정을 합리화하는 수단이 되곤 한다.

사법 절차는 이를 막기 위해 객관적 기준과 증거를 우선시하도록 설계되어 있다. 하지만 판사, 중재인, 배심원 등의 판단자라도, 인간인 이상 '직관'의 영향에서 자유로울 수는 없다. 경험 많은 변호사라면 누구나, 제출된 증거나 주장을 제대로 검토해보기도 전에 이미 결론을 내려버린 판단자를 상대해본 적이 있을 것이다.

그렇다면 인간의 직관은 무엇에 의해 형성되는가? 지식과 경험, 감정, 인지 편향, 잠재의식 등이 복잡하게 얽혀 직관을 빚어낸다. 특히 정치적 판단과 같이 가치가 개입되는 문제에서는 직관의 힘이 더욱 크게 작용한다. 결국 정치적 직관을 결정짓는 가장 큰 요소는 개인의 가치관이다. 사람은 같은 사실을 보고도 가치관에 따라 전혀 다른 '진실'에 도달한다. 그리고 그 가치관은 세계관 위에 세워진다. 다시 말해, 세계관이야말로 인간의 사고와 행동을 가장 깊은 곳에서 규정하는 근본 기준인 것이다.

그런데 세계관 중에는 개인을 넘어 사회와 국가, 민족이나 심지어 인류 전체에 의해 공유되는 보편적인 것들도 있다. 이러한 세계관은 공통의 역사와 문화, 교육과 전통을 통해 세대를 거쳐 전승되며, 때로는 위대한 사상가들의 철학적 사유에 의해 새롭게 형성된다. 인류사의 중요한 전환기마다 새로운 세계관을 제시하는 사상가들이 나타났고, 그들의 사상은 사회 구조를 근본적으로 뒤바꾸어 왔다. 시대를 지배하는 사상은 세계관을 변화시키고, 세계관의 변화는 국제질서를 뒤흔든다. 따라서 국제질서의 전환은 권력의 이동일 뿐만 아니라, 기존 질서를 정당화하는 사상과 새로운 질서를 꿈꾸는 사상 간의 충돌이기도 한 것이다.

이 책의 제목 『세계관의 충돌: 21세기 국제질서 사상으로 이해하기』는 바로 이러한 문제의식을 담았다. 역사적 맥락이 국가 행위의 조건을 형성한다면, 그 행위를 이끈 사람들이 '무슨 생각을 하고 있었는지'를 이해하기 위해서는 그들의 세계관과 사상을 들여다보아야 한다. 냉전 이후 이어져온 미국 주도의 자유주의 국제질서가 종언을 맞이하고 있는 오늘날, 세계 각지에서는 새로운 질서에 대한 비전들이 충돌하고 있다. 이런 복잡한 국제 환경을 제대로 이해하기 위해서는 겉으로 드러난 현상 너머, 그 이면에 자리한 사상과 이념의 구조를 파악할 필요가 있다.

이 책은 2023년 한국어로 출간된 나의 전작 『21세기 국제질서 맥락으로 이해하기: 패권 전환기 속 대한민국의 미래』의 후속작이다. 전작이 역사적 사건과 사실관계를 중심으로 국제질서를 풀이하며 사상의 흐름을 부분적으로 다루었다면, 이번에는 반대로 사상을 중심으로 국제질서를 해석하며 그 위에 일부 사건을 얹고자 했다. 전작과 이 책의 주제는 겹치지만 구성과 초점은 다르다. 그럼에도 두 책은 마치 동전의 양면과도 같다.

이 책에는 부족한 점이 많다. 오류도 있을 것이다. 독자들 가운데는 저자보다 지식이 풍부하고 통찰력이 깊은 사람도 많을 줄로 안다. 하지만 책이란 그 수준과 상관없이 모든 독자에게 새로운 사유의 계기를 제공할 수 있다. 이 책이 단 한 명의 독자에게라도 건설적 사유의 단초를 제공할 수 있다면, 그것으로 충분하다.

우리가 맞닥뜨린 시대적 도전에 인류가 지혜와 연대로 대응하기를, 그리고 선하고 정의로운 주님께서 우리의 부족함을 채워 주시기를 간절히 바란다.

| 한국어판 서문 |

 이 책은 저자가 최근 영문으로 출간한 『Clash of Worldviews – Understanding the 21st Century International Order Through Ideas』를 직접 한국어로 옮겨 펴낸 것이다. 영어판과 달라진 점 몇 가지를 이 기회를 빌려 간략히 설명하고자 한다.

 영어판 서문에서도 밝혔듯이, 이 책 『세계관의 충돌: 21세기 국제질서 사상으로 이해하기』는 저자의 전작 『21세기 국제질서 맥락으로 이해하기: 패권 전환기 속 대한민국의 미래』와 마치 동전의 양면과도 같은 책이다. 두 책은 서로 다른 방식으로 논지를 전개하지만, 내용상 겹치는 부분이 불가피하게 존재한다. 영어판에서는 그러한 중복을 피하지 않고 오히려 전작의 내용을 과감하게 활용했다. 『21세기 국제질서 맥락으로 이해하기』가 영어로 소개된 적이 없었으므로, 조금 장황하더라도 내용이 충실한 쪽이 의미 있으리라고 보았기 때문이다.

 그러나 전작이 출간·유통된 지 이미 몇 년이 지난 한국 출판시장에서 같은 방식을 취하는 것은 적절치 않다고 판단했다. 따라서 한국어판에서는 책의 흐름을 해치지 않는 범위에서 전작에 포함된 것과 동일한 내용을 과감하게 축약하거나 제외했다. 그럼에도 여전히 남아 있는 중복 부분은 '재탕'이 아니라 책의 맥락상 불가피한 요소였음을 이해해 주길 바란다.

또 한 가지 양해를 구할 부분은 문체다. 전작은 처음부터 한국어로 집필한 책이지만, 이 책의 원본은 영어로 쓴 『Clash of Worldviews』다. 저자가 직접 쓴 글이라 한국어 번역이 수월할 것이라 예상했지만, 그건 착각이었다. 처음부터 영어로 작성한 문장은 한국어와는 문장 구조와 전개 방식에 있어 미묘한 차이가 있었고, 그대로 옮길 경우 어색하게 읽히는 대목이 많았다. 그런 부분은 본래의 의미를 해치지 않는 선에서 과감히 의역하거나 수정했다. 그 과정에서 장황한 서술이나 중언부언을 가급적 쉽고 직관적이게 다듬었고, 필요 시 추가적인 사실관계를 더하거나 글의 요지가 좀더 명확하게 부각되는 방식으로 다시 서술하기도 했다.

따라서 이 책은 영어판의 완벽한 '번역서'라고 보기는 어려울지 모른다. 그보다는 영어판을 더 쉽고 간결하며 직관적으로 다듬은 책이라고 볼 수 있을 것이다. 그럼에도 책이 담고 있는 주제와 문제의식은 영어판과 다르지 않음을 밝힌다.

PART 01

변화하는 세계

자신이 향할 항구를 모르는 자에게는
어떤 바람도 순풍이 될 수 없다.
*Ignoranti quem portum petat,
nullus suus ventus est.*

•

루키우스 안나에우스 세네카(Lucius Annaeus Seneca)

세상이 요동치고 있다. 역사는 곧 변화의 연속이라지만, 현재 진행 중인 변화는 그 깊이와 폭에서 유례를 찾기 어려운 수준이다. 이는 우리가 직면한 것이 단순한 시대적 변화가 아니라 세계질서 그 자체의 근본적 재편이기 때문이다.

현재 진행 중인 질서의 변화는, 아무리 보수적으로 보아도 1991년 소련이 붕괴한 이래 역사상 최대의 지정학적 격변이다. 심지어 문명사적 대전환으로 비화할 가능성도 배제할 수 없다. 이 변화의 파장은 정치와 경제는 물론 문화와 사회 전반에까지 스며들어, 모든 국가의 근간을 뒤흔들 것이다.

징후는 명징하다. 불과 몇 년 전까지 전성기를 구가하던 국제기구들은 어느새 시대에 뒤처진 듯 보이고, 굳건해 보였던 집단안보체제도 균열을 드러내고 있다. 멈추지 않을 것만 같던 세계화의 물결마저 역류하고 있다. 제2차 세계대전 이후, 늦어도 냉전 종식 이래 국제사회를 이끌어온 '자유주의 국제질서liberal international order'는 서서히 해체되고 있으며, 우리 앞에는 아직 윤곽조차 흐릿한 새로운 시대의 패러다임이 놓여 있다.

이 거대한 변화를 추동하는 동인은 크게 세 가지다.

첫째는 세력구조의 재편이다. 지난 30여 년간 국제사회는 미국이 유일한 패권국으로 군림하는 일극체제unipolarity 아래 놓여 있었다. 이제 그 시대는 저물고 있다. 압도적 우위로 국제질서를 관리하던 미국의 힘이 약화되면서, 국제사회는 전통적 강대국 경쟁great power rivalry의 귀환을 예고하고 있다. 다만 다음 시대의 지형도는 아직까지 짙은 안개에 가려져 있다.

둘째는 세계 경제질서의 구조적 전환이다. 자유주의 국제질서는 자유무역과 경제적 상호의존을 통한 번영과 평화를 핵심 가치로 삼았다. 그러나 그 정당성은 급격히 흔들리고 있다. 빠르면 2016년, 또는 늦어도 2022년부터 미국은 자유무역주의에 의문을 제기하며 보호주의와 산업정책을 앞세우기 시작했다. 글로벌 공급망은 분절되고, 시장은 파편화되고 있다. 전면적 자유무역의 시대는 사실상 막을 내렸다.

셋째, 자유주의 이념의 쇠퇴다. 지난 수십 년간 인권·민주주의·환경 보호 등과 같은 진보적 가치는 국제사회의 공통 언어로 기능해왔다. 그러나 이젠 이를 노골적으로 거부하는 국가들이 늘고 있다. 어떤 국가는 이러한 가치들이 자국의 문화·전통과 양립 불가능하다고 주장하고, 또 어떤 국가는 자유주의 자체의 결함을 지적한다. 반면 자유민주주의 국가들은 일관된 대응을 내놓지 못하고 있다. 그 결과 국제사회는 보편적 가치에 대한 최소한의 합의마저 상실하고 있다. 가치의 공통분모를 잃은 세계는 필연적으로 불안정해진다. 다자주의는 흔들리고, 국제적 긴장은 고조되기 마련이다.

국제사회의 권력 재편이 경성적硬性的인 문제라면, 이념적 분열은 현행 국제질서의 정당성 근간을 훼손하는 연성적軟性的 문제다.[1] 이들은 상호작용하며 국제사회의 협력 단절과 갈등의 격화라는 결과를 낳고 있다. 어느새 세계는 탈세계화 post-globalization의 시대에 진입했으며, 세계화와 함께 진행되어 온 진보적 자유주의의 물결에서 이탈하고 있다. 대신 민족주의와 전통적 가치의 복권이 범세계적으로 활발하게 전개되고 있다.

그러나 이러한 현상의 표면만 본다면 본질을 놓칠 수 있다. 지금 전개되는 변화의 핵심은 다름 아닌 패권 전환 hegemonic transition의 과정이다. 미국의 일극적 패권이 약화됨에 따라 중국과 러시아 같은 현상변경 세력은 저들의 전통적 세력권 sphere of influence을 복원하려 한다. 특히 중국은 범세계를 아우르는 초강대국으로의 부상을 꿈꾸고 있다. 이들이 구상하는 미래 질서는 자유주의적인 원칙보다는 전통적 패권 개념에 기초한, 근대 이전의 지역 위계질서에 더 가깝다.

자유주의적 패권과 전통적 패권은 본질적으로 다르다. 자유주의적 패권은 힘뿐이 아닌 제도와 규범을 통해 정당성을 확보한다. 따라서 탈냉전기의 미국은 스스로를 패권국 hegemon이 아닌 "동등한 국가들 중의 첫째 primus inter pares, first among equals"로 정의해왔다. 자유주의적 패권국의 리더십은 자발적 동의와 보편적 원칙 위에 설 때만이 정당성을 인정받을 수 있기 때문이다. 실제로 미국 주도의 국제질서를 지탱해온 다자체제 multilateral regime는, 적어도 제도적으로는 모든 회원국이 미국의 리더십에 동등한 입장에서 문제를 제기할 수 있는 구조로 설계되어 있었다. 그러나 오늘날에는 미국조차 자유주의적 정체성에 기반한 리더십을 저버리고, 스스로를 다극체제 multipolarity 속에서 '가장 강력한 행위자'로 재정의하려는 유혹에 직면해 있다.

이러한 변화는 국제질서 전반에 심대한 충격을 야기한다. 역사적으로 패권 전환기는 늘 높은 수준의 위험을 동반했다. 기존 패권국과 부상하는 도전국의 충돌은 대규모 전쟁 가능성을 급격히 높인다. 대표적 시나리오가 '투키디데스 함정Thucydides Trap'이다. 쇠퇴하는 패권국이 부상하는 경쟁자를 억누르기 위해 강경한 대응에 나설 때 전쟁이 발발한다는 논리다.[2] 반대로 '절정기 강대국 함정Peaking-Power Trap' 이론도 있다. 부상하던 도전국이 정점에 다다르기 전에 성장세가 꺾일 위기를 느끼고, 조기에 패권을 빼앗기 위한 무력 모험에 나서는 경우다.[3]

오늘날 국제사회는 이 두 가지 전략적 함정 사이에서 위태로운 균형을 이어가고 있다. 미국은 경제, 기술, 군사 등 거의 모든 영역에서 부상하는 중국을 전방위적으로 견제하며 압박 수위를 높이고 있다. 반면 중국은 내부적인 어려움 속에서 대만해협에서의 군사적 우위가 머지않아 정점에 이를 것이라는 분석에 직면해 있다. 향후 수년 내에 전개될 미·중 패권 경쟁의 향방은 남은 21세기의 질서를 좌우할 핵심 변수가 될 것이다.

그러나 이번 위기의 본질은 단순한 지정학적 경쟁을 넘어선다. 이는 인류의 본성과 이상 사이에서 벌어지는 실존적 충돌로도 해석될 수 있기 때문이다. 인간은 권력, 안보, 경제력 등과 같은 '상대적 이익relative gain'을 끊임없이 추구하는 존재다. 토마스 홉스가 묘사한 "만인에 대한 만인의 투쟁bellum omnium contra omnes"은 억제할 수 있을지언정 완전히 극복하기는 어려운, 인류 본성의 한 단면일지도 모른다. 그럼에도 불구하고, 인류는 늘 이상을 향해 나아간다. 인류의 역사는 전쟁의 역사임과 동시에 평화를 향한 끊임없는 여정이기도 하다. 대규모 전쟁의 참화를 겪을 때마다, 인류는 항구적 평화를 구현하기 위한 범세계적 노력과 협력을 반복적으로 경주해왔다. 그리고 오늘날의 자유주의 국제질서는 두 차례의 세계대전과 한 차례의 냉전을 거쳐 구현된, 인류 문명의 집합적 결실이다.

중국이나 러시아 같은 현상변경 세력조차 현존 국제질서를 전면적으로 무너뜨리려 하지는 않는다. 세계화와 신자유주의에 비판적이던 지식인과 활동가들도 마찬가지다. 문제는, 뚜렷한 대안 없이 기존 체제를 근본적으로 재편하려는 시도가 결국 범세계적 혼란과 위기로 이어질 수밖에 없다는 점이다.

미주

1 범세계적인 경제구조의 전환은 이 둘 사이 어딘가 즈음에 위치해 있을 것이다.

2 국제정치학자 그레이엄 앨리슨은 기존 패권국이 부상하는 강대국의 도전에 직면한 역사적 사례 16건을 분석한 결과, 약 75%가 대규모 전쟁으로 이어졌음을 확인하고 이를 '투키디데스의 함정(Thucydides Trap)'이라 명명했다. 드물게 대규모 전쟁을 회피한 사례는, 기존 패권국과 신흥 패권국이 대영제국과 미국처럼 유사한 정치·문화적 기반을 공유하고, 서로에 대한 영토적 야심이 없으며, 기존 국제질서를 유지하고자 하는 암묵적인 합의를 공유하는 경우뿐이었다. 앨리슨의 '투키디데스의 함정' 이론은 패권 갈등의 원인을 지나치게 단순화한다는 비판을 받기도 한다. 예컨대 이 이론의 근거가 된 아테네와 스파르타 간의 펠로폰네소스 전쟁을 보면, 사실 두 도시는 페르시아 전쟁 이전부터 고대 그리스 세계의 양대 강국이었다. 따라서 이들 간의 관계를 단순히 '기존 패권국 대 신흥 패권국'이라는 도식에 끼워 맞추는 것은 무리가 있다는 지적이다. 그럼에도 불구하고, 신흥 강대국의 국력이 급속히 성장할 경우 기존 패권국이 이를 위협으로 인식, 과잉 반응함으로써 긴장이 고조되는 경향은 분명히 존재한다. 특히 신흥 강국이 패권적 지위를 적극 추구하고, 이에 맞서 기존 패권국이 자신의 지위를 적극적으로 지키려 들 때, 양국 간 전략적 경쟁은 더욱 격화될 가능성이 커진다.

3 Hal Brands and Michael Beckley, "China is a Declining Power – and That's the Problem," Foreign Policy (24 September 2021).

PART 02

국제정치의 본질과 원리

현대 세계 정치의 복잡성을 단 하나의 접근법으로
완전히 설명하는 것은 불가능하다.
그렇기에 단일한 이론적 정설보다
서로 다른 관점들이 경쟁하며 공존하는 편이 바람직하다.
이론의 경쟁은 각자의 강점과 한계를 드러내고,
더 정교한 이론적 발전을 이끌며,
기존의 통념이 지닌 맹점을 밝혀내는 데 기여한다.

No single approach can capture all the complexity
of contemporary world politics.
Therefore, we are better off with a diverse array of
competing ideas rather than a single theoretical orthodoxy.
Competition between theories help reveal their strengths and
weaknesses and spurs subsequent refinements,
while revealing flaws in conventional wisdom.

·

스티븐 월트(Stephen Walt)

이번 장에서는 국제정치학의 기본 원리를 간단히 소개한다. 이 책을 읽는 데 국제정치에 관한 사전지식은 필요하지 않으므로, 원한다면 이번 장을 건너뛰어도 무방하다. 다만 가볍게라도 읽어두면 책의 내용을 더 깊이 이해하는 데 도움이 될 것이다.

국내정치와 국제정치의 차이

'정치'라고 하면 많은 사람들이 선거, 의회, 정부 제도 등을 먼저 떠올린다. 그러나 정치의 본질은 제도에 국한되지 않는다. 직장 내 파벌 다툼, 회사나 지역 공동체의 운영, 심지어 가정 내 의사결정까지도 권력과 영향력을 둘러싼 역학이라는 점에서 '정치적'이다. 요컨대 정치란 인간 관계 속에서 드러나는 권력의 행사라고 볼 수 있다.

권력의 진가는 자원 배분, 이해관계의 충돌, 가치의 우선순위 결정 과정에서 드러난다. 특히 사회적 합의만으로는 해결이 어려운 상황에서, 필요한 결정을 내리고 이를 실행하기 위해서는 권력이 필요하다.

권력은 국내 정치와 국제 정치 모두에서 핵심적인 요소로 작동하지만, 두 영역은 구조적 조건에서 뚜렷한 차이를 보인다.

먼저 강제력의 차이가 있다. 국내 정치의 영역에는 규칙을 강제할 수 있는 공권력이 존재한다. 행정부와 사법부 같은 제도적 장치가 분쟁을 해결하고 법을 집행한다. 설령 공권력과 행정력이 마비된 실패국가failed state라 해도 여전히 일정 수준의 규범과 제도가 사회질서를 지탱하며, 그게 아니라면 문화와 관습에서 나오는 억제력이 최소한의 사회규범을 유지한다. 그러나 국제사회에는 규칙을 집행할 상위 권위가 없다. 국제사회에도 법과 규범은 엄연히 존재하지만, 이를 집행할 강제력이 부재한 것이다. 국제정치는 이른바 '무정부상태anarchy' 속에서 작동하며, 각 국가는 자국의 결정에 대한 최종적인 권한을 스스로 보유한다. 따라서 국제사회의 규칙은 주로 국가 간 합의에 따라 형성, 유지된다. 그 결과 국제사회에서는 권력이 규칙을 무력화하거나 그 위에 군림하는 사례도 드물지 않다.

국내 정치와 국제 정치는 그 행위자의 성격에서도 차이가 있다. 국내 정치의 주요 행위자는 개인이다. 유권자, 정치인, 관료 등은 법과 제도의 틀 안에서 행동하며, 그 결과에 대한 책임도 개인적으로 부담한다. 반면 국제 정치의 주체는 국가다. 주권국가를 규율하는 상위의 권위가 부재하기에, 국가 간 관계는 조약이나 신뢰 같은 불안정한 장치에 의존할 수밖에 없다. 이렇게 불확실한 환경 속에서, 국가는 국민의 복지나 윤리보다 국익과 생존을 우선시할 수밖에 없다.

제도와 규범을 통해 비교적 안정적으로 운영되는 국내 정치와 달리, 국제

정치는 불확실성과 불안정 속에서 철저히 권력 경쟁의 논리로 전개된다. 이 차이를 이해하는 것은 단순한 이론적 구분을 넘어, 국제사회의 현실을 해석하는 핵심 기준이 된다. 무역 전쟁, 안보 딜레마, 동맹 갈등과 같은 사건들은 모두 이러한 국제정치의 구조적 특수성 속에서 비로소 온전히 이해될 수 있다.

패권hegemony: 국제정치이론을 꿰뚫는 핵심 개념

정치의 본질은 권력, 즉 타인에 대한 영향력을 확보하고 또 유지하는 데 있다. 따라서 모든 정치적 야망의 논리적 종착역은 '패권' 확보일 수밖에 없다. 이는 국제정치에서도 마찬가지다.

국제사회에서 국가 행동을 이끄는 가장 강력한 동기 가운데 하나, 아니 어쩌면 가장 근본적인 동기는 패권의 추구다. "강대국은 필연적으로 패권을 추구한다"는 명제는 존 미어샤이머의 공격적 현실주의offensive realism를 통해 널리 알려졌지만, 이는 시대와 문명을 초월한 보편적 통찰이라 할 수 있다. 모든 정치 행위자는 크든 작든 패권을 지향하지만, 국제정치의 영역에서 그것은 국내 정치의 행위자보다 훨씬 더 자유롭고 절박하게 패권을 추구한다.

저자의 견해에 따르면, 국가의 목표는 안보security → 번영prosperity → 자주autonomy라는 우선순위를 갖는다.[1] 무정부상태인 국제사회에서는 약육강식이 필연이고, 자력 구제가 기본 원칙이다.[2] 약소국의 최우선 목표는 생존일 수밖에 없다. 생존이 확보된 뒤에는 번영이 최우선 목표가 된다. 생존과 번영을 확보한 다음에야 비로소 자주를 최우선 목표로 둘 수 있다. 그러니 진정한 자주를 추구할 수 있는 것은 이미 생존과 번영을 확보한 강대국뿐이다. 그러나 다수의 경쟁국이 존재하는 국제 환경에서는, 설사 강대국이라 할지라도 온전한 자주를 누리기가 쉽지 않다. 그래서 모든 강대국은 세력권을 구축하려 든다. 역사 속 제국의 형성 또한 대부분 이러한 필요에서 비롯되었다. 반면 소국들이 일정한 자주권을 포기하고 인접한 강대국의 세력권에 편입되는 것은 안보와 번영을 보장받기 위한 오래된 현실적 선택이었다. 자주는 말이 아닌 힘과 전략의 산물인 셈이다.

강대국들이 서로의 세력권을 존중한다면 국제질서는 일정한 안정성을 유지할 수 있다. 그러나 세력권의 경계가 중첩되거나, 기 형성된 세력 간 균형에 도전하는 새로운 세력이 등장하면 갈등은 불가피해진다. 이때 강대국은 모든 수단을 총동원해 자국의 세력권을 방어하려 들 것이다.

결국 국제정치는 끊임없는 경쟁이다. 그러나 그 경쟁에도 종착지는 존재한다. 바로 패권이다. 역내의 모든 경쟁자를 압도하고 흔들림 없는 지배력을 완성한 패권국만이 이러한 경쟁에서 해방될 수 있다. 패권 경쟁이 국제정치의 영속적 운명으로 남을 수밖에 없는 이유다.

패권의 유지: 힘과 정당성의 이중 과제

군사력은 패권 성립의 필수 조건이지만, 무분별한 팽창은 안정된 패권 질서가 확립된 이후에는 오히려 체제 불안을 초래하는 변수가 된다. 따라서 역내 지배력을 확보한 순간부터 패권국의 과제는 세력 확장 대신 기존의 우위를 지속 가능한 질서로 관리·유지하는 것으로 전환된다. 실제로 역사상 많은 제국들이 지배적 세력권을 완성한 이후에는 더 이상의 팽창을 멈추고 내부의 안정과 발전에 집중하는 시기를 거쳤다.[3] 이는 패권의 본질이 무한한 확장에 있지 않다는 사실을 보여준다.

패권국은 자국의 지위에 도전하는 역내 세력을 용납하지 않는다. 반면 자신이 구축한 질서에 순응하는 국가들에게는 평화와 번영, 나아가 보호를 제공함으로써 체제의 안정을 도모한다. 무정부 상태의 국제사회에서 국경을 초월하는 안보와 질서를 '역내 공공재'로 공급할 수 있는 존재는 사실상 패권국뿐이다.[4] 물론 이는 순수한 이타심이 아니라, 지배 조건을 유지하기 위한 전략적 투자에 가깝다.

패권국이 세력권 내 안정 유지에 실패한다면 그 지배의 정당성legitimacy은 급속히 약화된다.[5] 정당성을 잃은 패권은 끊임없는 저항에 직면하며, 이를 억누르기 위해 강제력을 반복적으로 동원해야 한다. 그 과정에서 발생하는 갈등과 비용은 고스란히 패권국의 부담으로 돌아오고, 결국은 패권적 지위 자체를 잠식한다. 따라서 패권은 단순한 물리적 역량의 문제만이 아니라, 정당성을 수반한 권력 행사에 해당한다.

현실주의 vs. 자유주의: 현실에 대한 적응과 이상향의 추구

이처럼 현실권력의 역학은 세계정치의 구조와 작동 원리를 규정한다. 다만 현대 국제정치학은 이를 보다 심층적이고 체계적으로 이론화하여, 다층적인 분석을 제시하고 있다.

오늘날 국제질서에 관한 대표적인 이론은 크게 세 가지 학파로 나눌 수 있다.

첫째는 현실주의Realism다. 현실주의자들에 따르면 무정부상태인 국제사회에서 국가는 생존을 최우선으로 하는 합리적·이기적 행위자이며, 주권국가 위에 진정한 상위의 권위가 등장하는 일은 불가능하다. 따라서 영속적 경쟁과 권력 투쟁은 불가피하다. 즉, 국제사회의 갈등은 예외적인 사건이 아니라 구조적 속성에 해당한다.

둘째는 자유주의Liberalism다. 자유주의자들은 국제사회가 무정부상태라는 점을 부정하지는 않는다. 다만 영속적 갈등이 피할 수 없는 숙명이라고도 보지 않는다. 국제기구와 다자주의, 경제적 상호의존, 공유된 가치와 규범은 갈등을 근본적으로 완화할 수 있다. 다자 간 협력, 외교, 제도적 장치를 통해 더 안정적이고 정의로운 국제질서를 구축할 수 있다는 것이다.

셋째는 구성주의Constructivism이다. 구성주의자들은 국제정치를 단순한 힘의 산물로 보지 않는다. 국제체제와 국가의 이익은 물질적 요인뿐 아니라, 사상·정체성·사회적 규범과 같은 집단적 인식에 의해 끊임없이 재구성된다고 주장한다. 집단적 인식과 정체성이 변화하면 국제정치의 논리 자체도 달라질 수 있다는 것이다.

이 세 가지 이론 모두 국제사회에서의 국가 행동을 해석하고 전략적 대응 방안을 설계하는 데 핵심 분석 틀로 기능한다.[6] 그렇지만 이중 가장 강력한 설명력을 축적한 것은 단연 현실주의다. 반복되는 권력 경쟁의 패턴을 설명하는 데 있어 현실주의만큼 일관된 도구는 없다. 그래서 현실주의는 국제정치에서 일종의 기본값 또는 '중력'처럼 작용한다.

그러나 중력이 모든 역학을 규정하지는 않는다. 인류는 과학과 공학을 통해 물리적 중력을 극복하고 비행에 성공했고, 국가 내부에서도 야만적인 힘의 논리를 법과 제도로 제어하며 공동체적 질서를 구축할 수 있었다. 그렇다면 국제사회에서도 협력과 제도, 글로벌 규범의 재편을 통해 '현실주의적 중력'을 극복할 수 있지 않을까? 바로 이 지점에서 자유주의가 비전을 제시한다. 현실주의의 명제가 국가들을 영속적인 권력 경쟁으로 끌어당기는 자연적인 중력이라면, 자유주의는 그 중력에 맞서기 위한 역학들을 탐구해왔다.

2022년 우크라이나 전쟁이 발발하기 이전까지 가장 주목받은 이론은 '경제적 상호의존성'이다. 자유주의자들은 국가 간 경제 연결이 깊어질수록 전쟁 가능성은 현저히 낮아진다고 본다. 경제적으로 긴밀히 연계된 국가들 사이에서는 분쟁 발생에 따른 비용이 기하급수적으로 증가하기에, 전쟁은 합리적 선택이 될 수 없다는 것이다.[7,8]

자유주의가 제시하는 또 다른 해법은 다자주의multilateralism다. 다자주의는 국가 간 대화와 합의를 촉진하고, 갈등을 평화적으로 해결하기 위한 제도화된 틀을 제공한다.[9] 다자주의 아래에서는 소국도 독자적인 발언권을 확보하며, 강대국의 일방적 행동을 견제할 수단을 얻을 수 있다. 유엔이나 세계무역기구WTO와 같은 국제기구는 탈냉전기 다자주의 체제의 핵심 기둥이었다. 이들은 자유주의 국제질서의 정당성을 제도화하고, 협력을 촉진하며, 경제 통합을 심화시켰다. 결과적으로 국가 간 불확실성과 오판에서 비롯되는 분쟁을 줄이는 역할을 했다.

자유주의가 강조하는 마지막 축은 자유민주주의liberal democracy 체제의 확산이다. 철학자 임마누엘 칸트는 공화정, 곧 오늘날의 자유민주주의 국가가 권위주의 체제보다 전쟁을 일으킬 가능성이 낮다고 주장했다.[10] 여기에는 몇 가지 원리가 있다. 첫째는 선거를 통해 선출된 지도자가 부담하는 책임이다. 대중의 지지로부터 권력과 권위를 얻는 민주주의 국가의 지도자에게 있어 정당성 없는 전쟁을 일으키는 행위는 정치적으로 위험한 선택이 될 수밖에 없다. 두 번째는 가치와 규범의 공유다. 민주주의 국가들은 서로의 체제와 가치를 존중하며, 권위주의 국가에 비해 타국에 대한 침략을 꺼리는 경향이 있다. 셋째는 경제적 상호의존이다. 민주주의 국가들 사이에는 깊고 광범위한 무역 관계가 존재하는 게 보통이며, 이는 국가 간에 분쟁을 벌이는 것에 대한 경제적 유인을 감소시킨다. 마지막으로, 권력이 분립된 민주주의 국가에는 어느 한 개인이나 특정 집단이 독단적으로 전쟁을 결정하기 어렵게 만드는 '견제와 균형' 시스템이 존재한다. 실제로 자유민주주의 국가들 사이에서 전쟁은 극히 드물게 발생했다.

그러나 기존의 패권 질서가 흔들리고 지정학적 경쟁이 격화되는 오늘날, 이러한 자유주의적 해법만으로 과연 충분할까? 인류는 권력 정치의 굴레에서 벗어날 수 있을까, 아니면 현실주의의 중력이 다시금 국제 질서를 지배하게 될까? 급변하는 권력 구도와 날로 증대하는 불확실성 속에서, 이러한 질문들은 단순한 학문적 성찰을 넘어, 우리가 직면한 시대적 과제 그 자체라 할 수 있다.

미주

1. 이러한 견해는 현실주의 국제정치 이론의 핵심 시각과도 맞닿아 있다. 현실주의 학파에는 다양한 분파가 존재하지만, 그 중에서도 세 가지 관점이 대표적이다. 고전적 현실주의의 대부 한스 모겐소는 국가도 인간처럼 본질적으로 자기 이익을 추구한다고 보았다. 개인이 지위를 높이려 애쓰듯 국가는 권력을 축적하며 국익을 확대한다는 것이다. 방어적 현실주의의 케네스 월츠는 국가의 궁극적 목표를 생존으로 규정했다. 국제사회에 안전을 보장할 상위 권위가 부재하므로 국가는 스스로의 힘으로 생존을 지켜야 한다는 논리다. 존 미어샤이머의 공격적 현실주의는 불확실성에 주목했다. 타국의 의도를 신뢰할 수 없는 상황에서 안보를 확보하는 가장 확실한 방법은 스스로 패권을 장악하는 것이라는 주장이다.
2. 이러한 환경에서 국가 행동을 결정짓는 핵심 기준은 국익이다. 모든 국가는 능력이 허락하는 범위에서 국익을 극대화하며, 필요하다면 경쟁자를 약화시키는 전략도 주저하지 않는다.
3. 로마 제국, 역대 중국의 통일왕조들, 대영제국, 근래의 미국 등도 이러한 패턴을 보여주었다.
4. 이러한 관점은 찰스 킨들버거, 로버트 길핀, 스티븐 크래스너 등이 발전시킨 이른바 '패권 안정 이론(hegemonic stability theory)'에 의해서도 지지된다. 패권국은 안보, 경제적 안정, 국제무역체계 등과 같은 핵심 공공재를 제공함으로써 역내 질서를 유지한다. 패권국이 제공하는 공공재는 역내 갈등 발생 가능성을 낮추는데 기여한다.
5. 데이비드 이스턴에 따르면 '정당성'이란 "권위나 체제의 도덕적 정당성에 대한 강한 내적 확신"을 의미한다. David Easton, *A Systems Analysis of Political Life* (John Wiley & Sons, 1965).
6. 조지프 나이는 다음과 같이 회고한 바 있다. "국무부와 국방부에서 차관보로 일하며 미국의 외교 정책을 수립하던 시절, 나는 현실주의, 자유주의, 구성주의라는 세 가지 이론에서 각기 필요한 요소들을 차용하곤 했다. 각각이 다른 방식으로, 또 다른 상황에서 유용했기 때문이다." Joseph Nye and David Welch, *Understanding Global Conflict & Cooperation: Intro to Theory & History* (9th Ed.), Pearson Education (2014), p. 16.
7. 반면 현실주의자들은 경제적 상호의존을 조건적 요인(contingent factor)으로 보았다. 경제 교류를 축소하거나 단절함으로써 전략적 이익을 극대화할 수 있는 상황에서 경제적 상호의존성은 전쟁 억지 효과를 잃는다. 평소 전쟁 가능성을 낮출 수는 있어도, 전쟁 자체를 완전히 방지하지는 못한다는 것이다.
8. 한편 최근의 실증적 연구는 무역과 군사적 충돌 간 관계에 대해 복잡한 결론을 보여준다. 무역은 상황과 조건에 따라 전쟁을 억제할 수도, 오히려 그 위험을 증폭시킬 수도 있다는 것이다. Stephen Brooks, "The Trade Truce? – When Economic Interdependence Does – and Doesn't – Promote Peace," Foreign Affairs (18 June 2024).
9. 관련하여, 유엔이 제시한 다자주의에 관한 정의를 참고. United Nations on "The Virtues of Multilateralism and Diplomacy" (https://www.un.org/en/observances/multilateralism-for-peace-day)(last visited on 13 September 2024).
10. 칸트의 공화주의적 이상은 현대 자유민주주의의 핵심 원칙들과 깊은 접점을 이룬다. 그는 개인의 자유, 법치주의, 그리고 대표 민주주의의 중요성을 강조했으며, 이러한 가치들은 오늘날 자유민주주의 체제의 근간을 이루고 있다. 특히 직접 민주주의보다 대표 민주주의를 선호한 점, 법적 평등과 시민권을 중시한 점은 자유민주주의의 규범적 틀과 밀접하게 부합한다. 이와 같은 연관성에 대해서는 제5장에서 보다 자세히 살펴본다.

PART 03

권력과 정당성
: 역사 속 현실정치의 도전

역사란…
현재와 과거 사이의 끝없는 대화이다.
History is …
an unending dialogue between
the present and the past.

E. H. 카(E. H. Carr)

지난 30여 년간 세계를 규율해 온 미국 주도의 자유주의 국제질서가 막을 내리고 있다. 이제 우리 눈앞에는 혼돈과 불확실성이 지배하는 새로운 시대가 성큼 다가와 있다. 이 전환기에 대한 각자의 해석은, 지난 시대의 자유주의 국제질서를 어떻게 기억하고 인식하는지에 따라 달라지는 것으로 보인다.

자유주의 이론가들은 탈냉전기의 국제질서를 인류 문명의 도덕적·제도적 진보를 이룬 중요한 시기로 평가한다. 태초 이래 국제사회를 지배해 온 '정글의 법칙'에서 마침내 벗어나, 보다 평화로운 세계 질서로 나아가는 데 잠시나마 성공한 역사적 순간이었다는 것이다. 이들의 관점에서 현재 벌어지고 있는 범세계적인 혼란은 단순한 지정학적 위기를 넘어, 심각한 이념적 위기를 내포한다. 현재의 위기는 자유주의적 규범을 약화시키려는 권위주의 국가들의 기회주의적 부상 때문일뿐 아니라, 자유주의 국제질서의 수호자였던 미국이 자신의 책임을 충실히 수행하지 못한 결과로도 해석될 수 있다.

 반면 현실주의 이론가들은 탈냉전기 자유주의 국제질서의 역사적 가치와 의미를 평가절하한다. 지난 시대는 전 세계를 아우르는 압도적 패권국에 맞설 도전자가 부재했던, 단기간의 예외적 산물일 뿐이다. 미국은 역사 속 다른 지배적 강대국들과 마찬가지로 자국의 이익을 최우선으로 추구하였으며, 자신의 세력권 내에서 패권적 질서를 유지하려 든 것에 지나지 않았다. 따라서 오늘날의 범세계적 혼란은 미국의 세계 패권 약화와 이에 따른 권력 재분배 과정에서 발생한 자연스럽고 예측 가능한 결과로 간주된다.

 자유주의와 현실주의는 국제질서의 성격과 유지 방식에 대해 상이한 관점을 제시하지만, '정당성^{legitimacy}'이라는 개념을 통해 일정한 접점을 형성한다. 자유주의는 정당성을 규범과 제도를 통한 합의의 결과로 이해하며, 현실주의는 그것을 패권 유지의 전략적 수단으로 간주한다. 그럼에도 불구하고, 국제질서의 안정적 유지에는 정당성 확보가 필수적이라는 점에서 두 이론은 공통된 인식을 공유한다.

정당성과 현실정치

모든 정치적 행위는 본질적으로 정당하거나, 최소한 공공의 시각에서 정당하게 인식될 때 비로소 안정성을 확보할 수 있다. 따라서 모든 정치 체제에서 정당성은 권력의 근본을 이룬다. 아무리 강력한 권력자라도 힘만으로는 오래 지배할 수 없다. 힘은 언젠가 쇠퇴하기 마련이며, 정당성을 얻은 권위만이 지속성을 보장한다. 반면에 정당성을 잃은 지배는 강제력에 의존하게 되고, 이는 집단적 저항과 체제의 불안정, 그리고 막대한 비용으로 이어진다. 정당성은 권력 획득의 수단일뿐 아니라, 이미 확보한 권력을 안정적으로 유지하고 효과적으로 행사하기 위한 기반이기도 한 것이다.

정당성의 원천은 시대에 따라 변화해왔다. 절대왕정 시대에는 신에게서 부여받은 권위가, 근대 국가 시대에는 국민 주권과 자기 결정권, 민주적 대표성이 그 기반을 이루었다. 20세기 후반 이후에는 자유주의의 영향으로 인권과 법치주의가 정당성의 핵심 요소로 부상했다. 특히 현대 국제사회에서 정당성을 둘러싼 갈등은 주로 자유주의와 민족주의 간의 사상적 충돌로 나타나고 있다. 국가 주권과 내정불간섭을 중시하는 민족주의와, 인권 침해 및 독재 정권의 통치 정당성을 문제 삼는 자유주의 간의 대립은 국제사회의 문화적·사상적 분열을 보여주는 대표적 사례이기도 하다. '무엇이 정당한가'라는 질문은 오늘날에도 첨예한 논쟁의 대상으로 남아 있다.

한편 현실 정치에서 정당성은 크게 두 가지 종류로 구분할 수 있다. 하나는 정치적 권위에 구조적 기반을 제공하는 '경성적 정당성hard legitimacy'이며, 다른 하나는 도덕과 정의에 대한 공공의 인식에 영향을 미치는 '연성적 정당성soft legitimacy'이다.

국가의 권위와 권력을 제도적으로 뒷받침하는 경성적 정당성은 법적·제도적 권위, 무력 사용의 합법적 독점, 영토와 핵심 자원에 대한 실질적 통제, 그리고 주요 정치 주체들의 공식적 인정 등으로 구성된다. 그 핵심은 통치의 가장 기본적 책무, 즉 국민의 생존과 번영을 효과적으로 보장할 수 있는 능력에 있다. 역사적으로 모든 사회는 통치기관이 구성원에게 최소한의 안전과 경제적 안정을 제공할 것을 기대해 왔으며, 이를 충족하지 못한 국가는 정당성을 상실하고, 극단적 경우 존립 자체가 위협받았다.

예컨대 고대 중국의 사상가 맹자는 백성을 보호하지 못하는 무능한 통치자는 역성혁명을 통해 정당하게 폐위될 수 있다고 주장했다. 이와 유사한 사상은 서양의 사회계약론social contract theory에서도 발견된다. 홉스, 로크, 루소 등은 국민의 안위를 보장하는 능력을 정권의 정당성을 판단하는 핵심 기준으로 제시했다. 이러한 기본적 역할을 수행하지 못하는 국가는 현대 국제사회에서 실패국가failed state로 간주된다.

요컨대 경성적 정당성과 현실정치realpolitik는 불가분의 관계에 있다. '안전'과 '번영'이라는 현실정치의 핵심 목표는 곧 경성적 정당성의 근본 토대이기도 한 것이다.

반면 연성적 정당성은 인식의 형성을 통해 국가의 지속 가능성과 사회적 수용성을 강화하며, 주로 도덕적·문화적·이념적 판단에 기초한다. 그 권위는 공공의 폭넓은 승인, 사회적·문화적 가치와의 정합성, 정치 행위의 윤리성, 그리고 설득력 있는 이념적 서사의 존재에서 비롯된다. 경성적 정당성이 국가 권력의 물리적 구조와 긴밀히 연결되어 있다면, 연성적 정당성은 그 구조를 어떻게 해석하고 인식할 것인가를 규정한다. 따라서 연성적 정당성은 정치적 결정을 평가하고 수용하는 방식에 영향을 미치며, 해당 결정에 도덕적 의미를 부여하거나 박탈하는 역할을 수행한다.

그러나 연성적 정당성은 본질적으로 유동적이며 때로 취약하다. 특히 도덕적·이념적 정당성과 현실정치의 냉혹한 역학이 충돌할 때, 역사는 대체로 현실정치의 편을 들어왔다. 서로 다른 민족주의 간의 충돌은 이를 보여주는 대표적 사례다. 예컨대 특정 사안에서 격렬히 대립하는 두 국가의 민족주의자들에게 각자 자국의 입장을 대변하게 하면, 양측 모두 자국에 강력한 도덕적 정당성이 있다고 주장할 것이다. 연성적 정당성이 주관적이고 서사적이라는 사실은 이처럼 쉽게 확인된다.

결국 연성적 정당성은 특정 관점, 가치관, 세계관에 종속되는 경향을 보이며, 그 영향력은 누가 얼마나 효과적으로 특정 담론을 지배하고 전파하는가에 따라 크게 달라진다.

역사의 교훈

권력, 국익, 그리고 생존을 둘러싼 국제관계의 역동성은 문명과 문화를 초월해 인류 역사 전반에 걸쳐 반복되어 온 속성이다. 그 가장 오래되고 유명한 기록 가운데 하나는 아테네의 역사가 투키디데스가 남긴 《펠로폰네소스 전쟁사》일 것이다. 《펠로폰네소스 전쟁사》는 고대 그리스에서 스파르타가 이끌었던 펠로폰네소스 동맹과 아테네가 주도한 델로스 동맹 간에 벌어진 전쟁을 상세히 기록하고 있다.

아테네와 스파르타는 기원전 480년 페르시아 제국의 침략에 맞서 동맹을 맺었으나, 전쟁 승리 이후 아테네의 영향력이 그리스 전역으로 확대되면서 두 도시국가 간의 긴장이 고조되었다. 투키디데스는 당시 아테네의 세력 확대가 스파르타의 경계심을 자극했고, 그것이 전쟁 발발의 불가피한 원인이 되었다고 진단했다. 아테네의 부상이 그리스 세계의 세력 균형을 위협하면서 전쟁의 근본 원인이 되었다는 것이다.

투키디데스는 국가의 행위를 결정짓는 동인을 정의나 도덕이 아니라 권력에서 찾았다. 이러한 통찰은 오늘날 현실주의 이론의 핵심적 토대를 이룬다. 그의 기록 가운데서도 특히 《멜로스 회담》은 국제정치의 냉혹한 현실을 극명하게 보여주는 사례로 꼽힌다. 이 기록에서는 에게해의 작은 섬나라 멜로스와 이를 침공한 아테네 사절단 사이의 협상이 생생하게 묘사된다.

기원전 416년, 아테네의 침공을 받은 멜로스는 자국이 철저한 중립국으로서 아테네에 아무런 위협이 되지 않는다고 항변했다. 그러나 아테네 사절단은 멜로스의 중립을 용인할 경우 아테네의 세력권 내 다른 도시국가들이 자국의 힘과 의지를 의심하게 될 것이라며 이를 거부했다. 정의와 도덕에 근거해 침공의 부당함을 지적한 멜로스의 여러 주장들은 하나같이 현실감각이 결여된 것으로 일축되었다. 결국 아테네는 "강자는 할 수 있는 일을 하고, 약자는 겪어야 할 고통을 겪는다"는 이른바 자연의 법칙을 내세워 멜로스에 무조건 항복과 파멸 중 하나를 선택하도록 강요했다. 협상이 결렬되자 아테네는 멜로스를 철저히 파괴하고, 모든 남자를 학살한 뒤 여성과 아이들을 노예로 삼았다.

이 야만적 파괴를 자행한 주체가 군국주의 스파르타가 아니라 철학과 민주주의의 발상지로 유명한 아테네였다는 사실은 역사의 아이러니다. 멜로스가 항변의 근거로 삼았던 정의와 도덕은 아테네의 아고라에서 가장 치열하게 논의되던 가치였지만, 국제사회에서 아테네의 행동을 결정짓는 데는 아무런 영향도 미치지 못했다.

현실주의가 득세한 것은 그리스만의 현상이 아니었다. 기원전 3세기 중국에서는 법가(法家)가 정치철학의 주류로 부상하여 강력한 중앙집권, 엄격한 법률, 가혹한 처벌을 강조했다. 법가 사상가들은 인간 본성을 본래 이기적이라고 보았으며, 사회질서를 유지하기 위해서는 강력한 법 집행이 필수적이라고 믿었다. 비록 내정에서는 유교(儒敎)가 주도적 지위를 차지했지만, 법가의 핵심 원칙은 중국의 대외 관계에 상당한 영향을 미쳤다. 법가의 관점에서 통치자는 권력과 군사력, 국가 생존을 최우선에 두어야 했으며, 도덕적 고려는 전략적 필요에 철저히 종속되었다. 이러한 법가적 현실주의는 중국의 전략적 사고에 깊숙이 스며들었고, 후대 병법서 《삼십육계》의 "원교근공(遠交近攻: 먼 나라와 우호를 맺고 가까운 나라를 공격한다)" 전략에서도 그 흔적을 엿볼 수 있다.

인도에서도 유사한 현실주의적 전통을 찾을 수 있다. 기원전 4세기 마우리아 왕조의 재상 카우틸랴는 《아르타샤스트라》를 통해 권력정치에 입각한 국가 운영 이론을 체계화했다. 중국의 원교근공과 유사한 '국가의 원 circle of states' 개념을 제시한 그는 인접 국가를 본질적 적성국으로, 먼 나라는 잠재적 동맹국으로 보았다. 또한 통치자의 최우선 임무는 국가의 권력, 안정, 생존을 확보하는 것이며, 이를 위해 필요하다면 기만, 첩보, 심지어 암살과 같은 수단도 정당화될 수 있다고 보았다. 투키디데스나 법가 사상가들과 마찬가지로, 카우틸랴에게 있어서도 윤리적 고려는 부차적인 문제였다.

국제사회의 끊임없는 위협과 경쟁 속에서 국가가 자국의 이익과 생존을 최우선으로 고려해야 한다는 인식은 특정 문명을 넘어 보편적으로 발견된다. 이러한 통찰은 현대 국제관계 이론에서 현실주의 사상의 근간을 형성하고 있다.

현실정치 vs. 종교

종교는 오랜 세월 국가 행위의 강력한 동인으로 작용해왔다. 현실정치에서 종교적 신념이 직접적으로 발현된 대표적인 사례는 중세 유럽의 십자군 전쟁이다. 기독교적 신앙을 명분으로 시작된 이 전쟁은 예루살렘을 이슬람 세력으로부터 탈환하는 것을 목표로 삼았다. 이후에도 종교적 분열은 유럽 내부에서 가톨릭 국가와 프로테스탄트 국가 간의 장기적 갈등을 촉발했다.

이와 유사하게, 이슬람 제국들 역시 '이슬람의 영역$^{Dar\ al\text{-}Islam}$'을 확장한다는 교리에 따라 수세기에 걸쳐 정복 전쟁을 수행했다.

이렇듯 종교적 사상은 강력한 영향력을 갖지만, 역사 속에서는 종교적 신념조차 현실정치의 냉혹한 논리에 종속된 경우가 적지 않다. 대표적인 사례가 1618년부터 1648년까지 이어진 30년 전쟁이다. 이 전쟁은 가톨릭과 프로테스탄트 간의 종교적 갈등에서 비롯되었으나, 곧 유럽 전역의 지정학적 경쟁으로 확산되었다. 그런데 이 전쟁에서 가톨릭 국가인 프랑스는, 가톨릭 고위 성직자였던 리슐리외 추기경의 영도 아래, 같은 가톨릭 진영에 속한 합스부르크 왕가를 견제하기 위해 오히려 프로테스탄트 국가들과 전략적 동맹을 맺었다. 리슐리외는 "인간은 영생하므로 내세에서 구원받을 수 있으나, 국가는 영생할 수 없으므로 지금이 아니면 영원히 구원받지 못한다"는 말로 이 결정을 정당화했다. 그의 발언은 국가의 안보와 이익이 종교적 신념을 포함한 모든 가치에 우선한다는 현실정치의 본질을 명료하게 드러낸다.

이슬람 역사에서도 유사한 권력 역학을 확인할 수 있다. 수니파와 시아파의 분열 이후 이슬람 세계의 정치적 경쟁은 종종 신학적 갈등과 맞물려 전개되었다. 그럼에도 불구하고 16세기 시아파 사파비 왕조는 수니파 오스만 제국에 맞서기 위해 가톨릭 유럽 국가들과 손을 잡았고, 이에 맞서는 오스만 제국 또한 가톨릭 프랑스와 전략적 동맹을 맺었다.

종교적 신념이 가장 강렬히 작용하던 시기에조차, 국가의 전략적 결정은 결국 현실정치에 기반한 판단에 따라 좌우되었던 것이다.

새로운 패러다임의 시작

기록된 대부분의 역사에서 현실주의는 국제 관계의 지배적 논리로 작동해 왔다. 투키디데스, 리슐리외, 카우틸랴, 그리고 중국 법가 사상가들이 제시한 핵심 원칙들은 국가 운영의 기본 토대가 되어 왔으며, 모든 국가 행위의 근본 동력은 권력 확대, 생존 확보, 그리고 전략적 이익의 극대화에 있었다.

그러나 14세기에 접어들면서 유럽에서는 점진적인 사상적 전환의 조짐이 나타나기 시작했다. 훗날의 식민지 쟁탈전과 두 차례의 세계대전에서 보듯 현실주의의 중력은 여전히 막강했지만, 그에 도전하는 새로운 사상들이 서서히 뿌리를 내리고 있었던 것이다. 이러한 변화는 르네상스를 거쳐 종교개혁과 계몽주의로 이어지며 본격적으로 꽃을 피웠다. 그 과정에서 인권, 개인의 자유, 민주주의, 민족 자결과 같은 개념들이 부상하면서, 오랫동안 국제사회의 작동 원리를 지배해온 현실정치의 중력에 도전하기 시작했다. 비록 이러한 사상들이 실제 국제 규범으로 제도화되기까지는 오랜 시간이 필요했으나, 결국에는 '자유주의 국제질서'라는 새로운 질서의 지적·사상적 기반을 형성하는 토대가 되었다.

PART 04

유럽의 계몽주의,
근대의 문을 열다

앎을 두려워 말라!
이성을 사용할 용기를 가져라!
그것이야 말로 계몽주의의 표어일지니.
Sapere aude!
Habe Mut, dich deines eigenen
Verstandes zu bedienen.

임마누엘 칸트(Immanuel Kant)

유럽은 인류 역사에 지대한 영향을 끼친 두 고대 문명, 그리스와 로마의 발상지였다. 그러나 서기 476년 서로마 제국이 멸망한 이후, 유럽은 '초기 중세'라 불리는 새로운 시대로 접어들었다. 이 시기에는 가톨릭 교회가 정치·문화적으로 막강한 권위를 행사하며 사회를 지배했다.

초기 중세는 흔히 '암흑 시대'로 불린다. 14세기 유럽 학자들은 로마 제국 붕괴 이후를 지적·문화적 퇴보의 시기로 인식하며 이 용어를 사용했다. 오늘날의 역사학자들은 이러한 평가가 다소 과장되었다고 지적하지만, 당시 서유럽이 아시아 문명에 비해 경제적·기술적으로 뒤처져 있었다는 사실은 부정할 수 없다.[1]

그러나 14세기 후반, 이탈리아에서 시작된 르네상스 운동은 유럽 사회에 근본적인 변화를 가져왔다. 프랑스어로 '재탄생'을 의미하는 '르네상스 Renaissance'는 고대 그리스와 로마의 고전 지식을 부활시키고, 예술·과학·문학·철학에 대한 새로운 관심을 촉발했다. 이 운동은 곧 유럽 전역으로 확산되어 16세기에 절정을 맞이했으며, 17세기 초까지 이어지면서 중세와 근대 세계를 연결하는 가교 역할을 했다.

르네상스의 가장 중요한 공헌 중 하나는 신 중심의 세계관에서 인간 중심의 세계관으로의 전환이었다. 인문주의humanism라 불리는 이 지적 운동은 개인의 잠재력과 성취, 표현과 비판적 사고를 강조하며 근대의 기초를 놓았다.

르네상스는 정치 사상에도 중대한 전환을 가져왔다. 특히 니콜로 마키아벨리는 정치 권력을 현실적이고 세속적인 관점에서 분석하며, 종교적 교리에 의존하던 중세 질서를 넘어서는 새로운 국가 운영의 원리를 제시했다.

근대의 도래

르네상스는 새로운 시대의 서막을 열었다. 일반적으로 근대modern period는 15세기 말부터 현재까지의 기간을 의미하는데, 일부 역사학자들은 이를 초기 근대(1500~1800), 후기 근대(1800~1945), 그리고 현대(1945~현재)로 세분화하기도 한다. 이 가운데 초기 근대는 문화·과학·정치의 혁명적 변혁이 집중된 시기로, 르네상스와 상당 부분 겹친다.

광범위한 사상, 제도의 재편을 겪은 근대 유럽은 전 세계로의 팽창을 본격화했다. 크리스토퍼 콜럼버스, 바스코 다 가마와 같은 탐험가들은 새로운 무역로 개척에 나섰고, 이는 곧 유럽의 세계 지배와 글로벌 경제 네트워크 형성의 서막을 알렸다. 또한 갈릴레오 갈릴레이나 아이작 뉴턴 등과 같은 천재적인 과학자들이 나타나 현대 과학의 기초를 확립했고, 이는 기술 발전을 촉진하는 지적 토대가 되었다. 종교와 정치의 지형 역시 크게 요동쳤다. 16세기 마르틴 루터의 종교 개혁은 가톨릭 교회의 권위를 흔들며 유럽 사회를 근본적으로 재편했다. 정치철학 분야에서는 토마스 홉스, 존 로크, 볼테르, 몽테스키외, 장 자크 루소와 같은 사상가들이 개인의 자유, 세속주의, 합리적 정부라는 근대적 개념을 주장했다. 이들의 사상은 계몽주의의 사상적 기반이자 현대 민주주의 제도의 초석이 되었다.

이처럼 과학적 진보, 문화적 혁신, 정치적 개혁이 맞물린 초기 근대는 유럽의 세계적 영향력을 비약적으로 강화시킨 전환점이었다. 이후 유럽은 식민지 확장과 산업화, 그리고 두 차례의 세계대전을 거치며 인류사의 궤적 자체를 바꾸었다.

어째서 이러한 심오한 변화가, 오직 당대의 유럽에서만 발생했을까? 학자들은 다양한 해석을 제시해왔다. 제러드 다이아몬드는 저서 『총, 균, 쇠』에서 유럽의 지리적 이점과 대륙 내 치열한 경쟁의 역사를 주요 요인으로 분석했다.[2] 한편, 막대한 자원을 보유한 아메리카 대륙과의 지리적 근접성을 중요한 원인으로 지목하는 견해도 존재한다. 이러한 설명들은 모두 일정한 설득력을 지니지만, 근대성의 본질적 요인들은 결국 탁월한 개인들의 창의적 기여에서 비롯되었다는 점을 간과하여서는 안 될 것이다.

근대 유럽을 당대의 다른 문명들과 차별화시킨 결정적 요소는, 동시다발적으로 출현한 위대한 개인들의 창의성에 있었다. 철학, 과학, 예술, 정치 등 다양한 분야에서 희대의 위인들이 동시대 유럽에 등장한 것은 단순한 우연이 아니었다. 이들은 고립된 천재가 아니라, 당대의 시대정신 zeitgeist 속에서 형성된 존재였다.[3] 저자는 근대 유럽의 급격한 진보를 가능케 한 근본 동력을 인문주의에서 파생된 개인주의 individualism에서 찾는다. 개인주의는 자율성과 창의적 표현, 자기 이익의 추구를 강조하며, 기존의 전통적 권위에 도전하고 사회를 재구성할 수 있는 문화적·지적 기반을 제공했다. 이러한 변화는 다시 개인의 책임 확대, 재산권을 포함한 경제적 자유의 확장, 그리고 자유 개념 전반의 확산으로 이어지며 개인주의의 심화를 촉진했다. 이 개인주의적 정신이 유럽의 고유한 지리 및 역사적 조건과 결합하면서, 근대라는 새로운 시대의 문을 여는 사상적 토대를 마련한 것이다.

계몽주의: 근대 사상의 탄생

르네상스가 남긴 가장 지속적인 유산은 인문주의적 전환이었다. 오랜 세월 동안 신과 지배 계층에 집중되었던 사회의 관심과 자원이 '인간 일반'에게로 옮겨가면서, 인간의 도덕적 가치, 자율성, 그리고 사회적 역할은 이전에 없던 주목을 받게 되었다. 이 근본적 전환은 대담한 탐험, 혁신적 상업 활동, 과학 혁명, 제도·종교적 개혁을 이끌어내며, 근대 유럽을 전례 없는 진보의 시대로 이끌었다.

계몽주의Enlightenment는 이러한 대전환을 대표하는 지적·문화적 운동이었다. "나는 생각한다, 고로 존재한다Cogito, ergo sum"라는 데카르트의 선언은 비판적 사고를 핵심 방법론으로 삼은 계몽주의 운동의 상징적 출발점으로 자주 인용된다.[4] 계몽주의 사상가들은 인간의 이성을 통해 사회를 이해하고 개선할 수 있다는 확신을 공유했다. 그들의 집단적 확신과 노력은 17세기 후반 고전적 자유주의classical liberalism의 출현으로 이어졌다.

이 시기의 가장 중요한 정치적 전환점 가운데 하나는 사회계약론의 등장일 것이다. 홉스는 《리바이어던》(1651)에서 자연 상태를 "만인에 대한 만인의 투쟁"으로 묘사하며, 최초의 개인들은 이러한 야만적 상태로부터 벗어나기 위해 자신의 천부적 권리를 일부 양도하여 공동체와 정부를 수립했을 것이라고 주장했다. 이는 개인과 사회 간에는 묵시적 계약이 존재한다는 개념으로 발전, 모든 인류 사회의 정치기반을 설명하는 핵심 이론으로 자리잡게 된다.

존 로크는 사회계약론의 논의를 한층 더 발전시켜, 모든 개인에게는 양도할 수 없는 자연권이 있다고 주장했다. 그는 자연권의 대표적인 예로 생명과 자유, 그리고 재산[5]을 들었다. 로크는 자연권을 보호하지 못하는 정부는 정당성을 상실하며, 시민은 그러한 정부에 저항할 권리를 가진다고 주장했다. 반면 장 자크 루소는 사회 발전 과정에서 불평등이 제도화되는 현실을 비판하며, 정당한 정치질서는 모든 시민이 법과 제도의 제정에 직접 참여할 수 있는 공화정에서만 구현될 수 있다고 보았다. 또한 그는 정부가 시민의 '일반의지'를 정치에 충실히 반영해야 한다고 강조했다.[6] 이들 사상가의 논의는 근대 정치사상의 핵심 토대를 형성했다.

계몽주의의 지적 지평은 정치 영역에만 국한되지 않았다. 볼테르, 몽테스키외, 데이비드 흄 등 이 시기의 주요 사상가들은 자유, 인권, 평등의 원칙을 옹호하며 유럽의 지적·문화적 번영을 이끌었다. 예컨대 애덤 스미스는 《국부론》(1776)에서 경제적 자유를 효율적 시장과 사회적 번영의 핵심 조건으로 규정하고, '보이지 않는 손'이라는 개념을 통해 개인의 이기심 추구가 전체 사회의 이익으로 귀결될 수 있음을 설명했다.[7]

계몽주의의 영향은 단지 사상적 차원에 그치지 않고, 역사 속에서도 불멸의 족적을 남겼다. 프랑스 대혁명(1789)은 루소의 대중주권과 일반 의지 개념에 깊은 영향을 받았으며, 미국 연방헌법(1787)은 몽테스키외의 권력분립 원리를 제도적으로 구현했다.[8] 계몽주의는 단순한 이론적 사유를 넘어 근대 정치질서의 근본 구조를 형성했고, '자유'와 '이성'을 인류 보편적 가치로 확립하는 데 결정적인 기여를 했다.

계몽주의의 세계적 영향

계몽주의 사상은 오늘날 우리가 이해하는 국제정치와 글로벌 경제 질서의 형성에도 깊은 영향을 미쳤다.

예컨대 홉스의 자연상태론은 국제정치의 현실주의 이론에 중요한 사상적 기반을 제공했다. 그는 개인이 자기 보존을 최우선으로 추구하듯, 국가도 무정부 상태의 국제사회에서 생존을 위해 끊임없는 경쟁을 벌인다고 보았다. 그의 관점은 세력균형을 강조하는 현실주의의 핵심 전제로 이어졌으나, 동시에 자유주의적 국제질서 구상의 철학적 토대가 되기도 했다. 만일 홉스가 주장한 바와 같이 개인이 사회계약을 통해 공동체와 정부를 구성함으로써 자연상태를 극복할 수 있었다면, 국가 역시 국제공동체를 형성함으로써 무정부 상태의 위험을 완화할 수 있을 터였다. 이러한 사고는 국제법, 국제기구, 다자 협력체제의 필요성과 정당성을 설명하는 이론적 기반으로 발전했다.

한편 애덤 스미스는 자유 시장 경제를 옹호하며, 국경을 넘어 이루어지는 자유무역이 상호 번영을 촉진할 수 있다고 주장했다. 정부 개입을 최소화하면 시장의 '보이지 않는 손'이 자원을 효율적으로 배분한다고 본 그의 논거는 현대 국제경제 질서의 초석이 된다.[9] 몽테스키외 또한 상업적 교류가 갈등을 줄이고 평화를 촉진할 수 있음을 강조했는데, 이는 현대의 경제적 상호의존성 이론과 연결된다.

이처럼 다양하고 풍부한 사상적 기반 위에서, 1800년경 유럽은 후기 근대 시대로 접어들었다.

  산업혁명은 급격한 기술 혁신과 대규모 산업화를 견인하며 유럽의 세계 지배를 가능케 했지만, 그 결과는 평화로 귀결되지 않았다. 유럽 열강은 경쟁적으로 세력을 확장하며 제국주의적 충돌과 전쟁을 야기했고, 이 과정에서 식민지 민족의 고통과 저항은 외면되었다. 근대는 인류 문명의 진보를 이끈 시대였지만, 동시에 폭력과 팽창이 공존했던 이중적 시대이기도 했다.

  이 냉혹한 현실 앞에서 일부 사상가들은 국제정치의 무정부 상태를 근본적으로 극복하기 위한 새로운 질서를 모색했다. 그 중 대표적인 인물이 바로 임마누엘 칸트였다.

미주

1 심지어 동로마 제국의 후계자인 인근 비잔틴 제국조차도 이 시기에 큰 번영을 누렸다.
2 다이아몬드는 유럽이 전략적 위치, 온화한 기후, 그리고 길들일 수 있는 풍부한 동식물을 바탕으로 농업 발전에서 큰 이점을 누렸다고 설명한다. 이러한 조건은 기술 혁신, 국가 형성, 잉여 자원의 축적을 가능케 하는 토대를 마련했다. 유사한 기후대를 넓은 지역에 걸쳐 유지하는 유라시아의 동서 축은 작물과 가축, 기술의 확산에 결정적인 역할을 했으며, 유럽의 분열된 지형은 국가 간 치열한 경쟁을 불러일으켜 혁신을 가속하는 한편, 대륙이 단일하고 정체된 제국으로 통일되는 것을 방지했다는 것이다.
3 '시대정신(spirit of the age)'이라는 개념은 헤겔 철학의 핵심 축을 이룬다. 이는 특정 역사적 시기에 개인과 사회의 사고방식, 감정, 행동 양식을 규정하는 동시에, 그 시대를 지배하는 태도, 가치관, 신념, 문화적 규범을 포괄하는 구조적·철학적 원리를 의미한다. 헤겔에게 있어 시대정신이란 단순한 사회적 분위기나 유행이 아니라, 역사적 현실 속에서 인간 정신이 구체화되는 방식이며, 시대의 지적·도덕적 방향성을 결정짓는 근본적 힘으로 이해된다.
4 이는 데카르트가 1637년에 발표한 《방법서설》의 첫 번째 원리다.
5 존 로크는 생명과 자유에 더해 재산권을 자연권으로 규정했다. 개인이 생존 수단을 확보하지 못한다면 자유는 실현될 수 없는 바, 재산은 자유의 기반으로서 자연권적 지위를 획득한다. 이와 관련해, 로크는 재산에 대한 소유권이 개인의 노동에서 기원한다고 보았다. 그렇다면, 오롯이 자신의 노동만으로 이루어지지 않은 재산에 대한 소유권은 어떨까? 예컨대 타인의 노동을 착취해 얻은 부에도 온전히 자신의 노동만으로 이루어진 부와 동등한 자연적 권리가 발생하는 것일까? 이처럼 로크의 논리는 자연권과 경제 구조, 그리고 사회 정의가 교차하는 지점에서 근본적인 질문을 제기한다.
6 루소는 다수결에 대한 무조건적 복종을 요구하지 않았으며, 다수결을 정의와 동일시하지도 않았다. 홉스가 국가주권을 백성을 지배하는 권력으로 상정한 것과 달리, 루소는 국가를 개인들이 사회계약을 통해 결합한 도덕적·집합적 실체로 이해했다. 이 집합체가 바로 '일반의지'다. 일반의지는 '특수의지'와 '전체의지'와 구별된다. 특수의지는 개인의 사익을, 전체의지는 단순한 이해관계의 총합을 반영할 뿐 공동선을 보장하지 못한다. 반면 일반의지는 사익을 초월하여 공동체 전체의 선을 지향하며, 이는 개인이 자신을 고립된 존재가 아니라 더 큰 전체의 불가분한 구성원으로 인식할 때 비로소 형성된다. 루소에게 일반의지는 자유와 평등을 촉진하는 힘이지만, 그 실현을 위해서는 강력한 시민 정체성이 전제되어야 한다. 만약 개인이 공동체보다 사익을 우선시한다면, 전체의지는 단순한 사익들의 집합으로 전락하고, 일반의지는 타락하여 사회적 결속은 붕괴된다. 루소가 꿈꾼 이상 사회는 시민들이 자신을 주권의 적극적 참여자로 자각하고, 사익이 아닌 공동선을 우선하는 사회였다. 그는 민주적 절차를 통해 일반의지를 구현할 수 있다고 보았지만, 그것은 단순한 투표 행위가 아니라, 숙의와 시민적 책임을 바탕으로 공동선을 염두에 둘 때 실현 가능한 이상적 민주주의였다.
7 애덤 스미스는 《국부론》에서 부의 창출과 관리 원리를 도덕적·경제적 관점에서 통합적으로 탐구했다. 그는 인간을 이기심과 이타심을 동시에 지닌 복합적 존재로 전제했으며, 공동체의 유지는 이타심에 의해 가능하지만, 경제 활동의 주요 동력은 이기심이라고 보았다. 스미스는 개인의 이기심이 시장 교환을 통해 자연스럽게 조정된다고 주장했다. 시장은 전문화를 촉진하여 개인이 각자의 영역에 집중하도록 만들고, 이는 노동 분업으로 이어진다. 노동 분업은 숙련도가 낮은 사람들까지 생산 과정에 참여할 수 있게 하여 효율성을 높이고, 노동력과 수요를 확장시킨다. 그 결과 경제 성장은 가속화되며, 국가의 부도 증대된다. 스미스는 이러한 시장의 자율적 조정 기능을 '보이지 않는 손'에 비유하며, 개인의 이기심이 의도치 않게 사회 전체의 복지와 조화를 증진시킨다고 설명했다. 스미스는 정부의 역할에 대해서는 제한적 관점을 취했다. 그는 국가의 의무를 법과 질서의 유지, 재산권 보호, 그리고 민간이 효율적으로 제공할 수 없는 공공재—예컨대 사회 기반 시설—의 공급으로 한정하는 것이 바람직하다고 보았다. 국제 무역에 관해서는 정부의 개입을 반대하며, 시장 원리가 국경을 넘어 자유롭게 작동해야 한다고 주장했다. 무역은 국가 간 전문화된 분업을 촉진하고, 각국이 비교우위가 있는 생산에 집중하도록 하며, 결과적으로 전 세계의 부를 확대하고 경제적 연계를 강화한다고 보았다.

8 몽테스키외는 법의 근본 목적이 권력의 남용을 억제하고 개인의 자유를 보호하는 데 있다고 보았다. 그는 "사법부가 입법부 및 행정부와 분리되지 않는 한 자유는 존재할 수 없다"고 경고하며, 권력 분립의 중요성을 강하게 주장했다. 폭정을 방지하는 가장 효과적인 장치는 정부 권한의 분산에 있으며, 행정부·입법부·사법부라는 세 독립 기관이 상호 견제와 균형을 이루도록 설계될 때, 권력의 집중을 막고 안정적이며 온건한 통치가 가능하다는 것이다. 그러나 몽테스키외는 제도적 설계만으로는 충분하지 않다고 보았다. 공화국이 지속적으로 번영하려면 시민 덕성(civic virtue)이 필수적이며, 국민은 조국과 법질서에 대한 깊은 애국심과 책임감을 가져야 한다고 강조했다. 그는 정치 지도자들이 이러한 덕성을 개인적 또는 파벌적 이익을 위해 조작할 경우, 공화국은 불안정해지고 그 근본 원리가 훼손될 수 있다고 경고했다.

9 애덤 스미스가 활동하던 시대의 지배적 경제 이론은 중상주의였다. 중상주의는 국제 무역을 제로섬 게임으로 간주하며, 한 국가의 이익은 필연적으로 다른 국가의 손실을 의미한다고 보았다. 그러나 스미스는 이러한 관념에 근본적으로 도전했다. 그는 자유무역 체제에서는 각국이 자신에게 자연적 또는 획득적 우위를 지닌 상품 생산에 특화함으로써, 세계 전체의 부(富)를 극대화할 수 있다고 주장했다. 당시로서는 혁신적이었던 이 이론은 오늘날 '절대우위 이론'으로 알려져 있으며, 이를 통해 스미스는 국제무역이 상호 착취가 아닌 상호 이익을 가능하게 한다는 점을 입증했다. 그의 자유무역 옹호는 경제 자유주의의 지적 토대를 마련했을 뿐 아니라, 현대 세계화와 경제적 상호의존성 이론의 형성에도 깊은 영향을 미쳤다. 스미스는 경제적 영역을 넘어 국제 안정에도 주목했다. 그는 경제적 개방이 갈등의 동기를 줄이고, 국가 간 협력을 촉진함으로써 국제사회의 안정에 기여할 수 있다고 보았다. 스미스의 사상은 자유무역과 경제 통합을 기반으로 한 자유주의적 국제 질서가 세계 평화로 나아가는 길이 될 수 있다는 이상을 제시하는 데 결정적인 기여를 했다.

PART 05

칸트의 평화 비전과 자유주의 세계관

국가 간의 관계에서
문명의 진보란 힘에서 외교로,
외교에서 법으로 나아가는 과정으로 볼 수 있다.
In relations between nation,
the progress of civilization may be seen as movement
from force to diplomacy, from diplomacy to law.

루이스 헨킨(Louis Henkin)

국제사회의 무정부 상태를 극복하려는 자유주의 사상은 독일의 철학자 임마누엘 칸트가 1795년에 발표한 《영구평화론》에 그 뿌리를 두고 있다. 《영구평화론》의 서문에서, 칸트는 네덜란드의 한 여관을 언급한다. '영구 평화'라는 문구가 적힌 여관의 간판에는 묘지 그림이 그려져 있었는데, 이는 항구적인 평화란 오직 죽은 뒤에만 가능하다는 냉소적 풍자를 담고 있었다. 그러나 칸트는 이러한 체념을 단호히 거부하고, 살아 있는 인간 사회에서 항구적 평화를 실현하기 위한 조건들을 제시했다.

  칸트에게 있어 평화는 단순한 이상이나 선택 가능한 목표가 아니라, 도덕적으로 반드시 추구해야 할 의무였다. 이는 그의 핵심 윤리철학인 '정언명령'과 깊이 연결된다. 정언명령은 모든 인간을 단순한 수단이 아닌, 목적 그 자체로 대우해야 한다는 보편적 도덕법칙 universal moral law을 천명한다. 칸트는 이 법칙이 국제 관계에도 확장될 수 있다고 보았다. 따라서 평화의 추구는 힘의 균형이나 전략적 동맹을 넘어, 정의와 인간 존엄, 그리고 이성에 기반한 도덕적 책무로 이해되어야 한다. 이러한 윤리적 접근에 따르면 국가 간 협력과 자유의 수호를 핵심으로 하는 새로운 국제질서의 창설은 필수적이었다.

칸트의 비전은 언뜻 이상주의적으로 보일 수 있지만, 그의 이론은 단순한 윤리적 열망에 머무르지 않았다. 칸트는 정치·사회적 개혁을 통해 실현 가능한 현실적 목표로서의 평화를 제시하고자 했다. 그 결과 탄생한 《영구평화론》은 오늘날까지도 현실주의적 중력을 극복하기 위한 가장 설득력 있는 논리 중 하나로 인정받는다. 현실주의와 쌍벽을 이루는 자유주의 국제관계 이론과, 현존하는 거의 모든 국제체제는 약 250년 전에 출간된 이 불멸의 고전에 기초하고 있다.[1]

《영구평화론》은 여섯 개의 예비 조항preliminary articles과[2] 세 개의 확정 조항definitive articles, 두 개의 보충 조항, 그리고 두 개의 부록으로 구성된다. 이 가운데 지속 가능한 평화를 위한 핵심 조건을 담고 있는 것은 세 개의 확정 조항이다.

첫 번째 확정 조항: 공화주의

첫 번째 확정 조항은 모든 국가가 공화주의적 정부 형태를 채택해야 한다는 원칙이다. 칸트는 공화주의 헌법이야말로 사회계약의 가장 순수한 구현이라고 보았다.

공화주의 제도는 자유, 평등, 법치라는 핵심 원칙을 내포하며, 이는 지속 가능한 평화의 필수 조건이다.[3] 칸트는 공화주의 헌법의 본질을 세 가지로 설명한다. 첫째는 모든 구성원의 자유 보장이다. 달리 말하자면, 타인의 자유를 침해하지 않는 한 각자가 원하는 대로 행동할 권리를 보장하는 것이다. 둘째는 단일하고 보편적인 법률에 대한 복종이다. 모든 개인이 동일한 법의 지배를 받음으로써, 공동체적 단합과 책임이 촉진된다. 마지막 셋째는 법 앞의 평등, 즉, 모든 시민이 차별 없이 법적 권리를 보장받는다는 원칙이다.

칸트는 이 세 가지 원칙이 공화주의 헌법의 정당성을 담보하며, 사회계약에서 직접 파생된 모든 합법적 입법의 근본 토대가 된다고 보았다. 요컨대 공화주의 헌법이야 말로 진정한 '권리 개념'에 뿌리를 둔 제도로서, 자국 내 항구적 평화를 실현할 수 있는 유일한 정치 체제라는 것이다.[4]

따라서 칸트는 국제사회에서 공화주의 정부의 '보편적 채택'이 영구 평화의 필수 조건임을 강조했다. 그러나 이는 단지 출발점에 불과하다. 그의 두 번째 확정 조항은 이러한 공화주의를 국제적 차원으로 확장하는 내용을 담고 있다.

두 번째 확정 조항: 평화 연맹

두 번째 확정 조항에서 칸트는 '법 없는 자유'와 '이성에 의해 인도되는 자유'를 구분하며, 전자가 아닌 후자를 추구할 때 국가들을 전쟁으로부터 멀어지게 하고 도덕적 의무로서의 평화를 추구할 수 있다고 보았다. 그리고 이러한 항구적 평화의 기반으로, 자유로운 국가들의 자발적 연맹 창설을 제안한다.

칸트는 국가를 자연 상태에 놓인 개인에 비유하면서, 상호 위협 속에서 불안정하게 공존하는 상태를 극복하기 위해 공화주의 헌법에 기반한 문명

사회와 유사한 국제적인 연합, 즉 '평화 연맹'이 필요하다고 주장했다. 이 연맹은 중앙집권적인 세계 정부가 아니라, 각국의 자주성을 존중하면서 공유된 법과 원칙에 의해 결합되는 협력체를 의미한다. 또한 이 평화 연맹은 개별 분쟁의 종식이 아니라 전쟁 자체의 근본적 제거를 목표로 해야 한다.

칸트는 평화 연맹의 창설이 단순한 이상이 아니라 충분히 실현 가능한 과제라고 보았다. 그는 언젠가는 '강력하고 계몽된 공화국' 하나가 자연스럽게 평화를 추구하면서 연맹의 중핵이 될 것이며, 이에 다른 국가들이 점차 참여함으로써 국제법에 따른 자유와 상호안보의 원칙이 강화될 것이라고 예견했다. 궁극적으로 모든 국가가 이 연맹에 참여할 때, 개인이 법 아래 평화롭게 공존하는 문명사회처럼 국가들도 국제법에 따라 평화롭게 공존할 수 있다고 그는 주장했다.

한편 칸트는 당시까지 국제법의 근본 원칙 중 하나였던 '전쟁 개시권'을 신랄하게 비판했다. 그가 보기에, 국제법과 전쟁권을 결합하면 이는 보편적 법 원칙이 아닌 단순한 힘의 투사에 불과해지는 것이었다. 따라서 진정한 국제법은 분쟁의 관리가 아니라 평화에 대한 '공동의 책무'에 기초해야 한다고 그는 역설했다.[5]

세 번째 확정 조항: 세계 시민권

세 번째 확정 조항에서 칸트는 '세계 시민권 cosmopolitan right'이란 개념을 제시한다. 칸트의 세계 시민권은 "보편적 환대 hospitality의 조건"으로 제한되었지만, 국가 간 관계를 넘어 개인에게 적용되는 국제적 권리 개념을 철학적으로 처음 체계화한 시도라는 점에서 중요한 의미를 지닌다.

칸트는 세계 시민권의 핵심을, 타국에 합법적으로 도착한 낯선 이를 적대하지 않고 환대할 최소한의 의무—즉, '방문의 권리 right to visit'—로 보았다. 그는 이러한 원칙이 지구가 모든 인류에게 공동으로 속한다는 보편적 인식에 근거한다고 설명했다.[6]

또한 칸트는 세계 시민권이 궁극적으로 공화주의 헌법과 유사한 '세계 시민헌법 cosmopolitan constitution'으로 발전할 것이라 전망했다. 국제법을 통한 평화롭고 합법적인 국제관계가 점차 성숙해감에 따라, 언젠가 인류는 이상적인 세계 시민헌법을 현실 속에서 구현할 수 있을 것이라고 확신했다.

평화를 보장하는 비밀의 역학

칸트는 자신의 《영구평화론》이 지나치게 이상적이라는 비판에 직면하리라는 걸 예상했다. 따라서 그러한 비판에 대항하기 위해 첫 번째 보충 조항과 두 개의 부록에서 인간 본성에 내재된 평화 지향적 역학을 분석했다.

칸트는 인간이 본래 이기적 존재임을 인정했다. 다만 가장 자기중심적인 개인조차 저 자신의 안전을 보장받기 위해서는 공정한 법체계가 필요하다는 데 동의하리라고 보았다. 이성적인 존재라면, 사회는 물론 자기 자신까지 위태롭게 할 법의 맹점을 무시하지는 않을 것이다. 이러한 욕망은 은밀히 법을 조작하고자 하는 개인적 이기심이나 충동과는 별개로, 때로 개인의 직접적 이익에 반하더라도 적어도 공식적으로는 사회 전체의 안정과 공정성을 증진하는 법률을 지지하게 만든다.[7]

칸트는 이 논리를 국제 관계로 확장했다. 개인이 법 아래에서 보호받기를 원하듯, 국가들 역시 외부 위협으로부터 자신을 지키기 위해 안정적인 국제법 질서를 필요로 한다. 모든 나라는 다른 나라가 자국의 안보를 해칠 수 있는 방식으로 국제법을 악용하는 것을 경계하며, 따라서 자연스럽게 국가의 이기심들 간에 균형과 조화가 이루어진다. 설사 고결한 도덕적 동기가 없더라도, 이러한 자기 이익 추구 본성은 결과적으로 국제사회의 안정과 협력을 촉진하기 위한 제도를 건설하는 방향으로 국가들을 유인한다. 칸트는 이를 "저항할 수 없는 자연의 의지"라고 묘사했으며, 이러한 과정 속에서 정의가 궁극적으로 승리하게 될 것이라고 주장했다.

칸트는 언어와 종교의 차이가 국제적 통합의 장애물이 될 수 있음을 인정했지만,[8] 지속적인 교류와 가치의 점진적 수렴이 상호 이해를 넓히고 갈등을 줄일 것이라 낙관했다. 더 나아가 무역, 재산권 존중, 금융 교류의 확장은 도덕적 동기와 무관하게 국가 간 평화를 촉진하는 강력한 동력이 될 수 있다고 보았다.

결론적으로 칸트는 영구 평화를 보장할 수 있는 자연적 역학의 존재를 주장했다. 인간의 자기 이익 추구가 국가 간 협력과 안정으로 귀결될 수 있는 것처럼, 평화를 향한 불가역적 보증을 자연이 직접 제공한다는 것이다.

도덕과 정치

칸트는《영구평화론》의 부록에서 도덕과 정치 사이에 존재하는 내재적 긴장을 심층적으로 탐구했다.

윤리적 통치는 중요한 덕목이지만, 현실정치에서는 종종 이상과 현실 간에 충돌이 불가피하다. 정치 지도자들은 당면한 현실적 요구를 우선시하며, 국가의 생존이라는 명목으로 기만이나 공격적 행위를 정당화하기도 한다. 이로 인해 도덕적으로 옳은 행위와 정치적으로 유리한 행위 사이에는 간극이 생기며, 영구 평화는 영영 달성하기 어려운 이상처럼 보이게 된다. 이것이야 말로 현실주의가 주장하는, 현실정치와 국제사회의 전형적인 모습인 것이다.

그러나 칸트는 이러한 접근이야 말로 국가 간 신뢰를 해치고 정의로운 국제 사회를 구축하기 위한 기반을 약화시킨다고 보았다. 그는 정치적 사고의 근본적 패러다임 전환을 촉구했다. 도덕은 단순한 정치적 도구가 아니라 정치 행위를 인도하는 핵심 원칙이어야 하며, 정치는 공적 권리를 통해 정의를 실현하고 항구적 평화를 증진하는 수단이 되어야 하는 것이다.

우선 칸트는 단기적인 정치 이익을 위해 보편적 도덕법칙을 경시하는 태도는 결국 자기파괴적 결과를 초래하게 된다고 경고했다. 도덕을 권력과 이기심보다 하위에 두는 행위는, 영구평화가 실현될 수 없다는 비관적 예언을 자아실현적 현실로 전환시킬 수 있다. 반면, 도덕이 정당한 행동을 판별하는 기준이 되고, 정치가 이를 실제 사회에 구현하는 역할을 수행할 때, 도덕과 정치는 서로 충돌하는 관계가 아니라 상호 보완적인 관계가 된다. 도덕은 정치의 장애물이 아니라, 정당한 정치 행위의 필수적 기반인 것이다.

또한 도덕적이고 윤리적인 정치 행위는 상호 신뢰를 구축하고 국제 협력을 촉진하여 지속 가능한 평화를 가능하게 한다. 따라서 도덕에 따라 행동하는 것은 장기적으로는 오히려 국가에게 최선의 결과를 가져다준다. 따라서 도덕과 정치의 조화는 영구 평화 달성의 필수 조건이다. 국가가 보편적 도덕법칙을 충실히 준수할 때, 비로소 정의롭고 평화로운 국제 질서가 실현 가능해지는 것이다.

칸트는 보편적 도덕법칙이 정치 현실 속에서 구현되기 위해서는 지혜와 신중함이 필요함을 인정했다. 다만 현실 정치가 때때로 일시적 타협을 요구할지라도, 실용적 지혜가 도덕법칙을 지배해서는 안 되며, 오히려 도덕에 충실히 봉사해야 한다. 이를 위해 시민들은 공론장에 적극적으로 참여해야 한다. 이성적이고 비판적인 공론장은 지도자가 도덕을 준수하도록 강제하며, 정치 행위가 공적 권리에 부합하도록 견인할 수 있기 때문이다.[9]

칸트는 윤리적 원칙이 정치 구조에 통합될 때에만, 국가들이 정의롭고 지속 가능한 평화를 향해 나아갈 수 있다고 보았다. 또한 국제사회에서 도덕적 열망과 정치적 현실을 연결할 수 있는 이상적 체제는, 보편적 도덕 의무를 반영한 국제법에 의해 결속된, 자유로운 공화국들의 연합이라고 주장하였다.

핵심 정리

《영구평화론》의 핵심에는 '자유'와 '법'이라는 두 가지 근본 원리가 자리한다. 자유는 항구적 평화의 토대이며, 법은 이를 제도적으로 구현하는 수단이다. 칸트는 이러한 원리를 실현하기 위해 공화주의 정부 형태의 확산을 국제 평화의 필수 조건으로 간주하였다. 공화국은 국민의 자유로운 의지를 반영하는 법률에 의해 통치되어야 하며, 국내적으로는 시민의 자유를 보장하고, 국제적으로는 타국의 자유를 존중해야 한다.

자유주의 사상에 기반하여 수립된 공화국들 간의 관계 역시 동일한 원리에 따라 규율되어야 한다. 칸트는 이를 위해 법에 기초한 국제 질서를 구상하였으며, 주권 국가들이 냉혹한 권력 정치가 아닌 보편적 세계시민권을 보장하는 연합체를 자발적으로 구성해야 한다고 주장하였다. 이러한 조건이 충족될 때, 국가들은 상호 존중과 협력을 바탕으로 평화를 유지할 수 있으며, 국제 사회 전체에서 정의와 질서가 실현될 수 있다고 본 것이다.

역사적 영향

칸트의 평화 비전은 오늘날의 글로벌 거버넌스 논의에도 여전히 깊은 영향을 미치고 있다. 그의 평화연맹 구상은 제1차 세계대전 이후 국제연맹의 창설과, 제2차 세계대전 이후 국제연합(유엔)의 설립에 중요한 철학적 토대를 제공하였다. 전쟁에 대한 칸트의 근본적 회의론은 유엔헌장에 반영되어, 자위권 행사나 안전보장이사회의 명시적 승인 없이는 무력 사용을 엄격히 제한하는 조항으로 구체화되었다.

칸트의 공화주의, 즉 자유민주주의 국가가 권위주의 국가보다 전쟁을 일으킬 가능성이 낮다는 주장[10]은 현대 민주적 평화 이론 Democratic Peace Theory의 정립에 큰 영향을 주었다. 예컨대 마이클 도일 Michael Doyle은 민주주의 국가 간 전쟁이 극히 드물다는 주장을 실증적 연구를 통해 입증했다.

또한 국제법에 근거한 평화적 분쟁 해결을 강조한 칸트의 시각은 국제사법재판소 ICJ, 국제형사재판소 ICC, WTO 분쟁해결절차 등 국제법에 근거한 현대 분쟁해결기관의 발전에 중요한 기초를 제공했다. 보편적 환대와 세계시민권에 대한 강조는 현대 인권 담론과 세계 시민주의 형성에 지속적인 영향을 미쳤다.

칸트가 지적한, 무역과 상업의 평화적 효과는 1946년 GATT와 1995년 WTO의 창설에도 중요한 역할을 했다. 이는 후대의 자유주의 사상가 노먼

앵겔, 로버트 키오하네, 조지프 나이 등에 의해 국가 간 긴밀한 경제적 연대가 갈등 가능성을 현저히 낮춘다는, 경제적 상호의존 이론으로 확장되었다.

현대 자유주의 평화 이론의 핵심, 즉 '평화의 삼각구도 Triangulating Peace'—자유민주주의의 전 세계적 확산, 국가 간 심도 있는 경제적 상호 의존성 구축, 국제 관계에서의 법치주의 구현—는 모두 칸트의 《영구평화론》에 뿌리를 두고 있다. 이는 임마누엘 칸트의 사상이 오늘날 국제 정치와 경제 질서에 끼친 위대한 영향력을 극명하게 보여준다.

현실과 이상의 간극

그러나 숭고한 이상과 냉혹한 현실 사이에는 뚜렷한 간극이 존재했다. 칸트가 《영구평화론》을 발표한 직후, 유럽 열강은 전 세계적인 식민제국주의 시대를 열었고, 계몽주의의 이상은 유럽 내부에서만 제한적으로 실현되었다.

고전적 자유주의의 영감을 받은 많은 유럽 지식인들이 문화적·인종적 우월성에 기반한 명분을 앞세워 식민제국주의를 정당화했다는 점은 아이러니하다. 19세기 후반과 20세기 초 유럽에서 유행한 풍자화들은 미개한 민족을 '문명화'한다는 명목으로 식민지 지배를 정당화한 당대의 분위기를 생생하게 보여준다.

동시에 유럽에선 끊임없는 지정학적 갈등이 이어지고 있었다. 프랑스 대혁명은 나폴레옹 전쟁으로, 이어서 크림 전쟁, 프로이센-오스트리아 전쟁, 프로이센-프랑스 전쟁, 그리고 1914년의 제1차 세계대전으로 이어졌다. 지정학적 불안정이 지속되는 가운데 자유주의의 목표는 대부분 추상적인 이상향에 머물렀다. 국제사회의 무정부 상태, 즉 국가 간 관계가 법이 아닌 힘에 의해 지배된다는 명제는 부인할 수 없는 현실이었다.

자유주의적 이상을 현실로 구현하기 위해서는 국제사회의 집단적 노력이 필요했다. 그리고 칸트가 '평화연맹' 창설의 전제 조건으로 제시한, '강력하고 계몽된 공화국'의 주도적 역할은 그 무엇보다도 중요한 요소였다.

칸트의 평화 비전이 현실에서 구체화될 때까지는 긴 시간이 필요했다. 그의 이상론은 두 차례의 참혹한 세계대전을 거친 후에야 비로소 현실 속에서 구현될 수 있었다.

미주

1 1795년에 쓰여진 《영구평화론》의 모든 내용이 오늘날에도 똑같이 유효하다고 보기는 어렵다. 예를 들어, 가장 열렬한 칸트주의자조차도 예비 조항이나 제2보론이 오늘날의 기준에서 완전히 유효하다고 단정하기는 어려울 것이다. 이 장에서는 주로 세 가지 정의적 조항과 제1보론, 그리고 두 개의 부록에 초점을 맞춘다. 여섯 개의 예비 조항은 미주 2에서 간략히 언급한다.

2 《영구평화론》의 초반부에서 칸트는 아직 진정한 공화정에 이르지 못한 국가들 사이에서의 전쟁 가능성을 줄이기 위한 여섯 가지 예비 조항을 제시했다. 이 조항들은 전쟁을 유발하는 구조적 조건을 제거하고, 정치적 안정과 상호 신뢰를 구축하기 위한 개혁으로 이해된다. 구체적인 원칙은 (i) 비밀 조약 및 비밀 외교의 금지, (ii) 무력에 의한 영토 합병의 금지, (iii) 상비군 유지의 제한, (iv) 해외 원정을 위한 국가 부채 축적의 금지, (v) 타국의 헌법이나 정책에 대한 간섭 금지, (vi) 그리고 상호 신뢰를 훼손할 수 있는 모든 적대 행위의 금지로 요약된다.

3 칸트는 공화정 이외의 정부 형태는 필연적으로 독재로 귀결될 수 있다고 보았다. 특히 그는 행정권과 입법권이 분리되지 않고, 동일한 권력이 법을 임의로 제정하고 집행할 때 권력의 남용이 발생하며, 이는 독재로 이어진다고 경고했다. 칸트에게 있어 이상적인 정부란 책임성과 개인 권리의 보호를 보장하기 위해 반드시 대의제에 기반해야 했다. 동시에 그는 통치 권력을 전체 국민에게 부여하는 직접 민주주의의 위험성도 경고했다. 제도적 제약이 없는 상태에서 행정권이 '국민을 대신한다'는 명목으로 개인의 자유를 억압할 경우, 일반 의지 내부에 자기모순이 발생하여 외려 공화정의 근간이 무너질 수 있다는 것이다. 현대적 관점에서 보면, 칸트의 통찰은 권력 분립과 개인 권리 보호를 핵심으로 하는 자유민주주의적 공화제 원칙과 깊이 연결되어 있다.

4 예컨대 공화정에서는 전쟁을 선포하기 위해 막대한 비용을 감당해야 하는 시민들의 동의가 필수적이다. 이는 군사적 행동에 대한 결정이 시민들의 이해와 책임을 수반하게 만들어, 결과적으로 전쟁에 훨씬 더 신중하게 접근하도록 유도한다. 반면, 이러한 제약이 없는 독재 체제에서는 권력자가 단독으로 전쟁을 결정할 수 있어, 군사적 충돌이 훨씬 쉽게 발생할 수 있다.

5 칸트는 중세 법학자 휴고 그로티우스가 발전시킨 전통적 '정전이론(正戰理論, just war theory)'이 강대국들에 의해 침략을 정당화하는 도구로 악용될 수 있다고 보았다. 칸트는 군사 행위가 분쟁 해결의 합법적이거나 효과적인 수단이 될 수 없으며, 전쟁으로는 전쟁 상태 자체를 종식시킬 수 없다고 판단했다. 오히려 '정당한 전쟁'이라는 개념은 국제관계 속에서 무정부 상태를 영속화하는 역할을 한다. 따라서 그는 전쟁의 정당화에서 벗어나, 지속 가능한 평화를 적극적으로 추구하는 데 초점을 옮겼다. 다만 칸트는 '정당한 전쟁'이란 개념이 국가로 하여금 '정당한 전쟁'과 '부당한 전쟁'을 구별할 수 있게 한다는 점에서 일정한 의미가 있다고 보았다. 이 개념에는 인간이 옳고 그름을 분별할 수 있는 도덕적 능력을 지니고 있다는 전제가 반영되어 있기 때문이다. 이러한 도덕적 잠재력은 지속 가능한 평화를 추구하는 원동력이 된다.

6 칸트는 인류가 지구 표면을 공동으로 소유한다는 원칙에 기초하여, 세계시민권(cosmopolitan right)이란 개념을 정립했다. 그는 이 권리에 두 가지 핵심 요소가 포함된다고 보았다. 첫째는 방문권(visitation right)으로, 타인은 적대 없이 외국의 영토에 자신을 드러낼 권리를 가진다. 둘째는 일시적 체류권(temporary shelter right)으로, 특히 여행자가 생명의 위협을 받는 상황에서는 해당 지역의 주민이 피난처를 제공할 도덕적 의무를 진다는 것이다. 다만 세계시민권은 공식적인 합의나 법적 절차 없이 '영구 거주권(ius incolatus)'으로 확대될 수 없다.

7 이러한 경향은 월트 디즈니의 영화 《정글북》(2016)에서도 잘 드러난다. 영화 속 정글의 동물들은 건기(乾氣)가 극심해져서 웅덩이가 마르고 바닥에 잠겨 있던 바위가 드러나면 서로 간의 싸움이나 살생을 금지하는 '물의 휴전(Water Truce)'이라는 자연법을 따른다. 인간 소년 모글리를 끈질기게 쫓던 포악한 호랑이 셰어 칸조차도 예외가 아니었다. 모글리를 공격하려던 셰어 칸은 '물의 휴전'이 선포되었다는 지적에 한 발 물러서며, "나는 우리를 안전하게 지켜주는 이 법들을 깊이 존중한다"고 말한다.

8 국제적 평화 연맹의 창설을 옹호한 칸트였으나, 통일된 '세계 정부'의 실현 가능성에 대해서는 회의적이었다. 그는 정부 권한이 지나치게 확대될수록 법의 효력이 약화되고, 중앙집권화된 세계 권력은 오히려 새로

운 무정부 상태를 초래할 위험이 있다고 보았다. 대신 칸트는 국가 주권을 존중하면서 평화와 협력을 촉진하는 자유 국가들의 자발적 연합을 제안했다. 이러한 틀 속에서 국가들은 공통 원칙과 상호 이해를 점진적으로 발전시키며, 강제력이 아닌 공유된 이익과 규범의 자연스러운 진화를 통해 장기적으로 보다 통합된 국제 질서를 구축할 수 있다고 보았다.

9 그리고 이러한 시민의 공적 참여를 보장할 수 있는 체계는 공화정뿐이다.

10 칸트는 '직접 민주주의'에 대해 깊은 우려를 표명했다. 그는 다수의 의지가 개인의 권리와 자유를 압도할 경우, 쉽사리 '다수의 폭정'으로 전락할 수 있다고 보았다. 직접 민주주의는 공동선을 지향하는 일반의지보다는 다수의 집단적 사익을 반영하는 경향이 강해, 전제 정치로 변질될 위험을 내포하고 있다는 것이다. 이러한 체제에서는 시민들이 책임이나 사회 전체의 복지에 대한 고려 없이 통치자로 행동할 수 있으며, 그 결과 자유와 정의의 원칙이 훼손될 수 있다. 이에 반해 칸트는 권력 분립, 견제와 균형, 법치주의에 기반한 공화주의적 체제를 옹호했다. 이 틀 안에서 개인의 자유는 직접적인 국민 통치가 아니라, 대표 기관을 통해 제도적으로 보호된다. 그의 공화주의 이상은 대중 통치와 개인 권리 보호 사이의 균형을 유지하고, 법적·제도적 장치를 통해 다수결의 과잉으로부터 개인의 자유를 방어하는 현대 자유민주주의 원칙과 밀접하게 연결된다. 참고로 칸트가 직접 민주주의를 비판할 때 염두에 둔 것은 고대 아테네와 같은 체제였으며, 특히 소크라테스의 사형 사례는 개인의 권리가 다수결에 종속될 수 있는 위험을 상징적으로 보여준다. 따라서 칸트의 공화주의는 현대에 들어와 자유민주주의를 통해 제도적으로 실현되었다고 평가할 수 있을 것이다.

PART 06

세력균형의 역설
: 19세기 유럽의 지정학

중요한 것은
'절대적 만족'이 아닌
'균형 잡힌 불만족'이다.
The test is not absolute satisfaction
but balanced dissatisfaction.
•
헨리 키신저(Henry Kissinger)

패권과 평화

강대국이 특정 지역에서 패권을 확립하면, 그 지역에 질서를 세우고 이를 유지하려는 경향이 나타난다. 역내 질서와 평화를 안정적으로 관리하는 것이 패권국의 이익에 부합하기 때문이다. 그러나 패권에 기반한 평화에는 여러 구조적 한계가 따른다.

국제사회에서 진정한 패권이 성립한 사례는 극히 드물고, 그마저도 오래 지속되지 않았다. 고대의 팍스 로마나$^{Pax\ Romana}$와 팍스 시니카$^{Pax\ Sinica}$, 근대의 팍스 브리타니카$^{Pax\ Britannica}$는 물론이고 현대의 팍스 아메리카나$^{Pax\ Americana}$마저도 결국은 역사의 무대에서 퇴장했다. 팍스 로마나의 몰락은 유럽을 수세기에 걸친 혼란에 빠뜨렸고, 중국의 통일왕조가 무너질 때마다 동아시아는 격변에 휩쓸렸으며, 팍스 브리타니카의 쇠퇴는 제1차 세계대전으로 이어졌다. 오늘날 팍스 아메리카나의 약화 또한 세계를 새로운 불확실성의 소용돌이로 밀어 넣고 있다.

또한 패권은 제국주의와 불가분의 관계를 맺고 있다. 모든 패권 질서는 필연적으로 패권국을 중심으로 구조화되며, 주변부 국가의 자율성과 주권은 불가피하게 침해된다. 다시 말해, 피지배국의 주권 잠식은 우연적 사건이 아니라 패권 질서가 지닌 구조적 속성이다. 따라서 패권에 기초한 평화는 지속 가능하지도, 바람직하지도 않다.

다행히 역사에는 세력균형이라는 검증된 대안이 존재한다. 열강 간에 힘의 균형이 유지되면, 상호 견제의 메커니즘이 작동해 패권이 성립하지 않은 지역에서도 일정 수준의 안정과 평화를 기대할 수 있다.

세력균형 체제의 효용

국제사회의 무정부적 구조가 빚어내는 딜레마에 대한 가장 오래된 대응 방식 가운데 하나가 바로 '세력균형'이다. 이는 여러 강대국이 공존하는 환경에서 각국이 연대하거나 전략적으로 움직여, 특정 국가가 압도적 우위를 차지하지 못하도록 견제함으로써 역내 질서와 안정을 유지하려는 시도를 뜻한다.

두 차례의 세계대전 이전까지, 세력균형은 무정부적 국제질서 속에서 평화를 유지하는 가장 현실적인 틀로 작동해왔다. 패권 체제보다 세력균형이 선호되는 가장 큰 이유는 세력균형 쪽의 실현 가능성이 상대적으로 높기 때문이다. 역내에 압도적 패권국이 존재하는 경우보다, 다수의 강대국이 서로 대립하며 균형을 이루는 상황이 역사적으로 훨씬 더 일반적이었다.

그리고 역내에 다수의 강대국이 존재한다면, 숙련된 외교술만으로도 세력균형을 도모할 수 있다. 강대국 간 국력 규모가 대체로 비슷하다면 심지어 균형은 자연스럽게 형성되기도 한다. 강대국들은 끊임없이 역내 세력균형을 유지하려 애쓰며, 특정 국가가 일방적 우위를 차지하지 못하도록 상호 견제한다. 안정적인 세력균형은 일종의 '견제와 균형check and balance'처럼 기능하며, 이 장치가 제대로 작동하는 지역에서는 어느 한 국가가 정복이나 침략을 감행할 유인이 현저히 줄어든다. 특정 국가가 급격히 부상해 패권을 추구할 경우, 나머지 국가들이 전략적 연합을 맺어 이를 억제할 것이기 때문이다. 다만 지배적 강대국이 압도적 우위를 확보해 그 어떤 연합으로도 견제할 수 없는 상황에서는 세력균형이 더 이상 성립하기 어렵다. 따라서 지배적 강대국이 패권국으로 전환하려는 과정에서는 높은 확률로 전쟁이 발발하게 된다.

물론 현실에서 세력균형을 구현하는 일은 이론보다 훨씬 복잡하고 어렵다. 균형을 성공적으로 구축하려면 정교한 외교적 노력이 필요하며, 이를 안정적으로 유지하는 데는 전략적 헌신이 요구된다. 그 과정은 언제나 긴장을 수반하며, 자칫 세력균형이 무너질 경우 전쟁의 가능성은 급격히 높아진다.[1]

세력균형 체제가 작동할 때

세력균형 체제가 본격적으로 작동하기 시작한 시점은 1648년 베스트팔렌 조약에서 찾을 수 있다. 유럽에서 30년 전쟁과 80년 전쟁을 종식시킨 이 조약은 근대 국제질서의 핵심 원칙인 영토 주권과 내정 불간섭이란 원칙을 확립했다. 베스트팔렌 조약은 신성로마제국이나 가톨릭 교회와 같은 초국가적 권위의 영향력을 제한하고, 분권화된 국제질서를 촉진했다. 근대적 민족국가 개념은 19세기에 들어서야 공고화되었지만,[2] 주권 국가의 자율성과 평등을 제도적으로 인정하며 세력균형 질서의 기반을 마련한 것은 베스트팔렌 체제였다. 동맹과 반(反)동맹 네트워크가 촉진되며 단일 패권국의 등장을 억제하는 메커니즘이 마련되었고, 유럽은 분산된 질서 속에서 상대적 안정을 추구할 수 있었다. 강대국의 팽창을 억제하기 위한 동맹 외교는 이후 근대 유럽 외교의 특징적 양상으로 자리 잡았다.

그러나 18세기 말과 19세기 초, 프랑스 대혁명과 나폴레옹의 등장은 기존의 세력균형에 전례 없는 도전을 가했다. 혁명 프랑스는 나폴레옹 보나파르트의 지휘 아래 유럽 최강의 육군을 앞세워 전통의 강대국들을 차례로 격파했다. 군주제를 타도한 프랑스 혁명 공화국은 역설적이게도 곧 제국으로 변모한다. 나폴레옹 황제의 프랑스는 유럽 전역으로 세력을 확장하며 각국을 굴복시키거나 무력화했다. 영국, 오스트리아, 프로이센, 러시아 등이 연합해 프랑스의 팽창에 저항했지만, 나폴레옹의 탁월한 전략과 전술 앞에서 번번이 무너졌다.

궁극적으로는 영국의 해군력과 자금력, 러시아의 혹독한 겨울 등 복합적 요인이 작용한 끝에 나폴레옹이란 전쟁의 천재를 굴복시킬 수 있었다. 나폴레옹의 도전과 몰락은 세력균형 체제가 지닌 놀라운 저항력과 회복력을 보여주는 계기였다.

1814년 나폴레옹이 패배한 이후, 유럽 열강들은 전쟁 이전의 세력균형을 복원하고 새로운 패권국의 등장을 저지하기 위해 적극적인 외교 노력을 기울였다. 1814~1815년의 빈 회의는 유럽 정치 지형을 재편하고 지속 가능한 평화를 구축하기 위한 고위급 외교 협상이었다. 프랑스는 혁명 이전의 국경으로 되돌아갔으며, 네덜란드와 독일 연방 등 완충 국가들이 새로 수립되었다. 가장 중요한 성과는 '빈 체제' 혹은 '유럽협조체제Concert of Europe'의 탄생이었다. 영국, 프랑스, 러시아, 프로이센, 오스트리아의 5개 열강이 유럽의 세력균형 유지라는 공동 목표 아래 협력했으며, 특히 패전국 프랑스가 러시아 견제를 위해 이 체제에 포함된 점은 주목할 만하다.

이 복고적 질서의 핵심 인물은 오스트리아의 외무장관 클레멘스 폰 메테르니히였다. 그는 유럽의 균형과 질서를 유지하기 위해 군주제 복원과 자유주의·민족주의 운동 억제를 최우선 과제로 삼았고, 열강 간 정기적 외교회의를 통한 연성적 안보 체제를 구축했다. 또한 영국과 러시아의 갈등을 중재하고, 혁명 운동 진압을 위한 열강 공조를 촉구하며 적극적 개입주의를 실행했다. 비판도 받았지만, 아무튼 그의 정책은 19세기 중반까지 유럽의 상대적 안정을 유지하는 데 크게 기여했다.

평화는 메테르니히 개인의 역량만으로 가능했던 것이 아니었다. 영국의 '균형자balancer' 역할도 중요했다. 영국은 압도적인 해군력과 세련된 외교술을 바탕으로 유럽의 세력균형을 지원했으며, 유럽협조체제와 영국의 개입은 서로 보완하며 장기간 대륙의 안정에 기여했다.

하지만 19세기 유럽은 점차 민족주의의 격랑에 휘말리고 있었다. 특히 범슬라브주의는 러시아의 팽창주의와 결합해 동유럽과 흑해 일대에서 영향력 확대를 추구하는 공격적 이념으로 발전했다. 당시 러시아는 부동항 확보와 흑해 및 보스포루스 해협 장악을 핵심 전략 목표로 삼고 있었고, 오스트리아와 오스만이라는 비(非)슬라브 제국의 지배 아래 있던 발칸 반도는 곧 열강 간 충돌의 무대로 전락했다.

러시아의 야망은 영국의 사활적 이익과 정면으로 충돌했다. 식민지 인도와 지중해를 연결하는 육로에 대한 영향력을 유지할 필요가 있었던 영국은 러시아의 남하를 지정학적 위협으로 인식했다. 남하하려는 러시아 제국과 이를 봉쇄하려는 대영제국은 '그레이트 게임'이라 불리는 패권 경쟁에 돌입한다. 러시아를 견제하기 위해 영국과 프랑스는 오랜 세월 유럽의 숙적이던 오스만 제국과 전략적 동맹을 맺었고, 이는 결국 1853~1856년의 크림 전쟁으로 이어지며 나폴레옹 전쟁 이후 이어진 유럽의 평화 시대를 종식시켰다.

역설적이게도, 두 제국의 대립은 러시아가 발트·태평양 함대를 잃은 끝에 러일전쟁에서 패배한 1905년 이후 개선되기 시작했다. 영국은 러시아의 위협에 대한 재평가에 돌입했고, 양국은 각자의 중동·중앙아시아 영향권을 조정함으로써 1세기에 걸친 '그레이트 게임'에 종지부를 찍는다.

한편, 이미 19세기 말에 프로이센은 유럽의 명실상부한 육상 최강대국으로 부상한 상태였다. 특히 철혈재상이라 불리는 오토 폰 비스마르크의 등장은 독일 통일이라는 지정학적 전환점을 가져왔다. 비스마르크는 먼저 오랫동안 게르만 민족의 종주국을 자처하던 오스트리아 제국을 제압하고 독일 북부를 장악한 뒤, 이어서 독일 남부로 눈을 돌린다. 이웃 독일의 통일은 프랑스에 대한 위협. 과거 리슐리외 추기경은 30년 전쟁에서 종교적 신념의 반대편에 서면서까지 유럽 중부가 단일 세력 아래 통합되는 것을 막으려 애쓰지 않았던가. 항상 독일의 통일을 경계하고 방해해온 프랑스를 굴복시킬 필요가 있다고 판단한 비스마르크는 1870년, 프랑스로 하여금 보불전쟁을 선포하도록 유도했다. 이 전쟁에서도 프로이센은 승리한다.

그리고 1871년, 독일 제국이 수립됐다. 그러나 비스마르크는 통일 독일의 힘을 과시하며 패권을 추구하기보다, 유럽의 불안정을 최소화하는 외교적 절제를 택했다. 그는 오스트리아·러시아와의 안정적 관계를 유지하며 삼제동맹, 독오동맹 등 중첩적 동맹 체계를 구축했고, 영국을 불필요하게 자극하지 않으면서 지정학적 숙적인 프랑스를 외교적으로 고립시키는 데 집중했다.

비스마르크의 외교는 철저한 현실주의와 신중한 계산, 그리고 유럽의 세력 역학에 대한 깊은 이해를 바탕으로 이루어졌다. 그는 독일의 국제적 위상을 공고히 하면서도, 불필요한 전쟁을 피하고 질서를 유지하는 데 집중했다. 그 결과 나폴레옹 전쟁 이후 불안정하게 유지되던 유럽의 질서는 19세기 말까지 비교적 안정적인 상태를 지속할 수 있었다.

세력균형 체제가 무너질 때

비스마르크 시대의 독일 제국처럼 대륙 전체를 지배할 잠재력을 지닌 국가가 패권적 야망을 스스로 억제한 사례는 국제 정치사에서 극히 드물다. 비스마르크의 외교적 목표는 유럽 열강의 복잡한 경쟁 구도를 조율함으로써, 나폴레옹 전쟁 이후의 불안정한 평화 체제를 유지하고, 통일 독일을 기존 질서에 안정적으로 편입시키는 데 있었다. 이를 위해 그는 프랑스를 외교적으로 고립시키는 한편, 오스트리아와 러시아 등 주요 열강과 정교한 동맹 관계를 구축하여 유럽의 섬세한 세력 균형을 유지하고자 했다. 이러한 동맹 네트워크는 프랑스의 대독일 보복 전쟁을 예방하고, 독일의 안전과 안정적 발전을 보장하는 데 결정적 역할을 했다.

그러나 제아무리 뛰어난 전략적 수완도 국제정치의 구조적 동인을 완전히 억제할 수는 없었다. 나폴레옹의 천재적 군략조차 유럽 지정학의 냉혹한 현실을 끝내 극복하지 못했던 것처럼, 비스마르크의 절묘한 외교술도 독일 내부의 민족주의적 열기와 제국주의적 충동을 잠시 지연시킬 수 있었을 뿐, 그 근본적 에너지를 근절하지는 못했다.

  빌헬름 1세가 서거한 뒤, 비스마르크는 새 황제 빌헬름 2세와 외교 노선을 두고 충돌했다. 신중하고 균형 잡힌 외교를 중시한 전임 황제와 달리, 빌헬름 2세는 공격적이고 팽창주의적인 노선을 선호했다. 결국 1890년 비스마르크는 해임되었고, 이는 한 시대의 종말과 새로운 시대의 시작을 알리는 전환점이 되었다. 억제력을 잃은 독일 제국은 곧 영국·프랑스·러시아와 정면으로 충돌하는 위험한 길에 들어섰다. 비스마르크가 온 힘을 다해 회피하려 했던 파국적 시나리오가 서서히 현실화되었고, 유럽의 불안정한 평화 기반은 무너져 대전쟁으로 향하는 무대가 마련되었다.

  한편 19세기 대영제국의 전략적 목표는 분명했다. 나폴레옹 몰락 이후 유럽 대륙의 안정적 질서를 유지하면서 동시에 광대한 글로벌 지배력을 확보하는 것이었다. 영국은 강력한 군사력과 정교한 외교술을 결합해 유럽에서 새로운 패권국의 등장을 억제하는 세력균형 전략을 성공적으로 수행했다. 그 결과 유럽은 비교적 긴 평화의 시기를 누릴 수 있었고, 그사이 산업혁명의 최대 수혜국이었던 영국은 세계에서 가장 부유한 국가로 부상했다. 이 시기는 흔히 '팍스 브리태니카Pax Britannica'라 불리며, 영국의 세계적 영향력이 정점에 달했던 시기였다.

  육군의 육성에는 큰 열의를 보이지 않은 영국이었으나, 해군력의 압도적 우위만큼은 결코 양보하지 않았다. 해상 통로와 교역 루트의 장악은 대영제국의 생명선이자 세계 상업의 중심지로서의 지위를 유지하기 위한 필수 조건이었다. 1805년 트라팔가 해전에서의 승리로 세계 최강의 해양 강국으로 올라선 영국은, 1889년 해군 방위법을 통해 '2국 대비 기준two-power standard'을 제도화했다. 이는 영국의 해군력이 세계 2·3위 해군력을 합친 것보다 강해야 한다는 원칙으로, 본토 방위와 제국 보호를 위한 해양 우위의 중요성을 상징했다.

그러나 빌헬름 2세의 독일 제국은 영국의 핵심 이해를 정면으로 위협했다. 이미 전 세계의 전략 요충지는 다른 열강들에 의해 분할된 상태였고, 후발 주자인 독일이 개척할 여지는 제한적이었다. 뒤늦게 뛰어든 제국주의 경쟁에서 독일의 팽창은 필연적으로 영국과 프랑스와 충돌할 수밖에 없었다.

더욱 심각한 문제는 독일의 공격적 해군 증강이었다. 미국의 해군 전략가 앨프리드 세이어 마한이 『해양력사』(1890)에서 제시한 논지[3]에 깊이 공감한 빌헬름 2세는 독일의 해군력을 급격히 확장했고, 이는 영국의 해양 우위를 심각하게 위협했다. 이른바 '건함경쟁Gunboat Race'이라 불린 해군력 강화 경쟁에 돌입한 영·독 양국은 서로를 전략적 위협으로 간주하기 시작했다.

제1차 세계대전의 직접적인 촉발 요인은 러시아의 고질적인 남하 본능이 불러온 발칸 반도의 위기였다.[4] 그러나 이 모든 갈등의 이면에는 수십 년간 누적된 구조적 대립이 자리 잡고 있었다. 본질적으로 제1차 세계대전은 기존 패권국인 영국과, 새로이 도전국으로 부상한 독일 간의 구조적 경쟁이 임계점에 도달한 결과였다. 그리고 1914년, 이 복잡한 지정학적 긴장은 폭발하여 역사상 전례 없는 참극과 파괴를 불러왔다.

미주

1. 따라서 세력균형이 제공하는 평화는 확고한 신뢰 위에 놓인 것이 아니라, 끊임없는 힘의 재조정과 전략적 노력을 전제로 하는 불안정한 조건부 평화인 셈이다. 역사적으로 성공적인 세력균형의 사례가 손에 꼽히는 것도 놀랍지 않다. 그것들은 하나같이 고도의 전략, 섬세하고 정교한 외교술, 그리고 상당한 행운이 결합된 예외적인 결과였다. 세력균형 체제란 자연 발생적인 국제질서가 아니라, 인위적으로 설계되고 유지되는 불안정한 구조물인 것이다.

2. 참고로, '국가 주권'을 명문화한 베스트팔렌 조약이 곧바로 '민족국가' 개념을 도입했다는 일부 주장에는 근거가 부족하다. 민족 개념은 근대 국가 이전에도 존재했으며, 특정 외교 협정의 산물이라기보다는 오랜 시간에 걸쳐 자연스럽게 형성된 것이다. 유럽의 경우, 중세에는 기독교의 절대 권위와 분권적인 봉건 체제 때문에 민족 정체성이 크게 약화되었으나, 근대에 들어 다시 새로운 활력을 얻어 부활했다. 반면 아시아를 포함한 비서구권에서는 민족 정체성이 이처럼 깊이 훼손된 사례가 상대적으로 적었으며, 이는 민족 형성 과정이 지역별로 서로 다른 궤적을 밟았음을 시사한다.

3. 1890년 발표된 『해양 세력이 역사에 미친 영향, 1660–1783(The Influence of Sea Power upon History)』에서 알프레드 테이어 마한(Alfred Thayer Mahan)은 해양 지배력이 국가 권력과 번영의 핵심임을 역설했다. 특히 마한은 교역로 보호, 군사력 투사, 전략적 해상 통제 등에서 강력한 해군의 중요성을 강조했다. 당시에도 이미 해군 최강국이었던 영국은 자연히 마한의 이론을 자국 해군 전략의 정당화 근거로 삼았으며, 해상의 우위가 광대한 제국과 글로벌 무역 이익을 지키는 필수 요소라고 보았다. 신흥 공업국이던 독일 역시 마한의 사상을 적극 수용했다. 1894년, 빌헬름 2세는 마한에게 편지를 보내 책의 557페이지를 단순히 읽은 것이 아니라 암기까지 했음을 알리며 깊은 감명을 표하기도 했다. 빌헬름 2세의 이러한 인식은 독일로 하여금 영국의 해상 지배에 도전하게 만들었으며, 해외 식민지와 무역로 확보를 위해 강력한 함대 건설로 이어졌다. 이에 맞서는 영국 또한 자연히 자국 해군의 확장과 현대화를 가속화했다. 결국 양국은 드레드노트함을 중심으로 한 치열한 해군 군비 경쟁에 돌입하게 된다. 관련 연구로는 Holger Herwig, *The Influence of A.T. Mahan upon German Sea Power* (U.S. Naval War College, 1990) 등을 참고할 수 있다.

4. 비스마르크가 오랫동안 저지해온 영국·프랑스와의 동맹을 발판삼은 러시아는, 오스트리아–헝가리 제국의 쇠퇴를 틈타 그 영향력 아래 있던 발칸을 도모했다. 그 결과 발칸은 열강 대립의 발화점으로 변모했다.

PART 07

신세계의 사명
: 미국 예외주의와 자유주의적 국제주의

세계사는 자유 의식의 진보이며,
우리는 그 진보의 필연성을 인식해야 한다.
Die Weltgeschichte ist der Fortschritt
im Bewußtsein der Freiheit – ein Fortschritt,
den wir in seiner Notwendigkeit zu erkennen haben.

•

게오르크 빌헬름 프리드리히 헤겔(Georg Wilhelm Friedrich Hegel)

01 ● 자유주의적 패권의 기원

 수십 년 간 유럽 대륙에 상대적인 평화를 가져다준 세력균형 체제는 20세기 초에 이르러 마침내 붕괴한다. 그 결과는 제1차 세계대전이었다. 전쟁은 유럽을 넘어 전 세계로 퍼져 나갔고, 약 4천만 명에 달하는 군인과 민간인이 목숨을 잃었다.

 주요 전투는 유럽을 무대로 벌어졌다. 독일과 오스트리아-헝가리가 주축이 된 동맹국은 영국, 프랑스, 러시아, 그리고 뒤늦게 참전한 미국을 포함한 연합국을 상대로 치열한 소모전을 이어갔다. 1917년 러시아 혁명으로 러시아가 전선에서 이탈했지만, 같은 해 미국의 전격적 참전은 전세를 뒤바꾸는 결정적 계기가 되었다. 오랜 전쟁으로 피폐해진 동맹국은 미국의 압도적 병력과 풍부한 자원이 투입되자 더 이상 버틸 수 없었고, 결국 1918년 11월, 항복을 선언한다.

 이 전쟁은 단순히 유럽의 지도를 재편하는 데 그치지 않고, 새로운 국제질서의 등장을 알리는 서막이었다. 대전쟁의 결과로 독일, 오스트리아-헝가리, 오스만, 러시아라는 네 개의 제국이 역사 속으로 사라졌고, 그 자리에 새로운 민족국가nation-state들이 등장했다. 제정이 무너진 러시아에서는 공산당이 정권을 잡았다.

한편 1865년 남북전쟁 이후 이미 세계적인 산업력과 군사력을 보유한 상태였던 미국은 제1차 세계대전을 통해 명실상부한 세계 최강대국으로 부상했다. 유럽은 더 이상 세계 권력의 중심이 아니었으며, 그 지위는 '신세계' 미국으로 이전되었다.

'강력하고 계몽된 공화국'의 출현

임마누엘 칸트는 《영구평화론》에서 공화주의의 전 세계적 확산을 지속 가능한 평화의 첫 번째 조건으로 제시했다. 또한 자유로운 공화국들의 자발적 연합을 두 번째 조건으로 꼽으며, 이 '평화연맹'의 성공을 위해서는 반드시 "강력하고 계몽된 공화국"이 그 중핵이 되어야 한다는 실용적 전제를 덧붙였다. 이 특별한 공화국은 군사·경제적으로 강대할 뿐 아니라 도덕적으로도 타의 모범이 되어야 했다. 그래야만 다른 나라들이 평화연맹에 자발적으로 참여할 것이기 때문이었다. 그리고 칸트가 세상을 떠난 날로부터 한 세기가 넘는 세월이 흐른 끝에, 마치 그 기준에 부합하는 듯 보이는 국가가 국제무대에 등장했다. 바로 미합중국이었다.

한 국가가 강대국으로 부상하는 데에는 다양한 요인이 작용한다. 알렉산더 대왕이나 징기스칸 같은 걸출한 정복자의 출현이나 산업혁명과 같은 기술 혁신은 세계 권력의 판도를 바꾼다. 그러나 다른 무엇보다 지리적 조건이야 말로 국력의 지속적인 토대임을, 역사는 보여준다. 국가의 흥망은 바

뀔 수 있지만, 그 지리적 조건은 거의 변하지 않는다. 영국의 저널리스트 팀 마샬이 지적했듯, 국가는 종종 "지리의 죄수$^{\text{prisoners of geography}}$"인 것이다.

강력한 지역 경쟁자가 없는 지정학적 환경은 자연스럽게 지역 패권을 보장한다. 13세기 라틴 제국이나 17세기 네덜란드 공화국처럼 역사적 시류에 따라 부침을 겪은 일시적 강국들과 달리, 어떤 나라들은 수 세기에 걸쳐 국제질서 속에서 영향력을 행사할 수 있는 지정학적 기반을 갖추고 있다. 통일된 중국은 언제든 동아시아의 패권을 차지할 잠재력을 지니고 있으며, 인도는 인도양 전역을 포섭할 수 있는 지리적 요충지에 자리한다. 러시아는 광활한 영토를 기반으로 유라시아 전역에 독자적 질서를 구축할 수 있는 잠재력을 보유한다. 이러한 가능성은 결국 지리적 조건에서 비롯된다.

그렇다면 미국은 어떨까? 미국은 인류 역사상 그 어떤 제국과도 견줄 수 없는 독보적인 지리적 이점을 지니고 있다. 1848년 멕시코-미국 전쟁을 종결한 과달루페 이달고 조약으로 현재의 국경을 확정한 미국은, 이로써 세계 패권을 향한 토대를 마련했다. 대서양과 태평양을 동시에 끼고 있는 미국의 영토 규모는 유럽 대륙 전체에 맞먹는다. 두 대양에 자유롭게 접근할 수 있는 입지 조건은 무역, 해군력 투사, 글로벌 영향력 확대에 있어서 비교 불가의 지정학적 우위를 제공한다. 중국은 한반도·일본·대만·동남아로 둘러싸인 환경 때문에 해군력 전개에 제약을 받고, 러시아는 북극 해안의 빙결과 유럽·일본 해군의 견제로 해상 진출이 제한된다. 이러한 제약은 오랜 세월 두 나라의 지정학적 행동을 제약해왔으며, 양국은 이를 극복하기 위해 종종 공격적인 확장을 시도해왔다. 반면 미국은 완벽하게 개방된 해양 접근성을 통해 무역과 군사력, 그 외의 영향력을 자유로이 전 세계로 투사할 수 있다.

미국의 지정학적 우위는 해양 접근성에 국한되지 않는다. 세계 최대의 자원부국인 미국은 근대 산업체제에서 자급자족이 가능한 사실상 유일한 국가였다. 근래에는 셰일 혁신으로 세계 최대의 에너지 수출국으로 부상했으며, 세계에서 가장 비옥하면서도 동시에 광대한 토지는 식량 안보를 보장한다. 21세기 전략산업의 '쌀'이라 불리는 희토류 자원 분야에서는 일부 미비함을 보이고 있지만, 최근의 탐사 결과는 미국 영토 내에 세계 최고 수준의 방대한 희토류 매장량이 존재할 가능성을 시사하고 있다. 또한 미시시피 강 유역은 세계 최대의 내륙 수로망을 제공해 물류비를 낮추고 자연적인 경제 통합을 촉진한다.

이렇듯 완벽한 내수 조건을 갖춘 탓에, 미국의 국제무역 의존도는 항상 낮았다. 제1차 세계대전 당시 국제무역은 미국 GDP에서 극히 미미한 비중을 차지했다. 오늘날의 미국은 세계 경제와 긴밀히 연결되어 있지만, 여전히 상당한 자립 능력을 유지한다. 그러나 이러한 지리적 이점만으로는 미국의 패권을 온전히 설명할 수 없다.

만약 미국의 세계 패권이 완전히 해체된다면, 중국과 러시아는 필연적으로 경쟁에 돌입할 것이다. 냉전 시기 중국의 가장 강력한 경쟁자는 미국이 아니라 소련이었다. 광대한 국경선을 마주한 양국은 중첩된 세력권 탓에 영속적 협력이 어렵다. 중국에겐 또한 인도, 일본과 같은 강력한 이웃들이 있다. 인도는 빠르게 성장하는 경제력과 인구를 기반으로 중국에 필적할 만한 잠재력을 지녔고, 일본은 천혜의 군도群島가 형성한 해상방위선과 해군력을 바탕으로 대륙세력의 해양팽창을 제한한다. 러시아 역시 마찬가지다. 남쪽에는 중국, 서쪽에는 유럽이 자리하며, 대부분의 해안선은 겨울마다 얼어붙어 부동항이 턱없이 부족하다.

이에 비해 미국은 지정학적 제약으로부터 완전히 벗어나 있다. 북쪽의 캐나다는 인구가 적은 오랜 동맹국이고, 남쪽의 멕시코와 중남미 국가들도 실질적인 위협이 되지 않는다. 세계에서 오직 미국만이 광활한 국토와 풍부한 자원을 보유하면서도 실존적 위협을 국경에 접하지 않는 국가다.

이런 미국이 세계무대의 주인공이 되는 것은 지정학적 운명에 가까웠다.

고립주의 vs. 개입주의

현실주의적 관점에서 볼 때, 전례 없는 지정학적 우위를 지닌 미국 앞에는 두 가지 전략적 선택지가 놓여 있었다. 하나는 압도적인 국력을 활용해 역사상 그 어떤 제국도 달성하지 못한 목표, 즉 명실상부한 '세계패권국'으로 부상하는 길이었다. 다른 하나는 이미 확보한 북미 지역에서의 패권을 공고히 하면서, 자국의 직·간접적 세력권 내에서 안보와 안정을 우선시하고 불필요한 해외 확장에 따른 위험을 회피하는 길이었다.

역사적으로는 후자의 선택이 더 보편적이었다. 알렉산더 대왕의 마케도니아 제국과 같은 소수의 예외를 제외하면, 대부분의 강대국은 주변을 장악해 확고한 세력권을 확립한 뒤에는 내부 안정과 질서 유지에 주력했다. 로마 제국은 영토가 최전성기에 도달한 이후 정복보다는 안정에 집중했으며, 중국의 역대 왕조들 역시 중원통일 이후에는 내치에 집중하는 게 보통이었다. 대외 확장의 비용은 점차 늘어나는 반면 얻을 수 있는 이익은 감소하기 마련이기에, 장기적으로는 안정 추구가 합리적이기 때문이다. 더욱이 미국은 전통적인 제국이 아닌 민주 공화국이다. 여론이 정책 결정에 큰 영향을 미치는 민주주의적 정치 구조는 세계 패권 추구에 구조적인 제약을 부여했다. 역대 미국의 지도자들은 해외 군사 개입을 정당화할 때 전략적 이해를 넘어선 국민적 공감대까지 확보해야 했다. 당연히 미국 국민은 자국에 직접적인 위협이 없는 한, 해외 개입에 소극적인 태도를 보여 왔다.

그 결과 미국은 건국 이후 오랫동안 미주대륙 내 패권 확보에 집중하며, 유럽과 아시아에서 벌어진 강대국 분쟁과는 거리를 두었다.[1] 20세기 초까지도 제1차 세계대전의 무제한 잠수함 작전, 제2차 세계대전의 진주만 공격과 같은 직접적 도발이 있기 전까지는 적극적 개입을 최대한 회피했다.

20세기에 벌어진 두 차례의 세계대전에서 미국은 독일과 일본이라는 잠재적 패권국의 도전에 직면했다. 현실주의적 관점에서는 이들을 억제하는 것이 불가피했지만, 국민을 설득하기 위해서는 지정학적 논리만으로는 충분하지 않았다. 미국의 지도자들은 전쟁 참여의 당위성을 호소하기 위해 지정학적 이해 대신 자유민주주의 수호와 새로운 세계질서 건설이라는 이상적 가치를 내세웠다.

그리고 각 세계대전이 끝날 때마다, 미국은 국제협력과 다자체제에 기반한 새로운 질서를 추진했다. 제1차 세계대전 직후에는 국제연맹의 창설을, 제2차 세계대전 중에는 유엔의 창설을 주도했다. 이는 칸트가 구상했던 '강력하고 계몽된 공화국'이 주도하는 평화연맹의 이상과 맞닿아 있었다. 그러나 이러한 시도는 국내외적으로 지나치게 이상주의적이라는 비판에 부딪혔다. 특히 고립주의 세력의 반발은 거셌다. 결국 미국은 자국이 주도해 만든 국제연맹에 가입하지 않았고, 제2차 세계대전 이후에도 국제경제질서를 포괄적으로 규율할 예정이었던 국제무역기구International Trade Organization의 창설을 무산시켜야만 했다.

이 같은 역사적 궤적은 미국 외교 정책의 근본적 긴장을 드러낸다. 미국은 역사상 최초로 자유주의적 국제질서의 구축을 시도한 나라였으나, 그 과정에서 미국 내 국내 정치와 전략적 우선순위는 끊임없이 충돌했다. 미국의 지정학적 입지와 민주적 정치 구조, 그리고 글로벌 전략 사이의 긴장은 오늘날까지도 미국 외교의 특징으로 남아 있다.

미국 예외주의American Exceptionalism와 '역사적 사명'

미국은 항상 스스로를 특별하고 예외적인 존재로 인식해 왔다. 미국의 예외주의 사상은 깊은 역사적 뿌리를 지니고 있다. 건국 초기, 토머스 제퍼슨은 미국이 "국제 사회를 위한 살아 있는 기념물이자 본보기"가 되어야 한다고 주장했다. 1830년대 미국을 방문한 프랑스의 사상가 알렉시 드 토크빌은 미국의 정치 제도와 종교·문화적 특수성을 분석하며 이를 '예외적'이라고 규정했고, 이로써 예외주의 개념은 널리 확산되었다. 현대에 들어서도 예외주의는 미국 정치 담론의 핵심 주제로 남아 있다. 2008년 대선 과정에서도 공화당 후보 존 매케인이 민주당 후보 버락 오바마의 '미국 예외주의' 인식을 문제 삼으며 이를 다시 전면화한 사례가 있었다.

  미국 예외주의에 대한 미국인들의 굳건한 신념은 광대한 영토와 풍부한 자원, 지정학적 우위에서 비롯된 자부심과도 물론 긴밀히 연결된다. 그러나 미국 예외주의는 단순한 물질적 번영을 넘어, 미국의 역사와 문화, 정체성 깊숙이 뿌리내린 복합적 개념이다.

  대부분의 국가는 자국의 정체성을 형성하는 건국 신화를 보유한다. 역사학자 유발 하라리가 지적했듯, 건국 신화와 같은 강력한 내러티브는 사회 구성원을 결속시키는 역할을 수행한다. 근대 이후에야 건국된 미국은, 오래된 문명과 달리 '신화'가 아닌 '자유주의 이념'을 토대로 한 독특한 국가 정체성을 구축했다. 그 대표적 상징이 바로 종교적 자유를 찾아 대서양을 건넌 영국 청교도 이주민들의 이야기다. 이는 '자유'와 '새로운 시작'이라는 미국의 이미지를 형성했고, 일반적인 민족 신화 대신 '자유'와 '아메리칸 드림'을 미국인의 정체성으로 승화하는 역할을 했다.

이러한 내러티브는 훗날 미국 혁명American Revolution의 사상적 토대로 발전하게 된다. 미국 혁명은 단순한 독립 전쟁을 넘어, 계몽주의적 원칙을 현실에서 실험한 역사적 전환점이었다. 미국 연방헌법은 근대 헌정사 최초로 권력 분립과 기본권을 체계적으로 명문화함으로써, 자유주의 사상의 핵심 가치—자유, 개인주의, 공화주의, 민주주의, 법치주의, 능력주의, 그리고 시장 중심 경제원칙—를 제도적으로 구현하였다.[2] 비록 노예제라는 도덕적 모순이 존재했지만, 1865년 제13차 수정헌법을 통한 노예제 폐지는 건국 초기의 이상에 한 걸음 더 다가서는 계기가 되었다.

제1차 세계대전을 전후하여, 예외주의는 미국 외교 정책의 근간으로 확고히 자리매김하였다. 우드로 윌슨 대통령은 자유민주주의를 전 세계에 확산시키고 기존 국제질서를 재구성할 도덕적 의무가 미국에게 주어졌다고 보았고, 이는 국제연맹과 상설국제사법재판소(PCIJ) 설립으로 구체화되었다. 제2차 세계대전 이후에도 미국은 유엔, 브레튼우즈 체제 등 주요 다자 체제의 창설을 주도하며 자유주의 국제질서의 기초를 놓았다.

결국 미국 예외주의란 미국을 단순한 강대국이 아닌, 민주주의와 자유, 시장경제, 국제 협력의 모범이자 수호자로 자리매김하게 한 독특한 자기 인식이다. 오랫동안 이 신념은 미국의 대외 정책과 글로벌 리더십의 방향을 규정해 왔으며, 오늘날까지도 미국이란 나라의 국가적 가치와 국제적 역할을 둘러싼 논쟁의 중심에 서 있다.

02 글로벌 행위자로서의 부상

1917년 4월 6일, 미국은 제1차 세계대전에 참전했다. 이 결정은 눈앞의 위협과 장기적 전략 계산이 맞물린 결과였다.[3] 가장 직접적인 계기는 독일의 무제한 잠수함 작전이었다. 1915년 영국 여객선 루시타니아호가 독일 잠수함 공격으로 침몰하면서 128명의 미국인을 포함한 다수의 민간인이 희생되었고, 1917년 초에는 독일이 멕시코에 미국과의 전쟁을 부추기며 과거 미국에게 빼앗긴 영토를 되찾아주겠다고 약속한 '짐머만 전보'가 폭로되었다. 이들 사건은 미국 내 참전 여론을 급속히 고조시켰다.

한편 미국의 정책결정자들은 유럽 대륙을 지배하는 단일 패권국의 등장이 대서양 너머 미국의 안보를 위협할 수 있음을 인식하고 있었다. 대서양은 지리적 방어선이었으나, 유럽과 신세계를 지정학적으로 분리해온 것은 영국의 제해권이었다. 한데 전쟁이 장기화되면서 영국의 해상 우위가 약화되자, 유럽과 신세계 간 지정학적 안정성이 붕괴할 우려가 생겼다. 만약 유럽에서 새로운 패권국이 부상한다면, 미국의 전략 환경은 근본적으로 악화될 수밖에 없었다.

이렇듯 복합적인 지정학적 고려 끝에 미국은 개입을 결단했다. 그러나 윌슨 대통령은 이를 단순한 현실주의적 계산으로 규정하기를 거부했다. 그는 유럽의 세력균형 체제를 도덕적으로 결함 있고 전략적으로도 실패한 질서로 보았으며, 이번 전쟁을 낡은 국제질서를 근본적으로 재편할 역사적 기회로 인식했다. 민주주의, 민족자결, 법치주의에 기초한 새로운 세계 질서라는 웅대한 비전—일종의 '명백한 세계적 운명'global manifest destiny—을 제시하며, 미국의 참전을 도덕적 사명으로 정당화한 것이다.[4]

최초의 자유주의적 국제질서

윌슨 대통령은 자신의 숭고한 비전을 구체화하기 위해 '더 인콰이어리The Inquiry'라 불린 전문가 그룹을 조직했다. 역사학자, 정치학자, 법률가 등 다양한 분야의 학자와 정책 입안자들로 구성된 이 그룹은 세계전쟁의 근본 원인을 규명하고 지속 가능한 평화 구조를 설계하기 위한 해법을 심층적으로 분석했다. 그 결과물은 2,000여 건의 보고서와 1,200장의 지도에 집약되었고, 이를 토대로 윌슨은 1918년 1월 8일 의회 연설에서 역사적인 '14개 조항Fourteen Points'을 발표했다.

임마누엘 칸트의 《영구평화론》에서 깊은 영감을 받은 것이 분명한[5] '14개 조항'은 몇 가지 핵심 원칙에 기초하고 있었다. 첫째는 모든 민족이 스스로를 통치할 권리를 지닌다는 민족 자결이었다. 이는 제국주의와 식민 지배 구조에 도전하는, 당시로서는 급진적인 발상이었다. 그러나 민족 자결만으로는 충분치 않았다. 윌슨은 투명한 공개 외교, 자유로운 해상 항행, 군비 축소, 경제 장벽 철폐와 교역 확대 등을 정의롭고 안정적인 국제질서의 필수 조건으로 제시했으며, 무력 대신 법적·제도적 절차를 통한 분쟁 해결을 강조했다. 특히 그는 '집단안전보장collective security'이라는 혁신적 개념을 주창했다. 이는 어느 한 국가에 대한 공격을 모든 국가에 대한 공격으로 간주하는, 집단적인 대응을 제도화하자는 구상이었다. 이를 위해 그는 '14개 조항'의 마지막 항목에서 칸트의 '평화연맹'을 연상시키는 "국가들의 일반 협회," 즉 국제연맹의 창설을 제안했다.

 윌슨의 비전은 군사력 중심의 전통적 접근에서 벗어나, 국제법과 제도적 장치를 기반으로 평화를 정착시키려는 시도였다. 칸트와 마찬가지로 그는 현실주의에 바탕을 둔 전통적인 국가안보 패러다임을 해체하고, 평화 그 자체를 국제질서의 근본 원리로 삼고자 했다. 미국의 정치체제가 도덕적으로 가장 우월한 체제라는 확신을 가졌던 윌슨은, 미국식 민주 공화제를 모델로 삼은 국제체제를 확립하는 것을 궁극적 목표로 삼았다.[6] 국가와 영토를 교환 가능한 협상 자산으로 취급하던 기존 관행에서 벗어나, 국가 주권과 민족 자결의 불가침성을 강조한 윌슨의 '14개 조항'은 유럽의 세력균형 논리와 극명한 대조를 이루었다.

 한편, 영국과 프랑스는 전쟁의 참혹한 여파 속에서 독일에 대한 응징과 자국의 전략적 이해 확보를 최우선 과제로 삼았고, 윌슨이 제시한 평화 구상에는 상대적으로 미온적인 태도를 보였다. 그러나 미국의 참전이 연합국의 승리에 결정적 역할을 했다는 사실, 그리고 대전쟁이 기존 국제질서의 구조적 실패를 여실히 드러냈다는 점은 부인하기 어려웠다. 이러한 맥락 속에서 윌슨의 이상주의는 추상적인 이상향을 넘어, 새로운 국제질서를 모색하기 위한 현실적 대안으로 부상하게 되었다.

그 결과 제1차 세계대전을 공식적으로 종결한 베르사유 조약(1919)에는 패전국들에 대한 처분 외에도 평화를 담보하기 위한 각종 장치들이 포함되었다. 이 조약의 제1장에 따라 국제연맹이 창설되었고, 1922년에는 상설국제사법재판소PCIJ가 설립되어 국제분쟁의 평화적 해결을 위한 제도적 기반을 마련하였다.

윌슨주의의 유산

국제연맹은 창설 직후부터 군축과 무기 통제, 인권 증진, 아동 보호, 여성 참정권, 노동권 신장, 인신매매 근절, 소수자 보호, 난민 재정착 지원, 전쟁범죄 예방 등 다양한 분야에서 선구적 노력을 기울였다. 이러한 경험은 훗날 유엔이 관련 기능을 계승하는 데 중요한 토대를 제공했다. 그러나 국제연맹을 중심으로 시도된 광범위한 자유주의적 실험은, 종종 실패로 평가되곤 한다. 주된 이유는 불과 20년 만에 더욱 파괴적인 제2차 세계대전이 발발했기 때문이다. 그럼에도 불구하고, 국제연맹의 창설은 깊은 의미를 지닌다. 역사상 처음으로 국제분쟁을 군사력이 아닌 법적·외교적 수단으로 해결하고자 노력한 '범인류적' 시도였기 때문이다.

다만 열강 간의 근본적 권력 역학은 크게 변하지 않았다. 오랜 세월 독일의 통합을 저지하는 것을 핵심 전략 목표로 삼아온 프랑스는, 제1차 세계대전 이후에도 인구와 산업력에서 여전히 자국을 압도하는 독일을 약화시키기 위한 노력을 이어갔다. 프랑스는 독일 분할과 라인란트 공화국의 수립을 강력히 희망했으나, 이는 윌슨 대통령의 민족자결 원칙과 충돌하여 무산되었다. 대신 프랑스는 베르사유 조약에서 독일에 가혹한 경제·군사적 제약을 부과하는 조항을 확보하는 데 만족해야 했다. 영국은 프랑스와 다른 전략을 선택했다. 전통적으로 영국은 유럽 대륙에서 어느 한 국가가 패권을 장악하지 못하도록 세력균형을 유지하는 데 주력해왔다. 나폴레옹 전쟁 이후 프랑스를 해체하지 않고 러시아와 오스트리아에 대한 균형추로 남겨둔 것처럼, 제1차 세계대전 이후에도 독일의 분할을 반대했다. 오히려 독일이 프랑스와 소련 사이에서 세력 균형을 유지하길 원했다. 다만 영국은 독일의 해군력이 다시 한번 자국의 해상 패권에 도전하지 못하도록 철저히 무력화하길 원했다.

결과적으로 독일은 식민지와 일부 영토를 상실하고, 해군력 제한을 비롯한 군축 조치를 수용해야 했다. 그러나 핵심 영토와 인구는 그대로 유지되었다. 이에 대해 역사학자들은 베르사유 조약이 "화해를 촉진하기에는 지나치게 가혹했고, 독일의 재부상을 저지하기에는 충분히 강력하지 못했다"는 모순적 성격을 지녔다고 평가한다.

한편, 미국 내에서는 다시금 고립주의로 회귀하자는 요구가 높아지고 있었다. 국제연맹과 상설국제사법재판소의 창설을 주도한 국가가 미국이었음에도, 국내에서는 윌슨의 이상이 폭넓은 지지를 얻지 못했다. 많은 미국인들은 독일이 패배한 이상 전통적인 비개입주의로 복귀해도 무방하다고 여겼으며, 초국가적 기구가 미국의 외교 정책을 제약하는 상황을 원치 않았다. 윌슨 대통령은 국제연맹 가입을 설득하기 위해 전국을 순회하며 연설을 이어갔으나, 건강 악화로 중도에 그칠 수밖에 없었다. 결국 미국 상원은 국제연맹 가입을 거부했고,[7] 세계 최대 경제·군사 강국의 불참은 국제연맹의 신뢰성과 실효성을 약화하는 결정적 요인이 되었다.

현실주의 중력의 귀환

　베르사유 조약은 누구도 만족시키지 못한 채, 전후 유럽 질서의 근본적 불안정만을 여실히 드러냈다. 독일은 유럽 질서에 온전히 재통합되지 못했고, 미국은 전후 국제 체제에서 사실상 스스로를 배제했으며, 프랑스는 안보 불안에서 벗어나지 못했다. 조약의 논의·체결·이행 과정에서 연합국은 각자의 좁은 이해관계만을 앞세워 끊임없이 충돌했고, 국제연맹은 실질적 구속력과 집행력을 확보하지 못했다.

　윌슨 대통령의 혁신적인 민족 자결주의 원칙은 예상치 못한 복잡성과 불안정을 초래했다. 이 원칙은 전 세계적 반식민지 운동을 촉진했지만, 새로 독립한 국가들이 안정적 국가 정체성을 확립하고 국가적 통합을 이루기는 쉽지 않았다. 특히 독일, 오스트리아-헝가리, 오스만 제국의 해체로 새로 등장한 신생국들은 다양한 민족과 문화 집단을 하나의 통합된 국가 정체성 아래 통합하는 데 난관을 겪었다.

　국제연맹 역시 태생적 한계를 안고 있었다. 전성기에도 회원국 수는 58개국에 불과했으며, 모든 결의가 만장일치로만 승인될 수 있어 신속하고 효과적인 대응이 어려웠다. 연맹이 영국과 프랑스의 국익을 대변하는 수단으로 인식되면서 국제적 신뢰성도 점차 약화되었다. 무엇보다 미국의 불참은 국제사회에 권력 공백을 초래했다. 영국과 프랑스는 미국이 빠진 전후 질서의 주도권을 확보하려 했지만, 이를 위한 경제·군사적 역량은 부족했다.

　그래도 세계대전의 참화가 진화된 지 얼마 지나지 않았던 1920년대에는 국제사회에 강력한 반전 감정이 남아 있었다. 이 시기 국제연맹은 올란드 제도 분쟁, 실레지아 분쟁, 모술 분쟁 등에서 평화적 중재를 성공적으로 수행했으며, 1923년 이탈리아-그리스 위기에서도 군사 충돌을 막는 데 중요한 역할을 했다. 한편 1928년 체결된 켈로그-브리앙 조약은 전쟁을 국제분쟁의 해결 수단에서 배제한다는 원칙을 확립했다. 비록 강제력은 부족했지만, 이는 훗날 채택된 유엔헌장의 기틀이 되었다.[8]

그러나 1930년대에 들어 국제연맹의 권위는 급격히 약화되었다. 일본의 만주 침략(1931)에 대한 연맹의 대응실패는 근본적 한계를 드러냈다. 이후 차코 전쟁, 이탈리아의 에티오피아 침공, 스페인 내전, 중일 전쟁, 독일·소련의 폴란드 침공, 소련의 핀란드 침공 등 일련의 분쟁에서 연맹은 효과적 대응에 연이어 실패했다. 특히 핀란드 침공을 이유로 소련을 제명(1939년)했을 때에는 이미 제2차 세계대전이 발발한 뒤였다.

역사학자 E.H. 카가 통렬히 지적한 바와 같이, "그 어떤 정치적 유토피아라도 냉혹한 정치적 현실에서 유리된다면 지극히 제한적인 성공조차 거두기 어렵기 마련"이다. 국제연맹의 실패는 현실주의적 '힘'의 확고한 뒷받침 없이는 자유주의 국제질서도 구현될 수 없다는 역설을 확인시켜준다.

미주

1 물론 미국이 항상 자유주의 원칙을 실천해 온 것은 아니다. 미주 지역과 주요 전략 지역에서 미국은 현실정치를 단호히 추구해 왔다. 19세기 미국은 '명백한 운명(manifest destiny)'이라는 교리 아래, 역사상 어느 제국과 견주어도 뒤지지 않는 공격적 팽창주의를 채택했다. 당시 미국의 영토 확장 규모와 속도는 세계사를 통틀어 주목할 만한 수준이었다.

2 최근 구조적 불평등과 세계화가 각국 경제에 미치는 영향에 대한 연구가 심화되면서, 능력주의와 자유방임적 경제 체제는 진보적 관점에서 비판의 대상이 되고 있다. 그러나 이러한 가치들은 혈통과 출생권에 기반한 군주제와 귀족제가 지배적이었던 당시 사회에서는 오히려 혁명적 사상으로 받아들여졌다. 개인의 능력과 자유로운 시장 활동을 중시하는 이러한 개념들은 기존의 신분 질서를 뒤흔들며, 근대 시민사회와 자본주의의 토대를 형성하는 데 결정적인 역할을 했다.

3 American Entry into World War I, 1917, U.S. Department of State Archive.

4 1845년, 존 오설리번이 처음 '명백한 운명(manifest destiny)'이라는 용어를 사용한 것은 미국이 북미 대륙 전역으로 영토를 확장해야 한다는 주장을 뒷받침하기 위함이었다. 그러나 우드로 윌슨 시대에 이르러 이 개념은 단순한 영토적 팽창을 넘어, 미국이 세계의 모범이자 고유한 도덕적 덕성을 지닌 국가로서 이를 전파해야 한다는 사명으로 확장되었다. 이 시기의 '명백한 운명'은 미국이 '언덕 위의 빛나는 도시(shining city upon a hill)'로서 인류의 이상을 구현하고, 국제 질서의 도덕적 방향성을 제시하는 역할을 수행해야 한다는 의미를 담게 되었다.

5 다만 윌슨은 이 위대한 '독일' 철학자의 영향을 공식적으로 인정한 적은 없다.

6 Henry Kissinger, *Diplomacy*, Simon & Schuster (1994) p. 223.

7 1920년 3월, 미국 상원은 국제연맹 강령 비준을 시도했으나 정족수 부족으로 투표가 무산되었다.

8 특히 켈로그-브리앙 조약이 도입한 '평화에 대한 범죄'라는 개념이 국제사회에서 폭넓게 수용되었고, 훗날 침략 전쟁을 일으킨 지도자들을 처벌하는 국제법상의 법적 근거가 되었다. 자세한 내용은 Oona Hathaway & Scott Shapiro, *The Internationalist: How a Radical Plan to Outlaw War Remade the World*, Simon & Schuster (2017) 참고.

PART 08

제2차 세계대전
: 이념의 충돌과 냉전의 탄생

오직 죽은 자만이
전쟁의 끝을 보았다.
Only the dead have seen
the end of war.

조지 산타야나(George Santayana)

제2차 세계대전의 기원과 전개

제1차 세계대전이 세력균형의 붕괴에서 비롯된 비극이었다면, 제2차 세계대전은 급진적 이념과 배타적 민족주의가 지정학적 팽창 야망과 결합하면서 한층 더 파괴적이고 전 지구적인 규모로 확산된 전쟁이었다.

나치 독일, 일본 제국, 파시스트 이탈리아는 극단적 민족주의, 억압적 전체주의, 군국주의적 세계관, 공격적 팽창주의라는 공통적 특징을 공유했다. 각국의 정치·사회·문화적 맥락은 달랐지만, 이들의 궤적은 놀라울 만큼 유사했다. 카리스마적 지도자가 대중의 민족주의 정서를 자극해 권력을 장악했고, 전체주의 체제를 확립하며 군국주의를 국가 운영의 핵심 기반으로 삼았다. 그 최종 귀결은 파괴적인 침략 전쟁이었고, 이로 인해 세계는 다시금 비극적 결말을 맞이하게 됐다.

제2차 세계대전의 원인을 단일 요인으로 환원하기는 어렵다. 베르사유 조약의 가혹한 조건은 독일 사회에 깊은 좌절과 복수심을 남겼고, 1930년대의 전례 없는 대공황은 국제질서의 안정성을 심각하게 뒤흔들며 극단주의 이념의 전 세계적 확산을 촉진했다.[1] 여기에 유럽과 아시아에서 동시다발적으로 분출한 갈등은 새로운 형태의 제국주의적 팽창주의가 시대의 지정학적 현실로 부상했음을 보여주었다.

세력권 전쟁

18~19세기 유럽 열강의 식민제국주의가 주로 해외 식민지 개척과 경제적 자원 착취에 초점을 두었다면, 전간기戰間期, interwar period에 나타난 독일, 일본, 소련의 공격적 팽창 정책은 '국가 생존'과 '경제적 자급자족'을 명분으로 추진되었다.

나치 독일은 '레벤스라움Lebensraum(생활권)'이란 사상을 앞세워 확장을 정당화했다. 아돌프 히틀러와 나치당은 독일 민족의 미래와 번영을 위해 더 넓은 영토와 풍부한 자원이 필요하다고 주장했으며, 이는 단순한 영토적 욕구를 넘어 민족적 우월성과 인종적 순수성을 강조하는 나치즘의 핵심 이념과 결합되었다. 독일은 1935년 베르사유 조약을 전면 폐기한 뒤 라인란트 재무장(1936), 스페인 내전 개입, 오스트리아 병합(1938), 체코슬로바키아 수데텐란트 병합 등 일련의 공격적 행동을 감행했다. 1939년엔 소련과 몰로토프-리벤트로프 조약을 체결한 뒤 폴란드를 침공함으로써 유럽 전역의 전면전을 촉발했으며, 궁극적으로는 폴란드를 넘어 스칸디나비아와 소련 동부까지 포괄하는 광대한 정복 야망을 드러냈다.

일본 제국은 '대동아공영권'이라는 구호 아래 아시아 민족의 해방을 내세웠지만, 실제로는 자국 중심의 제국주의적 침략을 전개했다. 중일전쟁과 동남아시아 침공을 통해 점령지의 자원과 노동력을 전쟁 수행에 동원한 일본은 대규모 물자 수탈, 독립운동 탄압, 각종 전쟁 범죄를 자행했다. '공영권'이라는 명분은 아시아의 공동 번영을 약속했으나, 그 실상은 일본의 경제적 자립과 군사적 우위를 위한 착취적 제국 질서에 불과했다.

이탈리아의 팽창은 상대적으로 단순한 동기에서 비롯되었다. 제1차 세계대전의 승전국임에도 불구하고 기대한 영토 보상을 얻지 못했다는 불만과 배신감이 사회 전반에 확산되는 와중에 등장한 베니토 무솔리니는, 고대 로마 제국의 영광을 부활시키겠다는 민족주의적 비전을 내세워 권력을 장악했다. 이어진 이탈리아의 에티오피아 침공(1935)은 영국·프랑스와의 관계를 악화시켰고, 반대로 독일과의 공조를 강화시켰다. 이후 이탈리아는 스페인 내전에서 프랑코를 지원하고, 오스트리아 병합과 체코슬로바키아 위기에서 독일 편에 섰으며, 독일의 프랑스 점령 직후에는 연합국에 선전포고를 하고 북아프리카 및 지중해 일대에서 무모한 군사 작전을 전개했다.

소련 역시 대외 팽창을 본격화했다. 1930년대 후반 국내 권력을 공고히 한 이오시프 스탈린은 1939년 독일과 몰로토프-리벤트로프 조약을 맺고 폴란드를 분할했으며, 곧이어 발트 3국을 병합하고 핀란드와 전쟁을 벌였다. 소련의 팽창은 지정학적 안보 필요성과 이념적 동기가 맞물린 결과였다. 역사적으로 러시아에는 서방 국경에 완충지대를 확보하려는 전략적 전통이 있었고, 동시에 마르크스-레닌주의의 세계 혁명론—사회주의는 고립된 국가 체제에서 생존할 수 없으며, 자본주의 세계 질서를 타도해야 한다는 신념—이 외교 정책의 이념적 정당성을 제공했다.

전쟁의 양상

제2차 세계대전은 제1차 세계대전과는 다른 양상으로 전개되었다. 제1차 세계대전에서 프랑스와 독일은 장기간에 걸쳐 소모적인 대치전을 벌였지만, 제2차 세계대전에서는 독일이 불과 몇 주 만에 프랑스를 점령하고 영국 본토를 위협하는 상황이 펼쳐졌다. 아시아에서는 일본 제국이 동아시아 최강의 세력으로 부상했다. 전쟁 초반부엔 추축국이 군사적 우위를 점하는 듯 보였으나, 각국이 저지른 연이은 전략적 실책은 결국 패망으로 이어졌다.

독일은 영국을 굴복시키기 위해 총력을 기울였지만, 본토 상륙을 감행할 만한 해군력을 보유하지 못했다. 공군에 의존한 영국 본토 항공전 역시 실패로 끝났고, 영국의 저항 의지는 오히려 더욱 굳건해졌다. 이탈리아는 유럽과 북아프리카 전역에서 무질서하고 일관성 없는 작전을 전개하여 독일의 발목을 잡았다. 독일은 귀중한 전력을 발칸과 북아프리카 전선에 분산시켜야 했고, 이는 전쟁 전체의 흐름에 부담이 되었다.

1941년 6월, 히틀러는 소련 침공이라는 결정적 오류를 범했다. 그는 나폴레옹과 마찬가지로 소련의 저항력을 과소평가했다. 침공 초기에는 독일군이 큰 군사적 성과를 거두었지만, 끝없는 인명 손실과 혹독한 러시아의 겨울은 전세를 뒤흔들었다. 특히 스탈린그라드 전투에서 약 30만 명의 병력이 포위 섬멸당하면서 독일은 회복 불가능한 타격을 입었다.

일본 역시 중대한 오판을 거듭했다. 1937년 중일전쟁을 일으킨 일본은 중국의 끈질긴 저항에 발이 묶여 예상했던 단기 결전 대신 장기 소모전에 빠져들었다. 이를 타개하기 위해 풍부한 자원이 있는 동남아시아로 침략을 확대했으나, 이는 미국의 강한 대응을 불러왔다. 1941년 미국은 일본 석유 수입의 80% 이상을 차단하는 금수 조치를 단행했고, 일본의 중국 철수와 만주 괴뢰정권 해체, 추축국과의 결별을 요구했다. 그러나 일본 지도부는 외교적 후퇴 대신 전면전을 택했다.

1941년 12월 7일, 일본은 하와이 진주만을 기습 공격하며 미국과의 전쟁을 자초했다. 이튿날 미국은 일본에 선전 포고했다. 이는 전쟁의 향방을 근본적으로 바꾼 분수령이었다. 차원이 다른 미국의 산업 생산능력은 연합국에 압도적인 물자를 공급했고, 이는 전쟁 수행능력에서 결정적인 차이로 이어졌다.

독일과 일본은 이후에도 약 4년에 걸친 총력전을 이어가며 완강히 저항했지만, 전세를 뒤집을 수는 없었다. 1944년 6월의 노르망디 상륙 작전은 독일에 결정적 타격을 가했고, 1945년 5월 베를린 함락과 함께 유럽 전선은 막을 내렸다. 태평양 전쟁에서는 미군의 '도서 점령 작전 island hopping'이 일본 본토를 향해 점차 다가갔고, 8월 6일과 9일 히로시마와 나가사키에 원자폭탄이 투하되었다. 같은 시기 소련은 일본에 선전포고하고 만주로 진격했다. 결국 8월 15일, 일본은 무조건 항복을 선언했고, 도쿄만의 미주리호에서 공식 항복 문서에 서명함으로써 인류 역사상 가장 참혹한 전쟁은 마침내 막을 내렸다.

양극체제의 서막

제1차 세계대전에서 승전한 연합국은 당시 두 가지 과제에 직면했었다. 하나는 독일이 다시는 프랑스를 위협하지 못하도록 만드는 것이었고, 다른 하나는 우드로 윌슨 대통령이 제시한 자유주의적 국제질서를 구체화하는 것이었다. 제2차 세계대전이 끝난 직후의 상황은 많이 달랐다. 추축국은 완전히 패망하여 더 이상 직접적인 위협이 되지 못했으나, 공산주의 소련이 새로운 위협으로 부상한 상태였다.

1940년대 초반, 전쟁의 주도권이 연합국으로 넘어가면서 미국과 영국은 이미 소련을 전후의 잠재적 경쟁자로 인식하기 시작했다. 흥미롭게도, 나치 독일의 선전 장관 요제프 괴벨스는 전후 소련의 팽창을 가장 먼저 예견한 인물 중 하나였다. 1945년 2월, 그는 독일의 총력전을 정당화하는 연설에서 소련이 승리하면 동유럽에 '철의 장막'이 드리워지고 대규모 민족 청소가 벌어질 것이라고 경고했다. 그의 발언은 선전 선동의 성격이 강했지만, 불과 1년 뒤에는 영국의 윈스턴 처칠도 '철의 장막 연설'을 통해 거의 동일한 경고를 했다.

그럼에도 전쟁 직후의 미국은 소련을 당장의 위협보다는 잠재적인 위협 정도로 평가하고 있었다. 유럽은 전쟁의 폐허로 남은 반면, 미국은 강력한 산업력과 원자폭탄 독점이라는 압도적 우위를 확보하고 있었다. 미국 내부에서는 다시 고립주의 정서가 고개를 들었고, 비개입주의를 지지하는 목소리가 커져 가고 있었다. 하지만 지식인들은 미국이 이번에도 국제 문제에서 손을 떼면 또 다른 위기를 자초하게 될 것이라고 경고했다. 국제정치학자 니콜라스 스파이크먼은 유럽과 아시아에서 새로운 패권 국가의 부상을 막으려면 미국의 적극적 개입이 필수라고 강조했다. 경제학자 찰스 킨들버거는 제1차 세계대전 이후 미국이 지도적 책임을 회피한 것이 제2차 세계대전 발발의 한 원인이 되었다고 지적했다.[2]

실제로 이 당시 서유럽은 소련의 팽창을 저지할 능력을 상실한 상태였다.

독일은 연합국에 의해 분할되었고, 영국과 프랑스는 전쟁 피해 복구에 전념하느라 국력이 크게 약화되어 있었다. 그 사이 소련은 루마니아, 불가리아, 유고슬라비아, 알바니아, 헝가리, 체코슬로바키아 등 동유럽 전역에 공산 정권을 잇달아 수립하며 세력권을 빠르게 넓혀 갔다.

1949년은 세계 질서의 분수령이 된 해였다. 소련이 첫 핵실험에 성공하며 세계 두 번째 핵 보유국이 되었고, 중국에서는 마오쩌둥이 이끄는 공산당이 국민당을 몰아내고 중원을 장악했다. 장제스는 대만으로 퇴각했으며, 중국은 공산주의 진영의 강력한 세력으로 거듭났다.

이로써 세계는 미국이 주도하는 이른바 '자유 진영'과, 소련이 이끄는 소위 '공산 진영'으로 양분되었다.

미주

1 베르사유 조약에 포함된 가혹한 조치들—영토 상실, 군사력 제한, 전쟁 배상금 등—은 독일 내 민족주의와 복수주의 정서를 고조시켰다. 또한 때마침 전 세계를 휩쓴 경제대공항은 그렇지 않아도 어렵던 독일의 경제 위기를 심화시켜 극단적인 이념이 빠르게 확산할 수 있는 토양을 마련했다.

2 수십 년 후, 조지프 나이는 이 이론을 '킨들버거 함정(Kindleberger Trap)'이라고 명명했다.

PART 09

냉전기의 역학

냉전은 전통적 의미의 전쟁이 아닌
단어와 생각, 그리고
사상의 전쟁이다.
The Cold War is not a war in the traditional sense,
but a war of words, ideas, and ideologies.

출처미상(존 F. 케네디의 말로 널리 알려짐)

01 ● 전략, 이념, 그리고 초강대국 경쟁

제2차 세계대전 이후의 국제질서는 전쟁 이전과는 근본적으로 달랐다. 가장 두드러진 변화는 세계 권력의 중심이 유럽 대륙에서 완전히 이탈했다는 점이다. 전후 질서의 무게 중심은 신세계를 대표하는 미국과 유라시아를 장악한 소련, 두 초강대국으로 이동했다. 미국과 소련의 국력은 다른 모든 국가를 압도했으며, 유럽 열강들은 주변적 존재로 전락했다. 역사상 처음으로 전 세계적인 양극체제bipolarity가 확립된 것이다.

이 시기의 또 다른 특징은 핵무기가 만들어낸 '공포의 균형'이었다. 미국과 소련은 서로를 수차례 멸망시킬 수 있을 만큼의 핵전력을 축적했고, 그 결과 핵전쟁은 곧 상호 간에 확실한 공멸로 이어진다는 조건—즉 '상호확증파괴Mutually Assured Destruction, "MAD"'—이 성립하여 역설적으로 양 진영 간 전면 충돌을 억제하였다. 이 '불안정한 안정 요인'은 기존 재래식 전쟁의 효용마저 현저히 감소시켰고, 미국과 소련 간에 전면전이 발발할 가능성 또한 극적으로 낮췄다.

그 결과 직접적인 무력 충돌 대신 경제와 이념을 중심으로 한 경쟁, 그리고 지정학적 대립이 주축이 된 '냉전cold war'이 전개되었다. 이후 약 반세기에 걸쳐 이어진 냉전 기간 동안 미국과 소련은 군사 동맹의 확장, 치열한 첩보전, 끝없는 군비 경쟁, 강력한 선전 공세, 그리고 제3세계에서의 대리전을 통해 세계 패권을 둘러싼 전방위적 경쟁을 지속했다.

대전략의 시대

무력을 통한 일방적 승리가 사실상 불가능해지자, 미국과 소련은 외교, 이념 경쟁, 비밀 공작 등 우회적 수단을 동원해 상대를 압도하려는 정교한 대전략grand strategy에 집중했다. 이러한 전략은 당대의 지적 조류와 긴밀히 연결되어 있었고, 동시에 그 흐름을 규정하는 데에도 큰 영향을 미쳤다.

앞서 본 바와 같이 해양세력이 굴기하기 위한 요건을 분석·소개한 마한의 연구는 20세기 초 영국과 독일, 그리고 미국이 해양력의 우위를 전략적으로 추구하는 데 결정적 영향을 주었다. 그에 반해 영국의 지리학자 할퍼드 매킨더는 「역사의 지리적 중심축The Geographical Pivot of History」(1904)과 『민주적 이상과 현실Democratic Ideals and Reality』(1919)에서 이른바 '심장지대Heartland' 이론을 제시했다. 매킨더는 세계 지배의 열쇠는 해양이 아니라 광대한 유라시아 내륙, 곧 심장지대에 있다고 주장했다. 그는 "동유럽을 지배하는 자가 심장지대를 지배하고, 심장지대를 지배하는 자가 세계섬(유라시아와 아프리카)을 지배하며, 세계섬을 지배하는 자가 세계를 지배한다"고 단언했다. 매킨더가 말한 심장지대가 러시아의 영토와 상당 부분 중첩된다는 점에서, 소련은 그의 이론을 전략적으로 수용하며 유라시아 전역에 걸친 확장을 정당화했다.

이에 맞서 미국의 전략가 니콜라스 스파이크먼은 『평화의 지리학The Geography of Peace』(1944)에서 소위 림랜드Rimland 이론을 내놓았다. 그는 유라시아의 전략적 가치에는 동의했으나, 국력의 실제 중심축은 내륙이 아니라 해안 주변부, 즉 림랜드에 있다고 주장했다. 림랜드는 높은 인구 밀도, 농업 생산력, 그리고 세계 교역로가 집중된 지역으로서, 심장지대를 능가하는 전략적 중요성을 지닌다는 것이다. 스파이크먼은 이를 "림랜드를 지배하는 자가 유라시아를 지배하고, 유라시아를 지배하는 자가 세계의 운명을 좌우한다"는 명제로 압축했다.

스파이크먼의 림랜드 이론은 미국 냉전 전략의 근간으로 채택됐다. 소련의 영향력이 림랜드 지역으로 확산되는 것을 차단하고자, 미국은 서유럽, 동아시아, 동남아시아, 중동의 주요 국가들과 동맹망을 구축해 소련에 대한 봉쇄정책containment policy에 돌입했다. 반면 소련은 림랜드로 영향권을 확대함으로써 미국의 봉쇄망을 뚫으려 했다. 동유럽에서는 바르샤바 조약 체제를 통해 지배력을 공고히 했고, 베트남·쿠바·아프리카에서는 공산주의 반란을 지원했으며, 중동에서는 아랍 민족주의 운동을 후원했다. 미·소 간의 지정학적 경쟁은 전 세계 곳곳에서 수많은 대리전과 내전을 촉발했다. 겉으로는 '차가운 전쟁冷戰'이라 불렸지만, 실제로 냉전은 끊임없는 간접 충돌과 폭력으로 점철된 열전熱戰의 연속이기도 했다.

냉전기에 미국이 거둔 가장 중대한 전략적 성취는 중·소 분열을 유도한 것이었다. 1969년, 중국과 소련은 아무르강과 우수리강 유역의 전바오 섬(다만스키 섬)에서 영토 문제를 둘러싸고 무력 충돌을 벌였다. 소련이 핵무기 사용 가능성을 거론하며 중국을 위협하는 상황에서, 미국은 소련이 핵을 사용할 경우 즉각 대응하겠다고 경고하며 사실상 중국에 '핵우산'을 제공했다. 이는 중국이 협상 시간을 벌고 핵전쟁을 회피하는 데 결정적 역할을 했다.

이 사건은 미·중 관계의 급격한 해빙으로 이어졌다. 중국은 현실적 위협인 소련을 견제하기 위해 미국과의 관계 개선을 선택했는데, 이는 『삼십육계』의 원교근공遠交近攻 전략과도 일맥상통했다. 미국 역시 중국을 소련 견제를 위한 전략적 지렛대로 활용할 기회를 놓치지 않았다. 1971년 헨리 키신저 국가안보보좌관의 극비 방중으로 고위급 대화가 시작되었고, 같은 해 유엔 총회 결의 제2758호가 통과되면서 중화인민공화국은 중국의 유일한 합법 정부로 인정받았다. 이듬해인 1972년에 이루어진 리처드 닉슨 대통령의 방중은 미·중 관계의 중대한 전환점이 되었으며, 이는 1979년의 국교 수립을 통해 공식화되었다.

중·소 갈등을 교묘히 활용하여 소련을 봉쇄하는데 성공한 미국은 냉전기의 복잡한 국제질서 속에서 전략적 우위를 공고히 할 수 있었다.

이념의 전장

냉전은 단순한 지정학적 경쟁이 아니라, 자유민주주의와 공산주의 간의 이념 전쟁이기도 했다.

이념적 대립의 기원은 계몽주의 사상까지 거슬러 올라간다. 자유주의는 합리주의와 과학의 진보, 그리고 상업과 시장경제의 급속한 발전이라는 근대 유럽의 토양 위에서 성장했다. 무제한적 경쟁 속에서 팽창한 상업과 산업은 자본가 계층의 부상을 이끌었으며, 혁신을 촉진하는 동시에 불평등과 사회적 모순을 심화시켰다. 자유주의 사상가들이 기대했던 '시장의 자기 조정 기능'은 현실에서는 거대 자본의 독점과 기업 권력의 강화로 인해 제대로 작동하지 못했다. 봉건 사회에서는 신분제와 특권이 불평등을 정당화하는 논리로 기능할 수 있었지만, 사회계약론에 기초한 근대 사회에서는 그러한 정당화의 여지가 사라졌다. 이러한 배경 속에서 등장한 공산주의는 불평등의 구조적 원인을 자본주의 체제에서 찾고, 근본적인 사회 변혁을 통해 평등한 질서를 수립하고자 했다.

공산주의의 이론적 토대는 마르크스와 엥겔스에 의해 체계화되었다.[1] 그들은 역사를 계급 투쟁의 연속으로 파악하고, 특히 근대 사회에서는 자본가와 노동자 간의 갈등을 역사의 핵심 동력으로 보았다. 프롤레타리아 혁명을 통해 억압적 자본가 계급을 철폐해야 한다는 그들의 주장은 초기 산업사회 노동자와 진보적 지식인에게 강력한 호소력을 지녔다. 이후 레닌과 스탈린을 비롯한 정치 지도자들이 이를 계승·발전시켰다.

그러나 현실의 공산주의 국가는 이상과는 달리 극단적 전체주의와 중앙계획경제로 귀결되었다. 생산과 분배를 국가가 직접 통제하는 중앙통제체제는 비효율과 빈곤을 낳았으며, 정치적 다양성과 기본적 자유는 철저히 억압되었다. '노동자의 낙원'은 실현되지 못했고, 오히려 공산당 간부들의 특권적 지배 체제로 변질되었다.

공산주의 체제의 몰락은 미국과의 지정학적 경쟁 같은 외부 요인뿐 아니라, 이념 자체가 지닌 내재적 모순에서도 비롯되었다. 공산주의적 이상을 실현하기 위해서는 기존 계급 구조의 폭력적 전복이 불가피하게 요구되었고, 이에 따라 반혁명 세력에 대한 무자비한 숙청 역시 정당화되었다. 그러나 이러한 접근은 곧 권력자들의 억압적 수단으로 전락하여, 광범위한 정치탄압과 참혹한 폭력을 초래했다. 그 결과는 사상적 획일성이 강제되고 사회적 다양성이 철저히 배제된 체제였다. 집단화된 이념 순응이 절대적으로 우선시되었고, 자유는 극도로 제한되었다. 소수에게 집중된 권력은 필연적으로 전체주의와 심각한 정치적 타락을 낳았다. 공산주의는 계급 철폐라는 숭고한 목표를 내세웠지만, 공산당 특권층과 무권리 대중이라는 새로운 형태의 억압적 계층 구조를 낳는 비극으로 귀결되었다.

공산주의 체제에서의 광범위한 인권 탄압은 널리 알려진 사실이지만, 보다 근본적인 문제는 사유 재산권의 부재였다. 고전적 공산주의 이론은 생산수단의 사유화를 명확히 부정했지만, 사유 재산의 존재를 원천적으로 부인하지는 않았다. 진짜 문제는 사유 재산을 국가 권력으로부터 보호할 수 있는 법적·제도적 장치가 사실상 부재했다는 점이다. 경제적 자립성을 박탈당한 개인은 억압적 체제에 맞설 실질적인 수단을 갖지 못했고, 실제로도 저항은 거의 불가능했다. 자유주의 사상가들이 재산권을 개인의 기본적 자유를 위한 필수 조건으로 간주한 이유가 바로 여기에 있다.[2] 재산권은 단순한 경제적 권리를 넘어, 권력에 대한 견제와 자율성의 기반으로 작동하며, 자유로운 시민사회의 핵심 요소로 기능하기 때문이다.

따라서 "공산주의의 반대 개념은 자본주의이며, 공산주의와 자유민주주의는 반드시 충돌하지 않는다"는 주장은 근본적인 오해에 기반하고 있다. 수많은 권위주의 정권이 '민주주의'를 참칭하지만, 기본권과 자유를 보장하지 않는 체제는 진정한 의미의 민주주의라 할 수 없다. 그리고 역사상 그 어떤 공산주의 국가에서도 실질적 자유와 참정권을 포함한 기본권을 광범위한 대중에게 보장한 사례는 존재하지 않는다.

물론 자유주의와 자본주의에도 심각한 결함은 있었다. 초창기 자유주의 경제 철학은 정부의 개입을 최소화하고 개별 경제 주체에게 최대한의 시장 자유를 보장하는 자유방임주의를 채택했다.[3] 이러한 시스템은 사유재산과 자유무역, 경쟁을 통한 이윤 추구, 그리고 수요와 공급의 자연스러운 변화에 기초한 자유시장경제를 육성했다. 그 정도는 달랐을지언정, 자유시장경제는 거의 필연적으로 자본주의로 발전했다.[4]

하지만 정부가 시장 개입을 자제하자 지배적 지위에 있는 시장 주체들이 경제와 시장을 왜곡시키기 시작했다. 자본가들은 노동자를 착취했고, 국가의 부는 점차 선별된 특권층에게 집중되어 심각한 경제적 불균형을 야기하였다. 인구의 대다수를 차지하는 노동자들이 소수의 엘리트 자본가를 위해 복무하는 상황이 발생한 것이다. 19세기 영국 자유방임 자본주의의 전성기에는 자본가는 극도의 사치를 누렸지만, 노동자는 극심한 착취에 시달렸다. 이러한 현실 속에서 마르크스와 엥겔스가 자본주의의 붕괴를 예언하게 된 것은 어쩌면 당연한 귀결이었다.[5, 6] 그러나 그들은 자본주의 체제의 놀라운 적응 능력을 간과했다.

자본주의는 대공황이라는 전례 없는 경제 위기와 공산주의라는 강력한 이념적 도전에 직면하면서 스스로를 혁신했다. 자본주의 체제는 부의 재분배와 사회적 불평등 완화를 위한 다양한 정책들을 적극 도입함으로써, 마르크스가 경고했던 '자본주의의 덫'을 성공적으로 회피할 수 있었다.[7] 이후 자본주의는 정부의 적절한 개입을 병행하는 규제된 자본주의, 즉 수정자본주의[8, 9]의 형태로 진화했다. 자유주의 경제사상의 기본 원칙은 여전히 최소한의 정부 개입이지만, 극단적인 자유방임주의는 역사의 뒤안길로 사라졌다.

자본주의, 체제 경쟁에서 승리하다

냉전 초기, 소련의 계획경제는 때로 미국과 맞먹거나 능가하는 성장률을 기록하기도 했다. 광활한 영토가 제공하는 풍부한 천연자원과 필수 원자재를 자체적으로 조달할 수 있는 자급 능력 덕분이었다. 1970년대까지도 소련 경제는 중동 석유 위기에 따른 고유가라는 외부적 호재에 힘입어 일정한 성장세를 유지했다. 또한 중앙집권적 연구 체계와 숙련된 인적 자본을 기반으로 과학기술 분야에서 한때 미국과 어깨를 나란히 하는 성과를 거두기도 했다.

그러나 시간이 흐르면서 중앙 계획경제의 구조적 결함이 드러났다. 의사결정 권한이 중앙 당국에 과도하게 집중되면서, 경제 목표는 객관적 현실보다 정치적 선전과 지도부의 주관적 판단에 의해 좌우되었다. 일단 목표가 잘못 설정되면 체제의 경직성 탓에 수정이 불가능했고, 하급 관리들은 실질적 성과보다 형식적 목표 달성에만 몰두했다. 이 과정에서 실적 조작과 부패가 만연하며 공식 통계마저 신뢰할 수 없게 되었다.

자유로운 경쟁의 부재는 경제 전반의 비효율성을 심화시켰다. 자본주의 시장에서는 경영 능력과 효율성이 생산성과 직결되는 것이 상식이지만, 공산주의 경제는 노동 투입량이 곧 생산성을 결정한다는 잘못된 전제를 고수했다.[10] 시장 가격이라는 자원 배분의 핵심 메커니즘이 배제되면서 경제는 급변하는 환경에 유연하게 대응하지 못했고,[11] 누적된 비효율성은 장기적 침체와 체제 붕괴로 이어졌다.

소련은 체제 경쟁에서 미국을 압도하기 위해 중공업과 군사 산업에 과도하게 집중했다. 그러나 국력의 척도를 중공업 생산과 군사력으로만 정의

한 결과, 국민 생활과 직결된 소비재는 만성적 부족 상태였고, 암시장과 이차 경제가 사회 전반에 퍼졌다. 기술 혁신의 부재도 치명적이었다. 군사 기술에는 막대한 투자가 이루어졌지만, 소비자 중심 기술은 철저히 외면되었다. 특히 1970년대 정보기술IT이 경제 성장의 핵심 동력으로 부상하면서, 소련의 중앙집중적 연구 체계는 서방의 탈중앙화된 혁신 생태계와의 격차를 극복하지 못했다. 개인용 컴퓨터 등 IT 분야에서의 낙오는 냉전기 경제 경쟁의 분수령이 되었다.

반면 자유세계, 특히 미국을 중심으로 한 시장 기반 자본주의는 자유경쟁과 자유무역을 적극 수용했다. 국내적으로는 경쟁을 통해 효율성을 극대화했고, 국제적으로는 경제 통합을 강화했다. 1944년 브레턴우즈 체제 아래 IMF와 세계은행이 출범했고, 1947년 GATT가 설립되면서 자유주의적 국제 경제질서가 제도화되었다. 견고한 제도적 기반 위에서 자본주의는 효율성과 혁신을 동시에 확보했다. 이윤 추구라는 강력한 동기는 개인과 기업이 지속적으로 기술 혁신과 생산성 향상에 나서도록 자극했다. 자유세계의 역동적 자본주의는 경직된 공산주의 경제를 압도하는 효율성과 기술 우위를 달성했고, 냉전이라는 치열한 체제 경쟁에서 궁극적인 승리를 거두는 데 성공했다.

냉전기 공산주의 정권은 인민에게 두 가지 약속을 내세웠다. 하나는 이상적인 프롤레타리아 낙원을 건설하겠다는 것이었고, 다른 하나는 서방보다 나은 물질적 삶을 제공하겠다는 것이었다. 그러나 두 약속 모두 실현되지 못했다. 정치적 자유와 경제적 자율성이 철저히 억압되었음에도 공산권 국민의 생활 수준은 서방보다 현저히 낮았다. 사회 계약의 근본적 위반을 인식한 대중의 불만은 누적되었고, 결국 공산주의 체제는 내재적 모순과 경제난 속에서 붕괴될 수밖에 없었다.

냉전의 종식

1985년, 미하일 고르바초프가 소련 공산당의 마지막 서기장으로 취임했을 때, 소련은 이미 서방과의 체제 경쟁을 감당할 수 없는 임계점에 도달해 있었다. 수십 년간 누적된 구조적 비효율과 만성적 침체, 서방과의 심화되는 기술 격차는 공산주의 체제의 지속 불가능성을 여실히 드러냈다.

고르바초프는 두 가지 핵심 개혁을 추진했다. 첫째는 '페레스트로이카 перестройка(재건)'로, 점진적 시장 메커니즘 도입을 통해 경직된 경제의 효율성을 높이고자 했다. 둘째는 '글라스노스트 гласность(개방)'로 언론과 표현의 자유 확대, 정보 공개를 통해 정치적 투명성을 제고하려는 시도였다. 또한 그는 미국과의 대화를 통해 냉전의 종식을 모색하고, 동유럽에 대한 강압적 지배를 포기함으로써 1968년 이래 공산권 통제의 근거였던 브레즈네프 독트린에서 과감히 이탈했다.

그러나 개혁은 역설적으로 체제의 붕괴를 가속화했다. 글라스노스트는 은폐되어 있던 공산주의 체제의 구조적 결함을 만천하에 드러내며 억눌렸던 인민의 불만을 폭발시켰다. 페레스트로이카는 정치적 개방이 초래한 혼란을 상쇄할 만한 경제적 성과를 제때 창출하지 못했다.

한편 소련의 개입이 없는 상황에서, 동유럽의 낡은 공산정권들은 연쇄적으로 무너지고 있었다. 1989년 베를린 장벽의 붕괴는 그 상징적 정점이었다. 소련 내부적으로도 균열은 걷잡을 수 없었다. 고르바초프는 소련의 완전한 해체 대신 느슨한 연방 체제를 유지하려 했으나, 1991년 8월에 발생한 보수 강경파의 쿠데타 시도가 이 마지막 희망마저 파괴했다. 쿠데타가 불과 사흘 만에 실패로 끝나자, 각 공화국은 소비에트 연방으로부터의 독립을 가속화했다. 리투아니아의 독립 선언(1990년 3월 11일)을 시작으로 독립 선언의 도미노가 이어졌고, 마침내 1991년 12월 26일, 소련은 공식적으로 해체되었다.

02 ● 다자주의의 새벽

냉전 시대의 국제질서는 미국과 소련이 각각 주도하는 두 거대한 진영의 첨예한 대립 위에 구축된 양극체제였다. 이 질서는 전통적인 세력권 구조를 일부 계승했지만, 기존의 패권 질서와는 근본적으로 다른 특징을 지니고 있었다. 바로 이 시기부터 유엔을 중심으로 한 국제적 민주주의,[12] 즉 다자주의multilateralism가 본격적으로 제도화되기 시작한 것이다.

유엔 안전보장이사회와 집단안보체제

제2차 세계대전이 한창이던 1941년 8월, 윈스턴 처칠 영국 수상과 프랭클린 루스벨트 미국 대통령은 전후 세계질서의 원칙을 담은 '대서양 헌장'을 발표한다. 이 헌장은 민족 자결, 국제 경제 협력, 해양의 자유, 집단안보 등 전후 국제질서를 규율할 핵심 원칙을 제시했다. 이후 소련을 포함한 주요 강대국들이 이를 지지하면서 1942년 '국제연합 선언'이 채택되었고, 1945

년에는 국제연합, 즉 유엔이 창설되었다.

유엔은 그 전신前身인 국제연맹으로부터 집단안보, 국가 간 협력, 인권 존중 등 자유주의적 원칙을 계승했지만, 국제연맹보다 훨씬 체계적이고 현실적인 기구였다. 특히 안보 문제에서는 법적 이상주의보다 정치적 현실을 반영했다. 국제연맹은 강대국의 힘이 뒷받침되지 않아 독일·일본·소련 등이 결의를 무시해도 제재할 수 없었으나, 유엔은 안전보장이사회("안보리")를 통해 주요 강대국을 제도적으로 포섭했다.

유엔 안보리는 5개 상임이사국(미국, 러시아, 중국, 영국, 프랑스)과 10개 비상임 이사국으로 구성되며, 결의안 채택에는 15개국 중 9개국 이상의 찬성이 필요하다. 특히 상임이사국은 결의안에 대한 거부권을 행사할 수 있기에, 단 하나의 상임이사국이라도 반대하면 결의가 무산되는 구조다. 이러한 정치적 유연성은 상임이사국이 원치 않는 의무에 구속되는 것을 피하고자 유엔에서 탈퇴하는 사태를 방지하기 위한 장치로 기능했다.[13]

물론 상임이사국들의 핵심 이해관계가 직접적으로 충돌하는 민감한 사안에 대해서는, 안보리가 효과적으로 기능하지 못하고 사실상 무력화되는 경우가 빈번했다. 특히 미국과 소련의 대립이 격화된 냉전기 동안, 안보리는 많은 주요 국제 분쟁에 대해 적절한 대응을 하지 못한 채 소극적인 모습을 보이기 일쑤였다. 예외적으로 1950년 한국전쟁 당시 소련이 중국의 유엔 대표권 문제를 항의하며 안보리 회의를 보이콧하는 사이, 유엔군 파병 결의안이 극적으로 채택되어 집단안보체제가 실제로 작동한 역사적인 사례가 존재한다.[14]

그럼에도 불구하고 유엔은 국제 거버넌스의 핵심 축으로 굳건히 자리 잡았다. 나폴레옹 전쟁 이후 유럽협조체제가 강대국 간 상시 협의의 장을 제공하며 오랫동안 대륙의 평화를 관리했듯이, 안보리는 두 초강대국의 첨예한 대립 속에서도 지속적인 대화를 가능하게 했다. 냉전의 가장 격렬했던 시기에도 미국과 소련은 유엔 평화 유지군[PKO] 파견과 같은 최소한의 합의에는 도달했으며, 이를 통해 국제 협력의 기본 틀은 끝내 유지될 수 있었다.[15]

유엔 총회: 실질적 다자주의의 무대

한편 이 시기의 진정한 다자주의는 유엔 총회를 무대로 활성화됐다. 유엔 총회는 냉전의 극심한 분열 속에서도 다자적 교류의 장을 유지하며 장기적 협력의 토대를 마련했다. 특히 인권과 국제법 분야에서 눈에 띄는 성과를 거두었다.[16]

냉전기 유엔의 가장 큰 의의는 보편적 인권과 법치주의를 국제 관계의 핵심 원리로 편입시켰다는 점이다. 이는 국제법이 최초로 보편적 규범 체계로 기능하기 시작한 역사적 전환점이었다. 물론 유엔이 국제 정치의 근본적 권력 구조를 뒤흔들지는 못했지만, '실질적 다자주의'가 제도적으로 구현된 첫 출발점이 되었다.

미주

1 두 사람은 1848년 《공산당 선언》에서 노동계급의 행동을 촉구했으며, 1867년 《자본론》에서는 공산주의의 이론적 틀을 제시했다.
2 존 로크는 재산권을 인간의 자연권으로 간주했다. 반면 장 자크 루소는 사유 재산이 사회적 불평등을 야기한다고 비판했지만, 그렇다고 공산주의적 평등주의를 지지하지는 않았다. 그는 오히려 사회계약에 따라 형성된 '일반 의지'에 의해 통치되는 정치 체제의 핵심 기능 중 하나로 개인 재산의 보호를 강조했다. 근대 자유주의 사상의 정수로 평가받는 미국 연방헌법 역시 사유 재산의 보호를 명시적으로 규정하고 있다. 수정헌법 제5조는 "어느 누구도 정당한 법적 절차 없이 생명, 자유 또는 재산을 박탈당하지 않으며, 정당한 보상 없이 사유 재산이 공익을 위해 수용되지 않는다"고 명시함으로써, 재산권을 법적·제도적으로 보장하고 있다. 이는 사유 재산권의 보장이 단순히 개인의 권리를 수호하는 데 그치지 않고, 자유롭고 정의로운 사회 질서를 유지하는 핵심 기반임을 보여준다.
3 자유방임주의란 정부가 모든 경제 활동을 애덤 스미스가 말한 '보이지 않는 손'에 맡기고, 각 경제 주체가 자신의 이익을 자유롭게 추구하도록 허용하는 체제를 의미한다. 이는 본질적으로 정부의 개입을 최소화하고, 시장의 자율적 조정 기능에 따라 경제가 작동하도록 하는 시스템이다. 그러나 이러한 환경에서는 시장의 자율성이 오히려 독점, 담합, 약탈적 또는 불공정한 거래 관행을 조장할 수 있으며, 그 결과 시장의 공정성과 효율성이 심각하게 훼손될 위험이 존재한다.
4 따라서 시장의 자율성을 부정하고 국가가 경제 전반을 통제하는 명령경제에 기반한 공산주의는 자본주의는 물론, 그 기반 위에 구축된 자유민주주의 체제와도 본질적으로 충돌하는 체제라 할 수 있다. 공산주의는 경제적 결정권을 국가에 집중시키는 반면, 자유민주주의는 개인의 선택과 권리를 존중하는 분권적 질서를 지향하기 때문에, 양자는 정치·경제적 원리에서 근본적인 긴장을 내포한다.
5 마르크스와 엥겔스는 자본주의 경쟁이 필연적으로 과잉생산을 초래하여 공급이 소비 수요를 초과하고, 그 결과 대량 실업이 발생할 것이라고 주장했다. 또한 노동 착취로 인해 임금이 억제되면 구매력이 감소하고, 미판매 재고가 누적되어 경제 위기가 촉발되며, 궁극적으로 자본주의는 붕괴할 수밖에 없다고 보았다. 그러나 자본주의는 뛰어난 적응력을 바탕으로 마르크스와 엥겔스가 예견한 여러 구조적 모순을 지속적으로 극복해왔다. 그럼에도 불구하고, 노동의 무제한적 착취가 체제 자체의 붕괴 요인이 될 수 있다는 공산주의 사상의 핵심 비판은 오늘날에도 여전히 유효한 통찰로 평가된다.
6 자본주의 초창기에는 시장의 자율적 조정 기능이 경제 불균형을 자연스럽게 해소할 것이라는 믿음이 널리 확산되어 있었다. 그러나 현실에서는 무제한 경쟁이 오히려 독점을 조장하고, 노동자와 신생 기업가 모두에게 가혹한 '적자생존'의 환경을 초래했다. 기득권 자본가들은 혁신을 억제하고 신규 진입을 차단하기 위해 다양한 반경쟁적 수단을 활용했으며, 그 결과 시장의 공정성과 역동성이 심각하게 훼손되었다. 이에 따라 자본주의는 후기 단계에서 독점적 폐해를 억제하고 시장의 활력을 회복하기 위한 제도적 안전장치—예컨대 경쟁법과 공정거래 규제—를 도입하게 된다.
7 자본주의의 위기에 대한 대표적 대응 가운데 하나는 대공황 시기 미국에서 시행된 뉴딜 정책이었다. 존 메이너드 케인스의 경제 이론에서 영감을 받아 도입된 이 정책은 자본주의 역사에서 중대한 전환점을 마련했다. 케인스는 자유방임적 자본주의가 본질적으로 불안정하다고 보고, 경제 안정을 위해서는 적극적인 정부 개입이 필요하다고 주장했다. 그는 금리 조정과 같은 통화정책, 인프라 투자와 같은 재정정책을 통해 총수요를 관리함으로써 경기 침체를 완화할 수 있다고 강조했다. 그러나 정부 개입은 양날의 검이 될 수 있었다. 과도한 규제는 시장의 유연성을 저해하여 변화하는 환경에 신속히 적응하지 못하게 만들었고, 예컨대 지나치게 엄격한 노동 보호 조치는 경기 하강기에 기업이 비용 구조를 조정하는 것을 어렵게 하여 오히려 대규모 도산이나 장기 불황으로 이어질 위험을 높일 수 있었다. 결국 뉴딜과 케인스주의는 자본주의의 위기를 극복하는 데 중요한 이정표였지만, 동시에 국가 개입의 한계와 부작용을 드러내는 계기도 되었다.
8 초기 자본주의와 마찬가지로, 수정자본주의 역시 자유 경쟁의 원칙을 중시한다. 그러나 수정자본주의는 무제한적 경쟁이나 독점적 왜곡이 시장을 불안정하게 만들 수 있다는 점을 분명히 인식한다. 이러한 경우, 경제의 안정성을 유지하고 체제 붕괴를 방지하며, 최소한의 복지와 부의 재분배를 실현하기 위해 국가의 적극

적인 개입이 필요하다고 본다.

9 공산주의가 현대 자본주의의 형성에 중대한 영향을 미쳤다는 사실은 부인할 수 없다. 헤겔식 변증법의 관점에서 볼 때, 자유주의가 '정(正)'이라면 공산주의는 그에 대한 '반(反)'에 해당하며, 이 둘의 긴장과 대립은 현대 자본주의라는 '합(合)'으로 이어졌다. 사회복지 정책, 노동 보호, 정부 개입 등 다양한 제도를 통합한 오늘날의 자본주의는 공산주의와의 사상적 충돌을 통해 진화한 결과물이라 할 수 있다. 물론 신자유주의가 초래한 여러 위기와 구조적 도전 과제를 고려할 때, 현재의 자본주의를 경제 발전의 최종 단계이자 이상적 형태로 받아들이기는 어렵다. 그럼에도 불구하고, 공산주의가 존재하지 않았다면 자본주의가 경험한 개혁과 적응은 이루어지지 않았을 것인 바, 공산주의는 자본주의 발전 궤적을 근본적으로 형성한 촉매 역할을 하였다고 볼 수 있다.

10 마르크스는 상품의 가치는 그것을 생산하는 데 투입된 노동량에 의해 결정되며, 경제적 가치는 오직 노동자들에 의해 창출되고 자본가는 단지 이 노동을 착취한다고 보았다. 그러나 그의 이론은 경영의 역할과 조직화의 중요성을 간과하는 한계를 지닌다. 그럼에도 불구하고, 공산주의가 노동자의 권리와 존엄성에 주목했다는 사실은 노동계층의 현실을 이해하고 분석하는 데 여전히 귀중한 통찰을 제공한다. 반면 주류 경제학은 공급과 수요의 원리에 기초해 전문화와 무역의 중요성을 강조한다. 이는 "완제품을 생산하는 데 필요한 노동은 거의 항상 여러 사람에게 분담되어 있다"고 지적한 애덤 스미스의 이론에 뿌리를 두고 있다. 자급자족적 삶에서는 전문화가 불필요하지만, 조직화된 사회에서는 분업과 전문화가 생산성 향상의 핵심 동력이 된다. 예컨대 한 노동자가 자동차 전체를 조립하는 대신 각 단계별 공정을 나누어 맡으면, 각자가 담당한 업무에서 숙련도를 높일 수 있다(헨리 포드가 조립라인에 도입한 방식이다). 산업 전체에 적용될 경우, 전문화는 국가 생산성을 획기적으로 높이고 경제 성장을 촉진한다. 생산성 증가는 더 많은 재화의 생산과 소비를 가능하게 하고, 이는 경제 활동의 양대 축을 강화한다. 또한 전문화는 일자리 창출을 통해 노동자의 구매력을 확대하고, 무역 활성화에도 기여한다. 노동자가 더 전문화될수록 스스로 생산하지 못하는 상품과 서비스에 대한 의존도가 커지며, 이는 한층 더 광범위한 경제 교환을 촉발한다. 그러나 효율성의 이면에는 또 다른 큰 문제가 도사리고 있다. 개인이 거대한 시스템 속에서 단순한 부속품으로 전락할 위험이다. 이러한 구조에서는 노동자가 시스템을 통제하는 자본가나 정치 엘리트에 점점 더 의존하게 되며, 권력자들이 이 의존성을 착취할 가능성이 커진다. 공산주의 사상이 문제 해결을 시도했던 지점이 바로 여기에 해당한다.

11 공산주의 경제 체제가 가진 문제점은 단순히 수요와 공급을 무시하는 데 그치지 않는다. 경제의 건강성을 판단하는 핵심 지표 중 하나는 바로 '가격'이다. 경제학자 프리드리히 하이에크에 따르면, 시장 가격은 경제 상황을 이해하는 데 가장 필수적인 정보로 작용한다. 시장경제에서 가격은 생산자와 소비자 양측의 수요와 공급을 반영하는 신호로 기능하며, 각 경제 주체는 이를 통해 상대방의 기대를 예측하고 그에 맞춰 자원 배분과 생산 계획을 조정할 수 있다. 이러한 가격 신호는 합리적인 의사결정과 효율적인 경제 활동의 기반이 된다. 그러나 가격이 왜곡되거나 아예 존재하지 않을 경우, 심각한 비효율이 초래된다. 생산자들은 소비자의 실제 수요를 파악하지 못한 채 자원을 오배분하게 되고, 그 결과 생산의 균형이 무너진다. 물론 시장경제에서도 통화 정책 실패 등으로 인해 가격이 일시적으로 왜곡될 수 있다. 하지만 공산주의 명령경제에서는 가격이 정보 전달 수단으로 전혀 기능하지 않기 때문에, 경제 성과를 진단하고 조정하는 데 필수적인 메커니즘 자체가 결여되어 있었다. 이는 자원의 비효율적 배분과 구조적 불균형을 초래하며, 체제의 지속 가능성을 위협하는 근본적 한계로 작용했다.

12 다자주의는 국제사회의 구성원들이 국제적으로 규율된 체제 내에서 건설적인 협력을 통해 공동의 목표를 추구할 수 있도록 하는 원칙이다. 역사상 등장한 다양한 국제질서 가운데, 다자주의는 자유민주주의와 가장 유사한 구조를 지닌 것으로 평가된다. 이 체제 아래에서는 소규모 국가나 개발도상국도 국제 무대에서 자신의 목소리를 효과적으로 증폭시킬 수 있으며, 권력의 집중을 완화하고 참여의 균형을 도모할 수 있다. 그러나 다자주의가 실질적으로 작동하기 위해서는 참여국 간의 차별 금지와 상호 호혜가 반드시 보장되어야 한다.

13 따라서 안보리의 상임이사국이 유엔을 탈퇴할 가능성은 높지 않다. 다만 그럼에도 불구하고 유엔을 탈퇴하는 상임이사국이 있다면, 그것은 미국일지 모른다. 실제로 2025년 2월, 공화당 상원의원 마이크 리, 마샤 블랙번, 릭 스콧은 미국의 유엔 완전 탈퇴를 골자로 한 법안인 '유엔 참사 완전 탈퇴 법안(Disengaging

Entirely from the United Nations Debacle Act)'을 발의한 바 있다. 미국의 고립주의 성향은 언제나 변수로 남는다.

14 1950년 6월 25일, 유엔 안전보장이사회는 북한의 남침을 규탄하며 즉각적인 정전을 촉구하는 결의안 제82호를 채택했다. 북한이 이를 무시하자, 6월 27일에는 무력 사용을 승인하는 제83호, 7월 7일에는 유엔군 구성을 명시한 제84호가 잇따라 채택되었다. 당시 소련은 유엔이 중화민국(대만)을 중국의 합법 정부로 인정한 것에 반발하여 1950년 1월부터 안보리 회의를 보이콧하고 있었으므로 거부권을 행사하지 못했다. 공산권 비상임 이사국인 유고슬라비아만 결의에 반대했을 뿐, 상임 이사국들은 모두 찬성하여 결의안이 통과되었다. 그 결과, 미국 주도의 유엔군이 한국에 파병되어 공산화 위기를 저지할 수 있었다.

15 냉전의 긴장 속에서도 미국과 소련은 유엔 평화유지군(PKO)을 최소 13개 분쟁 지역에 파견하는 데 합의할 수 있었다. 대표적인 사례로는 수에즈 위기, 콩고 위기, 레바논–이스라엘 간 충돌 등이 있다. 또한 1990년 11월에도 안보리는 이라크의 쿠웨이트 침공에 대응한 결의안 제678호를 채택하고 다국적군의 무력 사용을 승인했다. 이는 1950년 이후 안보리가 대규모 군사 행동을 승인한 최초의 사례로, 냉전 종식과 국제 사회의 새로운 군사적 협력 가능성을 보여주는 중요한 신호탄으로 해석되기도 한다.

16 1948년 「세계인권선언」, 1966년 「시민적·정치적 권리규약」과 「경제적·사회적·문화적 권리규약」, 1982년 「유엔해양법협약」 등이 유엔 총회에서 채택되었고, 1968년의 「핵확산금지조약(NPT)」과 같은 국제 안보 관련 합의도 총회를 통해 논의·추진되었다.

PART 10

팍스 아메리카나와
자유주의 국제질서

결국, 태초에 세상은 모두
'아메리카'였다.
Thus, in the beginning,
all the World was America.

존 로크(John Locke)

소련의 해체와 함께 거의 반세기 동안 지속된 양극체제는 역사 속으로 사라졌다. 그 빈자리를 대신한 것은 미국이 유일한 초강대국으로 부상한 일극적 세계 질서였다. 이후 약 30년 동안, 미국은 인류 역사상 유례없는 세계패권국으로서 국제질서를 주도했다.

오늘날의 지정학적 전환기를 심층적으로 이해하려면, 불과 얼마 전까지 국제질서를 규율해온 미국의 '세계 패권'이란 것이 무엇을 의미했는지를 명확히 정의할 필요가 있다.

미국의 세계 패권

미국이 기록된 역사상 가장 막강한 국력을 보유한 국가라는 사실에는 의심의 여지가 없다. 그러나 패권이란 단순한 국력의 총합만으로 성립되는 것이 아니다.

공격적 현실주의에 따르면, 진정한 패권국은 역내의 모든 잠재적 경쟁자를 동시에 억제할 수 있는 국가를 의미한다. 그러나 지리·물류·문화적 제약 탓에, 세계 전체를 '역내'로 삼아 이러한 위력을 행사할 수 있는 국가는 역사상 존재하지 않았다. 등장한 것은 오직 특정 지역에 국한된 '지역 패권국'뿐이었다. 제2차 세계대전 직후, 또는 소련 붕괴 직후의 절정기에조차, 미국은 중국이나 러시아 같은 잠재적 경쟁국을 완벽히 통제하진 못했다. 그들의 전통적 영향권을 박탈할 수도 없었다. 그러나 탈냉전기의 미국은 전통적 의미의 지배력 대신, 국제사회의 규범과 제도를 통제하는 독특한 권력을 행사했다. 이러한 '체제적 통제력systemic control'은 단순한 군사력이나 경제력보다 더 효과적인 패권의 기반이 되었다. 비록 순수한 군사력이나 경제력만으로는 전 세계 모든 나라를 상대로 자국의 의지를 일방적으로 관철시킬 수 없을지언정, 대다수의 나라가 준수할 수밖에 없는 국제적 시스템의 규칙rule of game을 설정·규제·집행하는 방식으로 전체 국제질서를 효과적으로 통제할 수 있다면? 그렇다면 일종의 세계 패권을 확보한 것이라고 보아도 무방할 것이다.

양극체제가 지배하던 냉전기, 미국은 자국의 세력권 내에서 자유주의적 이상에 기초한 국제질서를 수립하며 소련이 주도한 공산권과 대립했다. 소련과 공산주의의 붕괴 이후, 세계는 미국이 명실상부한 유일한 초강대국으로 군림하는 '일극의 시대unipolar moment'에 들어섰다. 탈냉전기의 일극체제 속에서 미국은 마침내 자유주의적 질서를 전 지구적으로 확산시킬 역사적 기회를 얻었다. 이 시기 미국은 경제와 안보를 아우르는 다양한 다자적·복수간 체제를 구축해 전 세계적 참여를 이끌어냈으며, 나아가 그러한 체제를 통제하는 방식으로 범세계적 지배력을 행사했다.

자유주의 국제질서의 세계화

미국의 일극 패권이 확립되면서 세계는 전례 없는 안정의 시대로 접어들었다. 이 시기 미국 사회는 과거 어느 때보다도 강렬한 이상주의적 비전에 사로잡혔다. 많은 역사학자와 국제관계학자들은 냉전에서의 승리를 단순한 지정학적 승리가 아니라, 역사가 미국에 새로운 '명백한 운명'을 부여한 계시적 순간으로 받아들였다.

이러한 낙관적 분위기 속에서 국제정치학자 프랜시스 후쿠야마는 "역사의 종말"을 선언하며, 자유민주주의가 모든 경쟁적 정치 체제에 대해 최종적 승리를 거두었다고 주장하기도 했다. 그의 논지는 냉전 이후 미국이 스스로를 세계 지도자로 인식하고, 자유주의적 가치들을 전 세계로 보편화할 독특한 위치에 있다는 당시의 자아상과 완벽히 맞아떨어졌다. 누구도 감히 도전할 수 없는 압도적 패권국으로서, 미국은 냉전기 서방 블록을 결속시켰던 제도적·이념적 기반을 전 세계로 확장하였다. 정치적으로는 자유민주주의의 확산을, 경제적으로는 자유시장 자본주의의 보편적 채택을 강력히 촉진했다.

이 시기에 미국은 패권국으로서의 책임을 회피하지 않았다. 대중문화 속 '미국 예외주의'는 미국인을 세계의 보호자이자 도덕적 지도자로 인식하도록 했다. 할리우드 영화는 미국인을 자유의 수호자로 그리며, 독재자, 테러리스트, 외계 침략자, 자연재해 등 다양한 위협에 맞서 인류를 대표해 싸우는 영웅으로 묘사했다. "큰 힘에는 큰 책임이 따른다"는 영화 〈스파이더맨〉의 상징적 대사는 당시 미국인의 집단적 정서를 압축적으로 보여준다. 미국은 외교·경제적 제재는 물론, 필요할 경우 군사력까지 동원하며 '세계 경찰'로 자리매김했다.

탈냉전기 이전까지 미국 외교정책은 대체로 현실주의적 세계관에 기반했으며, 자유민주주의적 가치는 대외 위협을 견제하기 위한 수사적 장치에 불과한 경우가 많았다. 미국의 국가 전략 목표는 철저히 국가 핵심 이익의 확보였고, 민주주의 확산은 부차적 명분에 불과했다. 그러나 냉전 이후, 미국의 전략은 뚜렷이 이상주의적 방향으로 전환되었다. 특히 '정권 교체regime change'라는 가장 급진적 개입 형태에서 그 변화를 명확히 확인할 수 있다.

19세기 말~20세기 초 미국은 하와이·괌·필리핀을 획득하고, 쿠바·니카라과·온두라스 등지에 친미 정권을 세우며 여느 열강과 마찬가지로 세력권 확대에 나섰다. 당시의 개입은 철저히 전략적 이익 중심으로 추진됐다. 냉전기에는 아메리카 대륙(과테말라, 도미니카 공화국, 브라질, 칠레, 그레나다, 파나마), 중동·아프리카(이란, 콩고), 아시아(남베트남) 등 여러 지역에서 공산주의 확산을 억제하기 위한 정치·군사 개입을 이어 나갔다. 이때 미국은 직접 점령보다는 친미 정권 수립을 선호했다. 대표적 사례로 이란에서는 민주적으로 선출된 정부를 전복하고 팔레비 왕조를 복원시켰는데, 비록 냉전이라는 명분으로 정당화되었지만 이는 자유민주주의 원칙과는 분명히 모순되는 행위였다.

탈냉전기에 이루어진 개입은 달랐다. 아프가니스탄(2001), 이라크(2003), 리비아(2011)에서 미국은 권위주의 정권을 무너뜨리고 민주주의 정부를 수립한다는 이상적 목표를 내세우며 군사작전을 감행했다. 원인과 실행 방식에는 차이가 있었지만, 모든 사례가 '민주적 국가 건설democratic nation-building'이라는 공통 목표를 공유했다. 이러한 노력은 막대한 재정적 소모와 전략적 집중력 약화라는 부작용을 감수하면서까지 장기간 진행되었다. 따라서 탈냉전기 미국 외교를 단순히 현실주의적 관점으로 설명하거나, 자유주의적 패권주의의 연장선으로만 비판하는 것은 부정확하다.[1]

한편 탈냉전기 자유주의 국제질서는 미국의 압도적 힘만으로 유지되지는 않았다. 다자주의가 이를 정당화하고 강화하는 핵심 역할을 수행했다. 특히 유엔 안보리는 극적 변화를 겪었는데, 2014년에 상정된 63개 결의안 중 60개가 만장일치로 통과될 정도로 효율성이 크게 향상됐다. 이는 냉전기에 빈번했던 교착 상태와 극명히 대비된다.

이 시기 미국은 일방주의보다 다자연합을 주도하며 복잡한 범지구적 도전에 대응했다. 유엔과 그 산하 기구들은 평화 유지에서 보건 증진까지 다양한 분야에서 국제 협력을 촉진했고, 미국은 이를 적극 지원하며 제도화된 질서를 강화했다.

신자유주의의 부상

냉전 이후 본격화된 국제질서, 흔히 자유주의 국제질서 Liberal International Order라 불리는 이 시스템은 근대 계몽주의의 산물인 고전적 자유주의 사상에 뿌리를 두고 있다. 앞서 본 바와 같이 자유주의는 정치, 경제, 철학 전반에 걸쳐 오랜 세월 동안 영향을 미쳐온 광범위한 사조思潮이다. 그러나 자유주의는 단일하고 고정된 개념이 아니라, 시대적 맥락에 따라 끊임없이 진화하며 재해석되어 왔다. 20세기를 거치며 자유주의는 다양한 변화를 겪었고, 그 가운데 가장 지배적인 형태는 바로 신자유주의neoliberalism였다.

탈냉전기 국제질서 속에서 등장한 신자유주의는 18세기의 고전적 자유주의와는 구분되는 특징을 지녔다. 고전적 자유주의와 마찬가지로, 신자유주의도 사회 전반에 깊은 영향을 미친 강력한 사조다. 다만 개인의 '도덕적 자유'를 핵심 가치로 삼았던 고전적 자유주의와 달리 신자유주의는 시장 중심의 경제 철학, 자유 경쟁, 효율성, 그리고 경제적 주체로서의 개인 자율성을 중심 가치로 내세웠다. 다시 말해, 사유재산권 보장, 정부 권력의 제한, 개인 자율성 촉진 등과 같은 고전적 자유주의의 개별 요소를 도덕과 윤리 대신 '자본주의적 논리' 속에서 재구성한 것이다.

고전적 자유주의가 국가 내부에서 개인의 권리 보장과 권력 제한에 집중했다면, 신자유주의는 규제 완화, 국영기업 민영화, 자유무역 촉진 등과 같은 시장 중심 정책을 국제적 차원에서 적극적으로 추진했다. 그 결과 각국 경제는 상호 의존적 구조 속에서 긴밀히 통합되었으며, 국내 정책조차 글로벌 시장의 요구에 크게 좌우되었다. 이러한 통합은 동시에 국가 주권과 사회적 안전망을 약화시키는 부작용을 낳았다.

자유주의 국제질서 속에서 신자유주의적 세계화는 공공과 민간 메커니즘을 통해 제도화되었다. 국제통화기금IMF, 세계은행, WTO와 같은 국제경제기구는 신자유주의적 경제 규범을 적극적으로 전파하고 집행했으며, 민간 차원에서는 다국적 기업과 글로벌 금융기관이 시장 중심의 관행을 강화했다. 이들의 상호작용은 신자유주의 정책을 글로벌 경제 거버넌스의 지배적 패러다임으로 확립하는 핵심 동력이 되었다.

1989년 미국 경제학자 존 윌리엄슨이 제시한 '워싱턴 컨센서스Washington Consensus'라는 원칙은 신자유주의적 패러다임을 가장 집약적으로 보여준다. 국가의 재정 건전성 중시, 무역 자유화와 시장 개방, 규제 완화, 국영기업 민영화 등 10가지 신자유주의 원칙으로 구성된 이 패러다임은 워싱턴에 소재한 국제금융의 주요 관리자, 즉 IMF, 세계은행, 미국 재무부에 의해 대

원칙으로 채택되었고, 특히 경제 위기에 직면한 개발도상국의 구조 개혁을 위한 청사진으로 활용되었다. 오래지 않아 워싱턴 컨센서스는 탈냉전기 글로벌 경제 거버넌스의 표준적 정책 틀로 자리 잡았으며, 시장 자본주의가 지구적 차원에서 지배력을 확보하는 데 결정적 역할을 수행했다.

팍스 아메리카나의 구현

탈냉전기는 전례 없는 글로벌 평화와 경제적 번영으로 특징지어졌다. 여러 비판적 시각에도 불구하고, 객관적인 경제·안보 지표들은 미국의 일극 패권이 견인한 자유주의 국제질서가 인류 역사상 유례없는 지정학적 안정과 경제 성장을 견인했음을 실증한다.

19세기 유럽의 불안정한 세력균형 체제는 대규모 전쟁을 막지 못했고, 냉전기의 양극체제 역시 끊임없는 대리전과 지역 분쟁을 동반했다. 그러나 탈냉전기의 일극체제는 전 세계적으로 유례없는 평화를 가져왔다. 1991년을 기점으로 국가 간 무력 충돌은 급격히 감소했고, 2022년의 우크라이나 전쟁 이전까지 대규모 전쟁은 사실상 사라졌다. 미국이 주도한 아프가니스탄·이라크 전쟁을 포함하더라도, 전반적인 전쟁 발생률과 강도는 역사적으로 매우 낮은 수준을 유지했다.

주요 안보 위협은 전통적인 국가 간 전쟁에서 내전과 초국가적 테러리즘으로 이동했다. 심지어 내전조차 냉전기에 비해 발생 빈도와 치명성이 크게 감소했다. 2000년대 들어 내전의 평균 강도는 1990년대 초반과 비교해 3분의 2 이상 약화됐다. 이는 미국의 군사 개입, 국제사회의 인도주의적 개입 확대, 그리고 유엔 평화유지활동PKO의 질적·양적 성장 덕분이었다. 세계은행이 공개한 자료에 따르면, 이 시기의 글로벌 안보 수준은 전 세계가 폐허가 된 제1·2차 세계대전 직후와 비견될 만큼, 대규모 전쟁 가능성이 극도로 낮은 수준까지 향상되었다.[2] 실로 '팍스 아메리카나Pax Americana'가 도래한 것이다.

안보 안정은 곧 경제적 번영으로 이어졌다. 자유주의 국제질서는 무역 자유화를 촉진하여 상품, 자본, 서비스, 인력의 국경 간 이동을 가속화했다. 급격한 기술 혁신과 아이디어 확산이 결합되면서 생산성은 비약적으로 상승했다. IMF와 세계은행 자료에 따르면, 냉전 종식 이후 세계 경제 규모는 3배 이상 성장했고, 약 13억 3천만 명이 극심한 빈곤에서 벗어났다. 인플레이션을 반영한 세계 GDP 추이 역시 이 시기의 경제성장이 얼마나 특별했는지를 명확히 보여준다.[3] 특히 개발도상국은 선진국보다 더 높은 성장률을 기록하며 세계 경제에서의 비중을 크게 높였다.

안보와 경제의 동시적 향상은 국경을 넘어 광범위한 연결성을 촉진했다. 상품과 서비스, 자본뿐 아니라 사람, 문화, 아이디어까지 자유롭게 이동하며 글로벌 거버넌스를 다차원적으로 재편했다. 이러한 심층적 통합은 '세계화globalization'라는 표어로 정의되며, 탈냉전기를 규정하는 핵심 특징이자 그 시기의 국제질서 변화를 이끈 원동력이 되었다.

팍스 아메리카나의 그림자

탈냉전기 자유주의 국제질서는 인류사에서 전례 없는 성취를 이루었지만, 동시에 강한 비판의 대상이 됐다. 비판은 크게 두 가지 측면에서 제기되었다.

첫째는 자유주의 국제질서 자체에 대한 비판이다. 양극의 세력이 경쟁하던 냉전기에는 상대 진영에 대한 도덕적 우위를 확보하는 것만으로도 충분했지만, 일극체제가 형성된 이후의 이념 경쟁은 통치와 정당성 문제로 옮겨갔다. 미국은 민주주의와 인권을 명분으로 내세우며 세계 각지에서의 군사 개입과 정권 교체를 정당화했지만, 많은 이들은 이를 패권주의에 입각한 주권 침해로 간주했다.[4] 그 결과, 자유주의 국제질서는 보편적 규범을 위한 체제가 아니라, 미국의 제국적 야망을 은폐하는 도구라는 비판을 받았다.[5] 이 과정에서 보편적 가치와 규범을 강조하는 자유적 국제주의liberal internationalism와 국가 자결과 내정 불간섭을 강조하는 주권적 국제주의sovereign internationalism 간의 긴장과 대립이 심화되었다.[6]

둘째는 신자유주의 경제 모델에 대한 비판이다. 1990년대 이후 확산된, 워싱턴 컨센서스에 따른 급격한 자유화·민영화·규제 완화 정책은 일부 국가에서는 개혁과 성장을 촉진했지만, 다른 국가에서는 산업 붕괴, 대규모 실업, 사회 불안을 초래했다. 또한 세계화는 선진국과 개발도상국 경제 간에 절대적 불평등을 해소하는 대신 구조적 불평등을 초래했다. 다수의 개발도상국이 글로벌 가치사슬 하단에 고착되어, 값싼 노동력 제공국이나 원자재 수출국으로 전락한 것이다. 반면 선진국 내부에서는 제조업 기반의 붕괴와 탈산업화가 가속화되며, 노동 계층의 불안과 불만이 심화되었다.

그럼에도 불구하고 세계화의 흐름은 거의 30년 동안 거스를 수 없는 대세처럼 지속되었다. 마침내 미국의 일극적 패권이 흔들리고 자유주의 국제질서 그 자체가 구조적 도전에 직면할 때까지, 신자유주의의 효용과 위상은 굳건하게 유지되었다.

팍스 아메리카나의 황혼

팍스 아메리카나는 인류 역사상 가장 안정적이고 번영한 국제질서를 열었지만, 그 절정의 순간은 오래가지 않았다. 패권적 힘의 행사에는 필연적으로 민족주의적 반발이 뒤따르며, 패권국의 영향력이 클수록 반발의 강도 또한 커진다. 흔히 "역사상 가장 관대한 패권국"으로 묘사되는 미국이었지만, 그 영향력이 전 세계를 아우르는 순간, 전례 없는 규모의 저항과 도전에 직면할 수밖에 없었다.

결정적 전환점은 2001년 9월 11일에 발생한 알 카에다의 테러였다. 4대의 민간 항공기가 납치되어 뉴욕 세계무역센터와 워싱턴의 펜타곤을 타격했고, 약 3천 명의 무고한 시민이 목숨을 잃었다. 이는 1812년 이후 처음으로 미국 본토의 주요 도시가 직접 공격받은 사건이자, 냉전 이후 확고하던 미국 패권에 대한 첫 본격적인 외부 도전이었다.

미국은 즉각 대규모 군사 작전을 전개했다. 2001년 아프가니스탄 침공으로 탈레반 정권을 붕괴시켰고, 2003년에는 이라크를 침공해 단 20일 만에 사담 후세인 정권을 무너뜨렸다. 초기에는 성공으로 보였지만, 미국은 곧 장기화된 반군 세력과 초국가적 테러 네트워크와의 소모적 싸움에 깊숙이 빠져들었다. 이후 약 20년간 이어진 '테러와의 전쟁'은 결국, 2021년 아프가니스탄에서의 혼란스러운 철수와 탈레반 재집권이라는 결말로 귀결되고 만다.

'테러와의 전쟁'은 미국의 군사·경제적 자원을 심각하게 소모시켰다. 그 사이 중국은 무서운 속도로 부상했고, 러시아 역시 국제적 영향력을 되찾기 시작했다.[7] 동시에 자유주의 국제질서의 정당성에도 균열이 생겼다.

2001년의 아프가니스탄 침공은 유엔 안보리의 지지를 받았지만, 2003년 이라크 침공은 후세인 정권의 대량살상무기(WMD)보유라는 검증되지 않은 주장에 근거해 안보리의 명확한 승인 없이 단행되었다. 결국 대량살상무기가 발견되지 않자, 이 전쟁은 자유주의 국제질서의 이중성과 미국의 제국주의적 야망을 상징하는 사건으로 각인되어, 전 세계적 반미 감정을 전례 없이 심화시켰다. 이념적으로도 당시 미국의 부시 행정부는 세계를 선과 악의 구도로 규정하며 소위 '자유의 아젠다'를 내세웠다. 이라크, 이란, 북한을 '악의 축'으로 지목하고, 다자주의보다는 일방주의와 개입주의를 외교 정책의 중심으로 삼았다. 그러나 자유민주주의와 시장경제를 군사력으로 이식할 수 있다는 전략적 전제는 오류로 판명됐고, 오히려 미국의 동기에 대한 국제사회의 의구심만 키우고 만다.

테러와의 전쟁이 미국의 국력과 도덕적 자산을 소진시켰다면, 2008년의 글로벌 금융 위기는 신자유주의적 세계화 모델의 구조적 취약성을 적나라하게 드러냈다. 당시 미국의 과도한 금융 규제 완화,[8] 고위험 금융상품의 남용, 그리고 부동산 거품의 붕괴[9,10]가 리먼 브러더스를 비롯한 주요 금융기관들의 연쇄 파산으로 이어졌고,[11] 그 충격은 전 세계로 확산되며 규제에서 벗어난 금융 시스템의 위험성을 각인시켰다.

미국의 오바마 행정부는 금융위기의 조기 극복을 위해 국제협력을 적극적으로 강화했다. G7을 넘어 중국, 인도, 브라질 등 주요 신흥국을 포함한 G20이 정상회의체로 격상되었으며, 각국은 재정·통화 정책 공조와 보호무역주의 자제를 통해 위기의 확산을 저지하고자 했다. 그 결과, 세계 경제는 각국이 경쟁적으로 보호무역주의를 채택하며 범세계적 불황에 빠져들었던 1930년대 대공황 때와는 달리 빠른 회복세를 보일 수 있었다.

그러나 2008년 금융위기 이후 세계화의 흐름은 뚜렷하게 둔화되기 시작했다. 대표적으로 세계 경제에서 국제무역이 차지하는 비중은 2008년 51%에서 2020년 42%로 감소했다. 이러한 변화에 '슬로우벌라이제이션 slowbalisation'이라는 신조어까지 등장할 정도였다.

동시에 2008년 금융 위기는 중국의 부상을 가속화하는 계기가 되었다. 서방이 부채와 저성장의 늪에서 허덕일 때, 중국은 강력한 성장을 지속하고 있었다. 영원할 것만 같았던 세계 패권국의 국력에도 한계가 있음을 드러나면서 미국의 신화에는 균열이 갔고, 반면에 대국굴기를 향한 중화의 꿈은 현실로 다가오고 있었다.

소결

테러와의 전쟁과 금융 위기라는 이중 충격은 냉전 종식 이후 유지되던 자유주의 국제질서를 근본적으로 흔들었다. 군사적으로는 아프가니스탄과 이라크에서의 실패가 미국 개입주의에 대한 불신을 확산시켰고, 경제적으로는 2008년 금융 위기가 신자유주의 세계화 모델의 내재적 한계를 드러냈다. 이 두 사건은 미국 패권의 취약성을 여실히 드러내며, 부상하는 강대국들이 자유주의 국제질서에 도전할 수 있는 전략적 공간을 열어주었다.

미주

1 현실주의적 관점에서 보면, 탈냉전기 미국의 외교정책은 명확한 국가 이익이나 전략적 계산보다는 자유민주주의 확산이라는 이념적 헌신에 과도하게 영향을 받은 것으로 평가된다.

2 International Bank for Reconstruction and Development (The World Bank): "The 2011 World Development Report."

3 지난 2,000년간의 세계 GDP 성장 추세를 살펴보면, 초기 1,700년 동안은 거의 정체 상태에 머물렀고, 산업혁명 이후 제1차 세계대전까지는 점진적인 성장세를 보이다가, 제2차 세계대전까지는 급격한 상승 곡선을 그렸다. 특히 최근 70년간의 글로벌 GDP는 문자 그대로 '수직 상승'에 가까운 폭발적 증가를 기록했다. 이 수직 상승 구간 내에서도 1990년대 이전과 이후의 성장 추세는 뚜렷하게 구분된다. 다양한 요인이 작용했겠지만, 2,000년에 걸친 장기적 흐름 속에서 상대적으로 미미한 변수들은 자연스럽게 통제되었을 가능성이 크며, 가장 직접적인 원인은 '기술 발전'으로 볼 수 있다. 그러나 세계화의 촉진 역시 부의 '파이' 전체를 키우는 데 결정적인 역할을 했다는 점은 부인할 수 없다. 기술 혁신과 글로벌 연결성의 상승은 생산성과 교역의 폭을 확대하며, 세계 경제의 구조적 전환을 이끌었다. "World GDP over the last two millennia," World GDP – Our World in Data (World Bank & Maddison, 2017) 참조.

4 Jon Western & Joshua Goldstein, "Humanitarian Intervention Comes of Age, Lessons From Somalia to Libya," Foreign Affairs, FRNA, 48, Volume 90 (2011).

5 2025년 3월 14일 인터뷰에서 인도의 수브라맘 자이산카르 외교부 장관은 "구 질서(자유주의 국제질서)의 미덕이 다소 과장되어 있다"고 지적했다. 그는 특히 국제 규범과 제도의 수혜자가 아닌 입장에서 바라볼 때, 자유주의 질서가 주장하는 보편적 가치와 실제 운영 방식 사이의 괴리가 더욱 두드러진다고 강조했다. 이러한 발언은 인도뿐 아니라 많은 글로벌 사우스 국가들이 자유주의 국제질서를 서방 중심적이고 불평등한 구조로 인식하고 있었음을 단적으로 보여준다. *Indian foreign minister S Jaishankar: "The Virtues of the old order are exaggerated,"* Financial Times (March 14, 2025).

6 주권적 국제주의(sovereign internationalism)에 따르면, 인권조차도 문화적·사회적 맥락에 따라 상대적일 수 있다. 따라서 민간인 보호 등을 위한 이른바 '인도주의적 개입'에는 주권 존중이라는 국제 관계의 핵심 원칙을 넘어서는 당위가 존재하지 않는다. 이러한 관점에서 인권, 자유민주주의, 포용성은 인류 보편적 가치라기보다는 자유주의 국제주의가 자신의 영향력을 확대하기 위해 내세운 전략적 도구로 이해된다. 주권적 국제주의자들은 자유적 국제주의(liberal internationalism)가 내세우는 가치 담론이 실제로는 다른 국가의 내정에 간섭하고 정권 교체를 정당화하는 구실로 활용된다고 주장한다. 결론적으로 주권적 국제주의자들은 미국 주도의 일극체제를 신제국주의(neoliberal imperialism)로 간주, 일극체제의 붕괴와 다극체제의 부활을 희망하는 경우가 많다. 반면 자유주의자들은 이러한 주장을 강하게 반박한다. 주권적 국제주의자들의 논리는 권위주의 정권이 자국 내 인권 침해와 억압적 통치를 합리화하기 위해 내세우는 논리와 차이가 없다는 것이다. 자유주의자들에게 있어 '주권'이라는 이름으로 인권을 '상대화'하는 시도는 보편적 규범을 해체하고, 국제사회의 도덕적 기반을 약화시키는 위험한 주장으로 비친다. Robert Art & Robert Jervis (eds.), *International Politics: Enduring Concepts and Contemporary Issues* (12th ed)(Pearson, 2015), pp. 371–372. 한편, 전 유엔 사무총장 코피 아난은 주권이 단지 "권력"뿐만 아니라 "책임"을 포함한다고 강조하며, 주권이 유엔 헌장에 따라 인간의 생명을 보호하기 위한 인도주의적 개입을 막을 수 없다고 주장했다. Kofi Annan, "Reflections on Intervention," The Question of Intervention: Statements by the Secretary-General (United Nations, 1999).

7 미국은 아시아와 중동에서 중국의 일대일로(一帶一路) 구상과 라틴아메리카에서 커져가는 중국의 영향력에 효과적으로 대응하지 못했다. 또한, 2008년 러시아의 조지아 침공과 2014년 우크라이나 침공에도 효과적으로 대응하지 못했다. 이 시기의 미국의 미흡한 대응은 2022년 우크라이나 전쟁 발발에 일조한 것으로 보인다.

8 20세기 초 대공황 이후, 미국의 경제정책은 흔히 '포괄적 자유주의(embedded liberalism)'로 설명된다. 미국은 시장 중심의 자유무역을 지지하면서도, 대공황을 불러온 자유방임적 정책의 폐해를 피하고자 했다.

이 경험을 통해 시장에는 적절한 규제가 필요하다는 인식이 자리 잡았다. 이러한 배경 속에서 1933년 제정된 글래스–스티걸법(Glass-Steagall Act)은 예금과 자기자본을 기반으로 대출을 수행하는 상업은행과, 증권 투자 등 고위험 거래를 다루는 투자은행을 분리하여 금융 안정성을 강화하고자 했다. 그러나 탈냉전기에 접어들면서 미국의 경제정책은 점차 신자유주의적 방향으로 이동했다. 정보기술(IT) 혁명의 확산 속에서 규제가 혁신과 성장을 저해한다는 주장이 힘을 얻었고, 자유시장이야말로 경제적·기술적 발전을 촉진하는 가장 효과적인 메커니즘이라는 믿음이 확산되었다. 이러한 흐름 속에서 클린턴 행정부는 대공황의 교훈에 기초해 마련된 제도를 단계적으로 해체하기 시작했으며, 1999년 마침내 글래스–스티걸법을 폐지해 상업은행과 투자은행 간의 장벽을 철폐했다.

9 저금리 기조 아래 주택담보대출이 시장에 대거 공급되면서 투자 자금이 급속히 유입되었고, 이는 미국의 주택 가격을 감당할 수 없을 정도로 끌어올렸다. 소득 수준과 관계없이 대출자들은 집값이 지속적으로 상승할 것이라는 기대 속에 과도한 부채를 떠안았다. 소득, 직업, 자산이 없어도 대출이 가능했던 이른바 NINJA 대출과 고위험 변동금리 모기지(ARM) 같은 약탈적 대출 관행은 주택 가격 거품을 더욱 부추겼다. 결국 상환 부담이 임계점을 넘어서면서 대규모 연체와 채무 불이행이 발생했고, 이는 금융 시스템 전반의 붕괴로 이어졌다.

10 1930년대 대공황 시기의 금융시장과 근본적으로 달랐던 점은 파생금융상품의 존재였다. 20세기 후반에 들어 자산과 부채를 유동화하고, 신용 파생상품을 통해 금융 리스크를 분산·관리하는 기법은 금융시장의 유동성을 높이는 첨단 기술로 여겨졌다. 그러나 2000년대 초 닷컴 버블 붕괴 이후 경기 침체에서 벗어나기 위해 미국이 초저금리 정책을 시행하면서, 파생상품이 야기하는 불안정성은 급격히 증폭되었다.

11 2008년 금융위기를 계기로 미국은 금융 규제를 다시 강화하게 되었다. 이에 따라 제정된 도드–프랭크법(Dodd-Frank Act)은 상업은행이 자기자본이나 차입금을 활용해 채권, 주식, 파생상품 등에 투자하는 행위를 제한함으로써, 금융 시스템의 안정성을 높이고자 했다. 특히 이 법의 619조에 포함된 이른바 '볼커 룰(Volcker Rule)'은 상업은행의 위험한 자기매매 행위를 금지하고, 고객 자산과 은행 자산 간의 이해충돌을 방지하는 데 목적을 두었다. 이 조항은 2015년부터 본격적으로 시행되었으며, 이후 미국 금융기관의 투자 행태에 구조적 변화를 가져왔다.

PART 11

다극화를 향한
중국과 러시아의 도전

모든 문명은
스스로를 세상의 중심으로 간주하고,
자신의 역사를
인류사의 중심 서사로 서술한다.
Every civilization sees itself as the center of
the world and writes its history as
the central drama of human history.
•
사무엘 P. 헌팅턴(Samuel P. Huntington)

패권국이란 세력권 안에서 지배적 지위를 확보한 국가를 뜻한다. 따라서 미국의 세력권이 전 세계를 포괄하던 시기에는 지구상에 지역 패권국regional hegemon이 등장할 공간이 존재하지 않았다. 그러나 중국과 러시아는 미국의 탄생하기 훨씬 이전부터 거대한 대륙을 기반으로 한 지역 지배의 전통을 이어온 국가들이다. 이들이 탈냉전기에 미국 주도의 자유주의 국제질서에 순응한 것은 이념의 전환 때문이 아니라, 국제질서의 현실 앞에서 불가피하게 선택한 전략적 적응에 불과했다. 두 대국은 탈냉전기 내내 미국의 패권에서 벗어나기 위한 장기 전략을 물밑에서 꾸준히 추구해왔다.

이미 1997년, 중국의 장쩌민 주석과 러시아의 보리스 옐친 대통령은 모스크바 정상회담에서 다극적 세계질서 건설 의지를 공동으로 천명한 바 있다. 그러나 미국의 패권이 절정에 달했던 시기, 두 초강대국의 연대만으로는 일극적 질서에 균열을 내기에 역부족이었다. 러시아는 동유럽에서 북대서양조약기구North Atlantic Treaty Organization("나토")의 동진이라는 전략적 압박에 직면해 있었고, 중국은 미국의 촘촘한 동맹망과 서태평양에 투사된 군사력 탓에 동아시아 지역에서의 영향력 확대가 크게 제약되는 상태였다. 확고부동한 미국의 세계 패권 아래에서, 중국과 러시아에겐 전략적 자율성을 확보할 공간이 주어지지 않았다.

그러나 오늘날 상황은 달라지고 있다. 미국의 군사·경제·이념적 영향력이 약화되면서, 중국과 러시아는 역사적 영향력을 재확립하고 국제질서를 자국에 유리한 방향으로 재편하려는 결단을 행동으로 옮기고 있다.

중국과 러시아의 이런 움직임은 두 나라의 역사와 문화에 깊이 뿌리내린 강력한 세계관에 의해 추동된다. 두 대국은 저마다의 민족주의적 서사를 바탕으로 자국의 세력권을 확장하고 전통적 지배력을 회복하려는 시도를 멈추지 않고 있다. 특히 중국의 중화사상과 러시아의 유라시아주의 Eurasianism는 양국 집권세력의 국내 지배를 위한 당위를 강화하는 동시에 주변 지역에서의 지정학적 야심을 정당화하는 도구로 기능하고 있다.

01 ● 중국의 이야기

깨어난 거인

소련과 동구권 공산주의 체제가 붕괴한 이후, 중국은 자유주의 국제질서를 표면적으로 수용했다. 당시 중국의 상황은 녹록지 않았다. 1993년 1인당 GDP는 고작 377달러에 불과했고, 공산당의 일당체제 또한 안정적이라고 보기 어려웠다.[1] 이런 조건 속에서 미국이 주도하는 자유무역질서에 성공적으로 편입하는 것은 중국 경제발전 전략의 최우선 과제가 될 수밖에 없었다. 이미 1986년부터 중국은 GATT와 WTO 가입을 위한 외교적 노력을 기울이고 있었다.

2001년 중국의 WTO 가입은 세계경제사에서 하나의 결정적 전환점이 되었다. 가입 이후 중국 경제는 전례 없는 고도성장을 이어갔고, 그 파급력은 세계 질서를 바꾸어 놓았다. 2010년 중국은 일본을 제치고 세계 2위의 경제 대국으로 올라섰으며, 1인당 GDP는 1993년 대비 12배 증가한 4,500달러를 넘어섰다. 2020년에는 1만 달러를 돌파했고, 2022년 중국의 총 GDP는 18조 달러에 달해 미국(약 25조 달러)의 70% 수준에 도달했다. 방대한 인구, 광활한 영토, 풍부한 자원이 현대적 경제 발전과 결합하면서 발생한 물질적 부의 성장은 곧 국력에 걸맞은 군사력 강화로 직결되었다. 오랫동안 '잠자는 거인'이라 불리던 중국이, 역사상 가장 강대한 제국과 어깨를 나란히 하는 초강대국으로 부상한 것이다.

중화중심주의

미국의 빌 클린턴 전 대통령은 과거 중국의 WTO 가입을 지지하면서 경제개방과 글로벌 무역체계 편입이 중국의 민주화를 앞당길 것이라고 주장했지만, 그런 일은 일어나지 않았다. 중국의 국력이 커지면서 분출된 것은 민주주의에 대한 열망이 아니라, 강렬한 민족주의적 정서였다.

중국의 패권적 야망은 수천 년에 걸쳐 형성된 중화사상中華思想에 뿌리를 두고 있다. 이는 중국이 반드시 '천하天下,' 즉 세계의 중심이 되어야 한다는 확고한 신념에서 출발한다. 중화중심주의中國中心主義, sinocentrism라고도 불리는 이 사상은 중국과 중화민족이 다른 모든 국가와 민족보다 우월하다는 집단적 자부심과 민족적 정서를 반영한다.

중화사상의 토대는 유교 전통에 있다. 유교는 위계적 질서와 도덕적 리더십, 사회적 조화를 강조하며,[2] 중국의 황제를 '천자天子'—하늘의 아들—로 규정하였다. 천자는 '천하'의 질서를 수호할 책무를 지닌 존재로 간주되었으며, 중국이 세계의 중심으로서 주변에 문명과 도덕을 전파해야 한다는 논리는 외교적 질서로 제도화되었다. 이는 조공·책봉 체제를 통해 구체화되어 수세기 동안 동아시아에서 중국의 중심적 위상을 뒷받침하였다.

중화사상은 중국인의 집단적 기억과 정체성 속에 깊이 각인되어 있다. 다수의 중국인은 근대에 서구 열강과 일본 제국주의에 의해 강요된 '백 년의 굴욕'을 넘어, 중화민족의 전통적 영광을 반드시 회복해야 한다고 믿는다. 중국공산당은 이 민족주의적 열망을 정권의 정당성을 강화하는 핵심 자원으로 적극 활용해왔다.[3] 눈부신 경제성장을 겪은 중국인민들 사이에서는 정치적 자유에 대한 요구가 커졌지만, 공산당은 '중화의 부흥'이라는 역사적 목표를 전면에 내세워 그러한 요구를 사실상 유보시켰다. 오늘날에도 중국공산당과 중국인민 사이에는 암묵적인 사회계약이 존재한다. 그것은 곧, 중국이 과거의 영광을 되찾아 세계의 중심으로 복귀하는 것이 당과 인민의 공동 목표라는 인식이다. 현실적으로 세계패권의 장악은 어렵더라도, 동아시아에서 확고한 지역 패권을 회복하는 것 또한 충분히 정당한 대안으로 받아들여진다.

2008년 글로벌 금융위기는 중국의 국제적 위상을 단숨에 끌어올린 계기였다. 미국 경제가 흔들리자 세계는 중국을 주목했고, 중국은 꾸준한 성장세로 세계경제 회복의 중심 역할을 담당했다. 이 성공은 중국인의 민족주의적 자신감을 크게 고양시켰다. 2009년 후진타오 주석은 "세계 권력 균형의 심각한 변화"를 공개적으로 언급하며, 중국이 역사적 전환점에 도달했음을 천명했다. 『'NO'라고 말할 수 있는 중국』이나 『불만족스러운 중국』과 같은 민족주의 서적이 대중적으로 읽히며, 운명적 패권국인 중국이 다시금 그 역사적 지위를 되찾을 때가 도래하고 있다는 정서가 사회 전반에 확산되었다.

문화대혁명 시기 '봉건적 유물'로 격하되어 극심한 탄압을 받았던 유교는, 2000년대 들어 국가 주도의 전통 복원 담론 속에서 재조명되었다. 그 상징적 전환점은 2008년 베이징 올림픽 개막식에서 유교적 상징이 대규모로 동원된 장면이었다. 이후 중국은 유교적 가치를 국내 정치의 정당성 확보는 물론, 국제질서의 규범적 기반과도 접목시키려는 시도를 본격화하였고, 그 과정에서 현대적 의미의 '천하' 개념을 제시했다. 미국 주도의 자유주의 국제질서에 대한 대안으로, '신新천하 모델'이라는 중국식 국제질서를 제시한 것이다.

중국의 설명에 따르면, 도덕적 리더십과 다문화적 가치 존중을 중심으로 한 중국식 '천하 모델'은 서구식 강압적 패권주의와 구별된다. 중국식 국제질서는 힘의 위계가 아닌 권위의 위계를 기반으로 국가들의 지위와 역할을 규정하며, 이때 물리적 강제력보다 도덕적 권위에 의존한다는 것이다.[4] 요컨대 21세기형 팍스 시니카Pax Sinica는 팍스 아메리카나Pax Americana와 달리 구성원 국가의 주권을 존중하고, 국제질서를 안정화하며, 문화적 다양성을 보존함으로써 보다 평화로운 세계를 구현할 수 있다는 주장이다.[5]

중화제국의 귀환

지속적인 경제 성장과 그에 따른 자신감의 증대는 중국 외교정책의 변화를 촉발했다. 중국은 지역과 세계 무대에서 이전보다 훨씬 적극적이고 공세적인 태도를 취하기 시작했다. 이러한 변화에는 크게 세 가지 요인이 작용했다.

첫째, 2008년 글로벌 금융위기는 미국 경제 시스템의 구조적 취약성을 드러내면서, 중국식 국가 주도 경제 모델에 대한 자신감을 고취시켰다. 둘째, 2010년 중국이 일본을 제치고 세계 2위의 경제 대국으로 부상하자 "중국이 조만간 미국을 추월할 것"이라는 담론이 본격적으로 힘을 얻었다. 셋째, 대함 탄도미사일(DF-21D)과 같은 신형 무기를 포함한 군사력의 질적 도약은 적어도 남중국해에서만큼은 중국이 미 해군에 맞설 수단이 생겼음을 보여주었다. 이는 서태평양에서 미국의 전력 투사와 군사 개입에 새로운 불확실성과 위험을 제기했다.

이 같은 자신감과 군사력 강화는 주변 지역 분쟁에서 보다 단호한 중국의 태도로 이어졌다. 동중국해에서는 센카쿠 열도(댜오위다오)를 둘러싼 갈등이 격화되었고, 남중국해에서도 중국의 '구단선' 주장과 동남아 국가들의 배타적 경제수역EEZ 중첩으로 긴장이 고조되었다. 한때 유화적이었던 대만과의 관계도 악화되기 시작했다. 홍콩의 자치 약화로 인한 불신이 대만 사회에 확산되면서 반중 정서가 고조되었고, 이는 대만의 정치 지형을 재편하며 양안 관계를 악화시켰다.

중국 지도부도 이러한 변화를 공식적으로 인식하고 있다. 2018년 시진핑 주석은 "100년 만의 대변혁"이라는 표현을 사용하며, 21세기를 중국 주도의 역사적 전환기로 규정했다. 2049년 건국 100주년을 기점으로 세계적 강국의 지위를 확립하겠다는 장기 전략 목표를 제시한 시진핑은 2021년 바이든 대통령과의 미·중 정상회담에서 "지구는 두 대국이 함께 존재할 만큼 충분히 크다"고 발언하며, 단순한 지역 강국을 넘어 글로벌 강대국으로 도약하려는 중국의 의지를 분명히 했다. 특히 러시아의 우크라이나 침공 이후 중국은 "평등하고 질서 있는 다극 세계"의 구축을 주창하며, 다가올 국제질서 재편 과정에서 주도적 역할을 수행하겠다는 전략적 의도를 천명하고 있다.

02 러시아의 이야기

제국의 반격

러시아는 21세기 초부터 동유럽에서의 역사적 영향력을 회복하는 것을 핵심 목표로 삼았다. 소련 붕괴 이후 극심한 경제 침체와 지정학적 제약 속에서 한동안 미국 주도의 자유주의 국제질서에 협조적 태도를 취했던 러시아였지만, 점차 국력을 회복하면서 나토의 동진에 대한 우려를 공개적으로 표명하기 시작했다.[6]

전환점은 2008년 루마니아에서 개최된 부쿠레슈티 정상회의였다. 이 회의에서 조지아와 우크라이나의 나토 가입 가능성이 공식화되자, 지역 긴장은 급격히 고조되었다. 러시아는 이를 전통적 세력권에 대한 실존적 위협이자 결코 용인할 수 없는 '레드라인'으로 규정했다. 같은 해, 러시아는 남오세티야와 압하지야 지역 자국민 보호를 명분으로 조지아를 공격하며, 나토 확장을 저지하기 위해 군사력 사용도 불사하겠다는 의지를 서방에 각인시켰다. 당시 서방의 외교적 비난과 제한적 제재는 실질적 억제 효과를 발휘하지 못했고, 러시아는 상당한 전략적 공간을 확보했다고 판단하게 된다.

2014년, 러시아는 우크라이나 전략 요충지인 크림 반도를 전격 병합하고, 동부 돈바스 지역의 친러 분리주의 세력을 지원하며 영향력 회복을 본격화했다. 러시아는 우크라이나의 친서방 궤도를 차단하고, 크림과 돈바스의 친러 성향을 활용하려 했다. 서방의 경제 제재와 정치적 고립 조치는 이번에도 러시아의 행보를 억제하지 못했다.

서방의 제한적인 대응들은 러시아의 자신감을 키웠고, 결국 2022년 우크라이나에 대한 전면 침공으로 이어졌다. 이번 침공은 단순한 국지 분쟁을 넘어, 탈냉전기 유럽 안보 질서 전체에 대한 도전이자 무력을 통한 노골적인 국경 재편 시도였다.

유라시아주의

러시아의 지역 패권 추구를 뒷받침하는 핵심 이념은 '유라시아주의Eurasianism'다. 유라시아주의는 20세기 초 러시아 망명 지식인들 사이에서 형성된 지정학적·문명론적 구상으로, 슬라브 민족의 문화·언어적 동질성에 주목했던 기존 범슬라브주의와 달리 광대한 유라시아 대륙[7] 전체를 포괄하는 문명적 정체성을 강조한다. 이 사상은 러시아를 단순히 유럽과 아시아의 '교차점'으로 보지 않고, 서구 문명과 구별되는 고유한 역사·문화적 공간의 중심으로 규정한다.

현대 유라시아주의는 알렉산드르 두긴과 같은 사상가들에 의해 '신新유라시아주의Neo-Eurasianism'의 형태로 부활하여, 서구 자유주의와 미국 중심의 글로벌리즘에 맞서는 대안적 이념으로 발전했다. 유라시아주의의 근간에는 러시아가 수행해야 할 이른바 '역사적 사명'에 대한 신념이 자리한다. 즉, 키예프 루스, 러시아 제국, 소련에 이르는 역사적 연속성을 계승한 러시아는 다민족·다종교적 유라시아 문명의 자연스러운 중심이자 지도자로 간주된다. 이러한 관점에서 서구 자유주의 체제는 단순한 지정학적 경쟁자를 넘어 도덕과 문화가 퇴폐한 질서로 인식된다. 신유라시아주의의 궁극적인 목표는 전통적 가치를 보존하면서 미국의 일극체제를 약화시키고, 러시아의 전략적 자율성과 주변 지역에 대한 영향력을 회복하는 데 있다.

블라디미르 푸틴 러시아 대통령은 오랫동안 이러한 세계관을 공개적으로 드러내 왔다. 2021년 7월 12일 크렘린 홈페이지에 게재된 논설에서 그는 "현대 우크라이나는 전적으로 소련 시대의 산물"이라며 우크라이나의 주권과 정체성을 우크라이나 민족이 아닌, 외부 세력의 산물로 묘사했다.[8] 2022년 2월의 전면 침공 직전에도 그는 "우크라이나는 역사적으로 항상 러시아의 일부였다"고 주장하며 사실상 독립국가로서의 지위를 부정했다. 푸틴은 카자흐스탄 등 다른 구소련 국가들에 대해서도 유사한 역사적 해석을 반복하며, 구 러시아 제국의 주변부 공간을 재통합하려는 야심을 시사해 왔다.

푸틴의 제국적·지정학적 비전은 2023년 3월 31일에 발표된 「러시아 외교정책 개념」에서 더욱 분명히 드러났다. 러시아를 '독자적이고 독특한 문명국가(civilization-state)'로 규정한 해당 문서는, 광대한 유라시아 공간에서 전통적 질서를 회복하고 서구 세력을 견제하는 것을 러시아의 역사적 사명으로 명문화했다.[9] 이로써 유라시아주의적 세계관은 러시아의 국가 정체성과 외교 전략을 포괄하는 제도적 틀에 공식 반영되었으며, 러시아가 지향하는 다극질서 비전의 이념적 기반으로 자리 잡았다.

다극화를 향한 길

푸틴 대통령은 우크라이나 침공을 단순히 나토 가입을 저지하는 차원을 넘어, 러시아의 전통적 권위를 재확립하고 미국 주도의 자유주의 국제질서에 정면으로 도전하는 전략적 행위로 규정해 왔다.[10] 다수의 공식 연설과 성명에서 푸틴은 우크라이나 전쟁이 미국 중심 일극체제의 종말과 자유주의 국제질서의 불가피한 붕괴를 상징한다고 주장했다. 나아가 다극적 세계 질서의 도래를 역설하고, 더 이상 미국이 국제 규칙을 일방적으로 설정할 수 없는 새로운 질서를 구축하겠다는 의지를 분명히 드러냈다.[11]

03 ● 정글의 귀환

우크라이나 전쟁과 대만해협의 긴장은 겉으로는 지역 분쟁의 성격을 띠지만, 그 이면에는 러시아와 중국이 공유하는 보다 근본적인 전략 목표가 자리한다. 양국의 궁극적 목표는 세계 질서를 다극체제로 전환하고 각자의 지역 패권을 확립하는 데 있다. 이를 위해서는 미국의 일극 패권을 해체하는 것이 선행될 수밖에 없다.

탈냉전기 미국의 세계패권은 자유주의라는 보편적 규범과 제도에 기반해 정당성을 확보했다.[12] 이에 대응해 중국과 러시아도 자국의 지역 지배를 정당화하기 위한 나름의 사상적 기반을 제시하고 있다. 이러한 시도는 양국 내부에서는 민족주의적 정서와 결합해 상당한 설득력을 얻지만, 주변 국가들을 설득하는 데에는 뚜렷한 한계가 있다. 누가 뭐라고 해도 중국과 러시아가 주창하는 것은 근대 이전의 위계적 질서를 현대 국제사회에서 복원하려는 시도로 볼 수 있기 때문이다.

두 대국의 역사적 종속국들 가운데 상당수는 현대에 들어 과거 제국의 영향권에서 벗어나기 위해 꾸준히 노력해 왔다. 냉전 이후에는 자유주의 국제질서를 활용해 과거보다 훨씬 폭넓은 전략적 자율성을 실제로 확보하는 데도 성공하였다. 따라서 중국과 러시아가 추구하는 제국적 위계 복원은, 설령 미국의 개입이 없더라도 만만치 않은 과제로 남아 있다.[13]

미주

1 불과 4년 전인 1989년에 천안문 사태가 발발했다.
2 이러한 맥락에서, 유교의 근간을 이룬 공자의 정명(正名) 이론은 시사하는 바가 크다. '군군신신부부자자(君君臣臣父父子子)'의 원칙은 각자가 본연의 역할을 충실히 수행해야 함을 강조한다. 정명의 핵심은 군주가 그 지위에 걸맞게 덕(德)과 예(禮)를 갖추어 다스려야 할 의무가 있다는 것이다. 그러나 유교 철학 전반은 이 원리를 사회 구성원 모두에게 확대 적용하여, 각자가 자신의 타고난 역할과 의무를 충실히 이행함으로써 조화와 질서가 실현되어야 한다고 주장한다.
3 중국공산당과 중국 인민에게 있어 '백 년 굴욕의 극복'과 '중화민족의 위대한 부흥'은 단순한 경제 발전을 넘어서는, 보다 근본적인 국가 목표로 인식된다. 이 역사적 사명은 중국의 집단적 기억과 국가 의식 깊숙이 뿌리내려 있으며, 국내 정책은 물론 대외적으로도 보다 공세적인 전략을 추진하는 원동력으로 작용한다. 경제 성장은 물론 중요하지만, 중국에게 있어 보다 더욱 우선적인 과제는 국제사회에서 자국의 '정당한 자리'를 회복하는 것이다. 이러한 국가 정서와 관련해 피터 헤이즈 그리스는 역사적 불만에 뿌리를 둔 민족주의가 현대 중국의 정치적·사회적 목표 형성에 중심적 역할을 한다고 지적한다. Peter Hays Gries' China's New Nationalism: Pride, Politics, and Diplomacy (University of California Press, 2004) 참조.
4 유희복, 「국제질서의 다면성과 '자유주의 국제질서'의 미래: 중국의 시각을 예로」, 『아태연구』 제4호 (2018), 129-169쪽, 특히 153-154쪽 등을 참고.
5 그러나 이러한 유교적 위계 구분은 몇 가지 근본적인 문제를 제기한다. 천하질서가 표면적으로는 '권위'에 기반한 질서로 보일 수 있으나, 그 내면에는 여전히 '권력'에 기초한 위계가 내재되어 있다. 따라서 천하질서는 서구 패권 체제에 대한 대안적 모델이라기보다는, 또 다른 형태의 위계적 국제질서에 불과하다는 비판을 피하기 어렵다. 특히 서구의 권력 위계가 물질적 역량의 차이에 따라 자생적이고 묵시적이며 유동적으로 형성되는 반면, 중국 중심의 천하질서는 중국을 무조건 절대적 상위에 위치시킨다. 이는 국제사회에 규범적 계급화를 고착시키는 결과로 귀결될 위험을 내포한다.
6 러시아는 나토의 동진(東進)을 서방의 치밀한 전략과 선전의 결과로 인식한다. 유럽이 오랫동안 러시아를 지정학적 위협으로 보아온 것처럼, 러시아 역시 유럽과 서방 전체를 실존적 위협으로 간주해왔다. 나폴레옹과 히틀러의 침공, 그리고 미국과의 50년에 걸친 냉전까지—러시아의 전략적 세계관은 서방과의 반복된 충돌 속에서 형성된 것이다. 이러한 관점에서, 탈냉전기의 나토 확장은 러시아 입장에서 우려할 만한 사안이었다. 1999년 체코, 폴란드, 헝가리의 가입에 이어, 2004년에는 불가리아, 루마니아, 슬로바키아, 그리고 러시아와 국경을 맞댄 발트 3국(리투아니아, 라트비아, 에스토니아)까지 나토에 합류했다. 이는 단순한 전략적 후퇴를 넘어, 러시아로서는 전통적 영향권의 침식과 전략적 완충지대의 상실을 의미했다. 존 미어샤이머는 오래전부터 나토의 확장, 특히 우크라이나의 가입 시도가 전면적 러시아 침공을 촉발할 수 있다고 경고해왔다. 영국 외교정책 전문가 팀 마샬도 『지리의 죄수(Prisoners of Geography)』에서 우크라이나의 나토 가입 시도는 전쟁으로 이어질 수밖에 없다고 전망한 바 있다. 그는 실존적 위협에 직면한 강대국은 결국 무력에 의존할 수밖에 없음을 지적했다. 그러나 나토에 가입한 옛 소련의 위성국과 공화국들은, 한결 같이 그 선택이 러시아의 세력권에서 벗어나려는 자주적 결정이었음을 강조한다. 따라서 러시아가 유라시아에서 지배적 강대국의 지위를 회복하고자 한다면, 왜 과거의 위성국과 공화국들이 인접 초강대국의 반발과 위협을 무릅쓰면서까지 서방과의 연대를 택했는지를 먼저 성찰할 필요가 있을 것이다.
7 '유라시아(Eurasia)' 개념은 종종 할포드 매킨더에게서 기원하는데, 그는 유럽과 아시아를 하나의 연결된 대륙으로 '유로-아시아(Euro-Asia)'라 명명했다. (김동기, 『지정학의 힘: 시파워와 랜드파워의 세계사』, 아카넷, 2020, 46쪽) 그러나 지정학적 개념으로서 '유라시아'는 단순한 지리적 범위를 넘어 정치적·사회적으로 정의된 지역이며, 학자마다 해석이 다양하다. 가장 넓은 지리적 정의에 따르면, 유라시아는 동북아시아뿐만 아니라 동남아시아와 남아시아까지 포함한다. 반면, 지정학 담론에서는 '유라시아'를 러시아, 중앙아시아, 남서아시아, 동유럽 등 과거 소련권과 역사적으로 연관된 지역들로 더 좁게 정의하는 경우가 많다. (참고: 브리태니커의 'Eurasia' 정의)
8 Article by Vladimir Putin, "On the Historical Unity of Russians and Ukrainians," Official

website of Kremlin (last visited on March 25, 2025).

9   "The Concept of the Foreign Policy of the Russian Federation," Decree of the President of the Russian Federation, No. 229, March 31, 2023.

10 크림반도 상실 이후, 우크라이나 내부에서는 반러 정서와 러시아의 추가 공격에 대한 두려움이 급격히 고조되었고, 나토 가입은 국가적 과제로 부상했다. 2019년 2월 우크라이나는 헌법을 개정해 나토와 유럽연합 가입 추진을 국가적 의무로 명시했다. 같은 해 친서방 성향의 볼로디미르 젤렌스키가 대통령에 당선되자, 러시아의 불안은 커졌다. 젤렌스키 정부가 나토 가입 문제를 본격적으로 논의하자 러시아는 전면전을 대비하기 시작했으며, 미국과 서유럽은 상황을 예의주시했다. 2022년 2월, 에마뉘엘 마크롱 프랑스 대통령이 푸틴과 회담을 위해 크렘린을 방문했고, 나토와 미국은 러시아를 안심시키기 위한 성명을 연이어 발표했다. 같은 달 젤렌스키 대통령도 나토 가입 가능성이 점차 희박해지고 있음을 시사했다. 로이터 통신 보도에 따르면 당시 우크라이나는 나토 가입 포기를 포함한 서면 합의서를 러시아와 협상 중이기도 했다(러시아는 이를 부인했다). 따라서 만약 러시아 침공의 주된 목적이 단순히 나토 확장을 저지하는 것이었다면, 이미 가입 가능성이 낮아진 상황에서 전면전을 감행한 결정을 설명하기 어렵다. 또한 미국 정보기관 보고서를 인용한 워싱턴포스트 보도에 따르면, 러시아는 최소한 2021년 10월 이전에 이미 확정적인 침공 계획을 마련한 상태였다. 이러한 정황을 종합하면, 우크라이나의 나토 가입 열망이 러시아 침공을 촉발한 여러 요인 중 하나였을 수는 있으나, 2022년 2월 전면 침공의 결정적 이유였다고 보기는 어려워 보인다.

11 블라디미르 푸틴 러시아 대통령은 2022년 한 해 동안에만도 상트페테르부르크 국제경제포럼(6월), 모스크바 국제안보회의(8월) 등 주요 국제무대에서 미국 주도의 일극체제가 종말을 맞고 있다고 반복적으로 주장했다. 그는 러시아가 동맹들과 함께 다극체제 구축에 주도적 역할을 할 것임을 분명히 밝혔다. 이러한 발언은 2023년에도 이어졌으며, 특히 8월 아프리카 정상들과의 회담에서 푸틴은 다시 한번 미국의 일극 지배를 해체하고 다극적 국제질서를 수립해야 한다는 필요성을 강조했다. 이후에도 그는 다양한 연설과 외교적 접촉을 통해 같은 메시지를 지속적으로 전달하고 있다.

12 물론 자유주의 국제질서 아래에서도 묵시적 위계는 존재했다. 그 위계의 정상에 사실상 미국이 존재했던 것도 사실이다. 그러나 자유주의 사상을 주창하는 한, 미국은 명백한 계급 기반 위계질서를 공개적으로 내세울 수 없었다.

13 국가의 규모와 관계없이, 모든 국가는 자주성을 추구한다. 안보와 번영이 안정적으로 보장된 환경에서는 더 큰 전략적 자율성을 요구하는 것이 자연스러운 흐름이다. 그러나 국제 질서가 '정글의 시대'로 회귀하면서 국가의 기본적인 생존과 안보가 위협받는 상황에서는, 중국과 러시아가 제시하는 위계적 질서조차 많은 국가들에게 현실적인 대안으로 인식될 수 있다. 역사적으로도 수많은 국가들이 안보 보장이나 경제적 지원을 대가로 주권의 일부 혹은 전부를 포기해 온 사례는 적지 않다.

PART 12

일극 패권의 쇠퇴와
다극체제의 부상

우리는 세상이 점차 하나로 통합되고 있으며,
거리의 장벽이 허물어지고 사상이 허공을 통해 전파되면서
형제애 넘치는 공동체로 성장할 것이란 이야기를 듣고 있습니다.
아아, 그런 말 따위는 믿지 마십시오.

Мы уверяемся, что мир всё более и более объединяется,
образуя братское общение, благодаря сокращению расстояний,
передаче мыслей через воздух.
Увы, не верьте в такое единение людей.

표도르 도스토옙스키(Fyodor Dostoevsky), 카라마조프가의 형제들 중에서

미국의 세계 패권이 쇠퇴하는 현 상황은 크게 세 가지 요인으로 설명할 수 있다. 이들 요인은 독립적이면서도 상호 긴밀히 연결되어 있다.

첫째는 미국의 상대적 국력 약화다. 냉전 종식 이후 유지돼 온 일극체제의 경성적 구조기반이 흔들리게 된 것이다. 중국이나 러시아 등의 현상변경 세력들은 이를 역사적 기회로 간주하고 미국 중심 질서를 자신들에게 유리한 전통적 다극체제로 전환하려는 움직임을 본격화했다. 미국의 경제·군사력은 여전히 압도적이지만, 신흥 강대국들의 급속한 부상으로 격차는 빠르게 좁혀지고 있다.

둘째, 미국 사회 내부의 인식 변화다. 자유주의 국제질서 유지를 위한 막대한 비용과 부담이 분명해지면서, 패권 유지에 대한 피로감과 회의론이 확산되었다. 그 결과 국제질서 유지를 위한 희생과 책임을 감수하려는 대중적 지지 기반이 약화되었고, 이는 곧 미국의 대외정책과 글로벌 영향력 행사에 제약으로 작용하고 있다.

셋째는 미국 패권의 정당성 약화다. 과거 미국의 리더십은 자유주의 국제질서의 규범적 매력과 미국식 가치에 대한 국제적 합의에 의해 뒷받침되었다. 그러나 이러한 이념적 기반이 흔들리면서 미국의 리더십을 지탱하던 국제적 공감대도 약화되고 있다.

이처럼 미국의 패권은 외부의 도전뿐 아니라 내부적 인식 변화와 정당성 위기가 동시에 작용하면서, 다차원적으로 약화되는 복합적 국면에 직면해 있다.

쇠퇴하는 미국의 패권

탈냉전기 미국은 국제적 합의를 이끌어내는 데 독보적인 역할을 수행할 수 있었다. 미국의 강력한 리더십 아래 자유무역 촉진, 평화 유지, 대량살상무기 확산방지, 인권 증진 등을 위한 국제 협력이 활발하게 전개되었다. 지적재산권 보호, 인터넷 거버넌스, 사이버 안보와 같은 신흥 분야에서도 미국을 중심으로 한 글로벌 협력이 추진되었다. 이처럼 범세계적인 합의 조정 능력은 미국 패권의 가장 두드러진 특징 중 하나였다.

그러나 최근 들어 미국의 지도력과 영향력은 뚜렷하게 쇠퇴하고 있다. 이를 보여주는 대표적 징후는 바로 유엔 안보리의 사실상 기능 마비이다. 미국과 소련의 대립으로 뚜렷한 성과를 거둬내지 못했던 냉전기와는 달리, 탈냉전기 안보리는 다양한 안보 분야에서 활발한 역할을 수행하며 새로운 활력을 얻었다. 이 시기에는 미국이 주도한 결의안이 자국의 이해를 침해하더라도, 중국과 러시아조차 거부권 행사를 자제하는 경우가 많았다.[1] 이는 미국이 다자체제 속에서도 자신의 의지를 관철할 수 있었음을 보여주는 대표적 사례였다.

그러나 2022년 러시아의 우크라이나 침공으로 미·중·러 간 전략적 긴장이 극도로 고조되면서 유엔 안보리는 다시금 심각한 기능 마비 상태에 빠졌다. 오늘날 러시아와 중국은 미국이 주도하는 주요 현안에 거부권을 행사하거나 실질적인 협력을 거부하고 있으며, 안보리는 북한 핵 문제나 우크라이나 전쟁과 같은 중대한 국제 현안에 대해 실질적인 결정을 내리지 못하고 있다. 이는 미국이 더 이상 패권적 지위를 유지하지 못하는 현실을 여실히 보여주는 변화이자, 국제사회의 세력구도가 근본적으로 재편되고 있음을 시사하는 징후라 할 수 있다.

글로벌 전략 경쟁

미국의 힘이 약화되었다고 해서 자유주의 국제질서의 기반이 자동으로 흔들린 것은 아니다. 만약 미국의 상대적 쇠퇴기에 이를 대체할 강력한 국가가 등장하지 않았다면, 변화는 단순한 힘의 비중 조정에 그쳤을 것이다. 그러나 현실은 달랐다. 자유주의 국제질서의 핵심 토대였던 일극체제는 중국의 초고속 부상으로 근본적 균열을 맞았다. 미국과 어깨를 나란히 하는 G2로 부상한 중국은, 기존 질서의 안정성을 흔들며 새로운 국제 경쟁 구도의 중심으로 떠올랐다.

양국 간 전략 경쟁은 2017년 트럼프 1기 행정부의 무역 분쟁으로 공식화되었다. 초기에는 고질적인 대중 무역 적자에 대한 미국의 반발 정도로 여겨졌고, 미국이 WTO 분쟁해결절차를 사실상 마비시킨 것도 기존 불만의 연장선에서 해석됐다.[2] 그러나 이어진 바이든 행정부 역시 대중 강경 기조를 이어가면서, 무역 갈등이 단기적 현상이 아닌 양국 간 패권 경쟁의 서막임이 분명해졌다.

지난 수십 년간 미국은 세계 최대의 무역대국이자 첨단 기술·제조·서비스 분야의 압도적 강자로 군림하며, 자유무역주의를 국제질서의 핵심 가치로 확산시켰다. 그러나 중국의 WTO 가입 이후, 미국 제조업의 쇠퇴와 더불어 대중 무역적자의 급증이 이어졌다. 2001년 830억 달러였던 대중 적자는 2018년 4,182억 달러로 치솟았다. 동시에 중국의 국가 주도형 경제 전략, 보조금 지급, 기술 이전 요구는 끊임없는 '불공정 경쟁' 논란을 야기했다.

갈등은 곧 무역을 넘어 첨단 기술 영역으로 확산되었다. 2018년 미국의 화웨이 제재는 본격적인 기술 냉전의 신호탄이었다. 미국은 안보 위협을 이유로 제재를 정당화했지만, 중국은 이를 자국의 기술 발전을 억제하려는 시도로 간주했다. 이후 인공지능, 반도체, 로봇공학 등 핵심 기술 분야에서 양국은 정면 충돌했으며, 미국은 공급망 재편과 경제 동맹 강화를 통해 중국을 견제했다.

그러나 중국은 굴복하지 않았다.[3] 중국의 연구개발[R&D] 투자는 2000년 331억 달러에서 2022년 7,000억 달러 이상으로 폭증했으며, 첨단 제품이 수출의 40% 가까이를 차지하게 된 상황에서, 미국의 제재와 견제는 오히려 중국의 기술 자립을 촉진하는 역효과를 낳았다. 오늘날 중국은 전기차, 배터리, 로봇 등 미래 산업 분야에서 두각을 나타내고 있으며, 극초음속 미사일과 첨단 드론 등과 같은 군사 기술에서도 미국을 위협하는 수준으로 성장했다.

미국의 절대적 우위가 약화되고 중국이 새로운 중심축으로 떠오르면서, 중견국들은 보다 큰 전략적 자율성을 추구하기 시작했다. 특히 중국은 내정 불간섭 원칙을 강조하며 권위주의 국가들에게 매력적인 파트너로 부상했다.

현재 러시아나 브라질과 같은 브릭스BRICS 국가들은 중국과 함께 탈달러화와 미국 중심 금융 질서에 대응하기 위한 대안 체제 구축을 모색하고 있다. 미국과 전략적 파트너 관계를 유지하던 나라들도 예외는 아니다. 미국과의 인권 문제 갈등 속에서, 한때 페트로달러 체제의 핵심이던 사우디아라비아는 중국과의 전략적 협력을 강화하고 있으며, 바이든 행정부 때까지만 해도 미국의 대중국 전략에 적극 동조했던 인도는 트럼프 2기 행정부의 관세정책에 반발해 중국과의 관계 개선에 나섬으로써 등거리 외교를 강화하고 나섰다.

이와 같은 일련의 변화는 미국 패권의 느리지만 꾸준한 약화를 확인시켜준다. 미국은 여전히 막강한 영향력을 행사하지만, 중국의 급격한 부상은 국제사회의 세력구도를 근본적으로 재편하고 있다. 세계는 이제 미국의 일방적 패권이 아닌, 전략적 유동성과 복잡한 다극 경쟁이 공존하는 새로운 유형의 국제 경쟁 시대로 점차 진입하고 있다.

패권에 대한 미국의 의욕 상실

일극 패권의 점진적 쇠퇴는 단순히 중국과 같은 외부 세력의 부상 때문만이 아니라, 미국 내부의 구조적·정치적 변화에서도 비롯된다. 만약 미국이 자유주의 국제질서를 유지할 부담을 계속해서 감당할 의지를 지녔다면, 패권적 지위를 더 오래 유지할 수 있었을 것이다. 그러나 미국인과 미국 사회는 전 세계적 책임을 짊어지는 데 피로감을 드러낸 지 오래다. 2025년 마르코 루비오 국무장관이 "세계에 일극적 초강대국이 존재하는 것은 비정상"이라고 언급한 것은, 다극체제로의 전환을 미국 내부에서도 받아들이기 시작했음을 보여준다.

냉전 이후의 일극적 시기는 인류 역사상 매우 예외적인, 최초이자 유일한 현상이었다. '팍스 아메리카나'는 미국이 의도적으로 설계한 프로젝트라기보다, 소련 붕괴와 경쟁자 부재라는 특수한 환경 속에서 자연스럽게 형성된 질서였다. 미국의 세계패권이 절정에 달했을 때조차 많은 국제관계 학자들은 그것이 영구적일 수 없는, 특정 조건의 산물임을 인식하고 있었다.

테러와의 전쟁으로 시작된 장장 20년에 걸친 해외 군사 개입이 막대한 비용과 인명 피해에도 불구하고 실패로 귀결되면서, 패권 유지에 대한 미국 대중의 지지도는 급락했다. 경제적 기반의 약화는 이러한 흐름을 더욱 가속화했다. "곳간에서 인심 난다"는 속담은 국제정치에도 적용된다. 경제적 풍요는 관대한 리더십의 기반이 된다. 미국의 경제적 우위가 점차 약화되면서, 자유주의 국제질서를 유지하는 데 소모되는 비용을 부담하려는 미국인의 의지도 약해질 수밖에 없었다. 특히 제조업 쇠퇴와 불평등 심화로 노동자 계층의 불만이 증폭된 상황은 결국 2016년과 2024년 도널드 트럼프의 당선을 가능케 한 정치적 격변으로 이어졌다.

트럼프가 주창한, "미국을 다시 위대하게 만들자(Make America Great Again, MAGA)"는 운동은 이러한 정치적 재편을 상징한다. MAGA는 세계화, 자유무역, 개방된 국경, 다자주의에 대한 반발로 출발했으며, 경제적 민족주의, 기술·군사적 우위 확보, 동맹국의 안보 무임승차 종식 등을 핵심 목표로 내세운다. 이 운동의 영향으로 미국 보수 정치의 기조는 단순한 반세계화에서 벗어나, 국익 중심 외교를 지향하는 강력한 흐름으로 자리매김하게 되었다.

그 결과 오늘날의 미국은 과거 자신이 주도하던 다자체제에서 점차 발을 빼고 있다. 역내 질서 안정과 유지를 최우선으로 삼는 패권 국가의 논리와, 자국의 국익 극대화를 목표로 하는 일반 강대국의 논리는 본질적으로 상이하다. 변화하는 미국인의 가치관과 사고관 속에서 국제기구와 같은 다자체제는 부담으로 간주되고, 양자 협상과 일방주의적 외교가 매력적인 대안으로 부상하고 있다. 고립주의를 명시적으로 주장하지 않더라도, 제한적 대외정책에 대한 압력은 점점 커지고 있다.

향후 미국 외교가 트럼프 2기식 거래 중심 모델로 굳어질지, 다자주의로의 복귀가 가능할지는 불확실하다. 다만 미국이 자유주의 패권국으로서 국제질서를 적극적으로 관리하던 탈냉전기가 저물었다는 사실만큼은 분명하다. 앞으로의 미국은 국제질서의 수호자라기보다, 국익 중심의 현실주의적 최강대국으로 자리매김할 가능성이 크다.

자유주의 패권의 정당성 위기

현상변경 세력의 도진은 현실정치적 문제를 넘어 국제질서의 정당성 문제와도 직결된다. 패권이란 궁극적으로 관계의 문제이므로, 힘만으로는 유지될 수 없다. 국제사회가 자발적으로 인정하는 권위와 정당성이 필요하다. 미국은 두 차례의 세계대전 승리, 전후 재건 주도, 냉전에서의 승리 등을 통해 세계패권국으로서의 권위와 정당성을 확보했다. 압도적인 경제력과 군사력을 바탕으로 자유주의적 가치와 제도를 국제질서에 깊이 심어 넣었고, 동시에 자유주의 국제질서를 통해 참여국에 실질적 인센티브를 제공해 왔다. 이것은 미국 스스로가 현대성과 진보의 상징으로 자리매김하려는 전

략적 선택의 결과였다. 이는 다시 미국식 세계패권의 도덕적·이념적 매력으로 작용했다.[4]

거기에 탈냉전기 약 30년간 이어진 자유주의 국제질서는 세계 시민주의적 이상을 널리 전파했다. 이러한 이념적 확산은 세계 각지의 종교·민족주의적 전통과 충돌하며 저항과 마찰을 불러오기도 했다. 그럼에도 자유주의적 이상은 분명한 성과를 거두었다. 수많은 국가에서 시민들은 정치적 자유와 민주주의를 요구하기 시작했고, 이는 미국이 주도하는 국제질서와의 연대를 강화하는 기반이 되었다. 이처럼 미국의 패권은 물질적 역량을 통한 권위뿐 아니라, 이념적 매력에서도 정당성을 얻어왔다.

그러나 오늘날에는 이 정당성의 기반마저 흔들리고 있다.

한때는 일극체제가 해체되더라도 미국은 여전히 자유주의 국제질서의 수호자로 남을 것이며, 중국과 러시아 역시 공격적 민족주의를 자제할 것이라는 낙관적 가정이 존재했다. 그러나 이 두 가지 전제는 모두 무너졌다. 중국과 러시아는 민족주의적 노선을 더욱 강화하고 있으며, 미국조차 '미국 우선주의'를 앞세우며 그동안 자유주의 패권국으로서 보여온 질서 수호 및 글로벌 공공재 제공 등의 노력에서 급격히 이탈하고 있다.

트럼프 2기 행정부 출범 이후, 미국 대외정책의 근본적 전환을 상징하는 조치들은 셀 수 없을 정도로 많다.[5] 이제 미국은 국제질서의 수호자가 아니라, 여러 강대국 중 하나로 스스로를 재정의하고 있다. 패권국이 아닌 최강대국으로서 행세하기 시작한 미국의 대외전략은 장기적 시스템 관리보다는 보호주의, 배타적 산업정책, 양자 거래 등 단기·중기 국가 이익을 우선시하는 방향으로 빠르게 전환되고 있다. 미국 패권의 국제적 정당성이 급격히 훼손되는 것은 필연적인 결과였다.

2025년 뮌헨 안보회의에서 싱가포르의 응잉헨 국방장관이 "미국은 더 이상 도덕적 정당성의 원천이 아니라, 임대료를 요구하는 냉정한 집주인"이라고 표현한 것은 이러한 변화의 상징적 단면을 보여준다.

자유주의 국제주의의 이념적 매력 약화

한편 정치적 양극화, 심화되는 이념 갈등, 정체성 정치의 급부상이 서구 민주사회를 심각하게 분열시키면서, 민주적 거버넌스의 구조적 취약성을 여실히 드러내고 있다. 자유민주주의 사회 내부에 득세하는 부족주의와 포퓰리즘은 자유민주주의가 본질적으로 우월하거나 안정적이라는 기존의 가정에 근본적인 의문을 제기하고 있다. 민주주의 사회에서 노출된 체제적 취약성은 미국 리더십의 도덕적·규범적 정당성을 가장 근본적인 이념 기반부터 약화시킬 뿐만 아니라, 자유주의 국제질서 그 자체에 대한 국제사회의 회의적 시각을 심화시키고 있다.

조 바이든 대통령은 2021년 '민주주의 정상회의'를 시작으로 자유민주주의 국가들 간의 국제적 연대를 모색했지만, 권위주의의 확산을 억제하거나 자유주의의 도덕적 리더십을 회복하는 데 뚜렷한 성과를 거두지 못한 채 트럼프 2기 행정부를 맞이하게 되었다. 국제 비영리 연구기관인 프리덤 하우스Freedom House의 평가에 따르면, 오늘날 세계에서 정치적 권리와 시민적 자유는 오히려 후퇴하고 있다.[6] 반면 권위주의 체제들은 오히려 자신들의 거버넌스 모델을 자유민주주의보다 효율적이고 안정적인 대안으로 내세우고 있다. 민주주의 체제의 보편적 매력이 약화된 것이다.

소결

미국이 주도해온 일극적 질서는 분명히 저물고 있다. 군사력, 경제력, 기술력 측면에서 미국은 여전히 강력한 국가이지만, 압도적 패권국으로서의 지위는 심각하게 훼손된 상태다. 아직 국제사회에 다극체제가 확실하게 자리 잡은 것은 아니지만, 미국 중심의 세계관만으로는 오늘날의 국제질서를 설명하기가 점점 어려워지고 있다. 세계는 미국이 구축해온 안정적인 패권 질서에서 벗어나 불확실하고 경쟁적인 새로운 질서로 이행하고 있으며, 미국의 리더십 또한 더 이상 당연하게 받아들여지지 않고 있다.

미주

1 1980년대 중반, 냉전의 흐름이 미국 쪽으로 기울기 시작한 시점부터 1991년 냉전 종식 시점까지, 중국과 러시아는 유엔 안보리에서 거부권 사용을 자제했다. 이후 1992년부터 2008년 금융위기 이전까지의 17년 동안, 미국은 총 13차례 거부권을 행사한 반면, 중국과 러시아는 두 나라를 합쳐 단 7차례만 거부권을 행사했다. 그러나 2008년 금융위기를 기점으로 지정학적 역학이 서서히 변화하기 시작했다. 2009년부터 2016년까지 중국과 러시아는 총 11차례 거부권을 행사했으며, 이 시기에도 리비아 내전 등 미국의 핵심 전략과의 직접적인 충돌은 의도적으로 회피하는 모습을 보였다. 명확한 전환점은 2017년부터 2022년까지의 기간이다. 이 6년 동안 두 국가는 총 17차례 거부권을 행사했으며, 특히 2020~2022년 사이에는 단 2년 동안 7건의 거부권을 행사하며 미국의 국제적 지도력에 본격적으로 도전하는 태도를 드러냈다.

2 미국은 오랫동안 자유무역과 WTO 체제를 지지해 왔지만, 그 이면에는 언제나 구조적 긴장이 잠재되어 있었다. 자유무역은 대공황과 냉전의 교훈을 바탕으로 형성된 국제적 합의이며, 미국 패권의 핵심 기둥으로 기능해 왔다. 그러나 구조적으로 순수입국(net-importer)인 미국은 자국 산업 보호를 위해 반덤핑, 상계관세, 세이프가드 같은 무역 구제 수단과 자발적 수출제한(voluntary export restraint, VER) 등의 양자적 조치를 적극 활용해 왔다. 하지만 WTO 출범 이후 이러한 보호무역 수단은 크게 제한되었고, 특히 VER는 전면 금지되었다. 시간이 흐르면서 미국 제조업의 쇠퇴와 '러스트 벨트'의 붕괴는 심각한 정치·사회적 문제로 부상했고, 이에 따라 미국은 무역구제 조치의 활용을 늘려갔다. 그러나 WTO 분쟁에서 반복적으로 패소하면서 WTO 체제에 대한 국내 신뢰는 점차 약화되었고, 여기에 중국의 급속한 산업 성장과 미국 내 제조 기반의 침식이 겹치면서 불만은 결국 임계점에 도달했다.

3 2013년 시진핑 주석은 '혁신'을 국가 전략 목표로 제시했고, 2015년에는 「중국제조 2025」 전략을 통해 10대 핵심산업의 자립화를 선언한 바 있었다.

4 중국이 미국을 온전히 대체하기 어려운 근본적인 이유는 바로 여기에 있다. 지난 시대 미국 패권의 핵심은 단순한 힘의 우위가 아니라, 법치와 다자주의에 기반한 규범적 틀에 있었다. 이러한 제도화된 질서는 미국의 국제적 리더십에 강력한 정당성을 부여했으며, 단순한 강압이나 경제력만으로는 그 역할을 대체할 수 없다. 중국이 진정한 글로벌 리더로 부상하기 위해서는, 전 세계적으로 폭넓은 동의를 얻을 수 있는 매력적인 가치, 보편적 규범, 그리고 효율적인 제도를 명확히 제시하고 이를 국제사회에 확산시킬 수 있어야 한다. 그러나 중화주의에 뿌리를 둔 내향적 세계관은 이러한 과제를 수행하는 데 있어 구조적인 제약으로 작용하고 있다.

5 예컨대 트럼프 행정부는 좌파 이념의 확산과 방만한 예산 운용을 이유로, 1961년 설립 이후 100여 개국에서 민주주의와 인권을 지원하고 최근까지도 전 세계 약 7,900만 명의 빈곤층에게 식량·보건 등 인도적 지원을 제공해온 미국 국제개발처(USAID)의 해체 작업에 착수했다. 수십 년간 '미국의 소리(VOA)', '자유아시아방송(RFA)', '자유유럽방송(RFE)' 등을 통해 북한·이란·아프가니스탄 등 권위주의 국가의 내부 실상을 국제사회에 알리고 자유민주주의적 가치를 전파해온 미 연방 글로벌 미디어국(USAGM) 역시 구조조정 대상이 되었다. 국제형사재판소(ICC)가 네타냐후 이스라엘 총리에 대해 전쟁범죄 혐의로 체포영장을 발부하자, 미국은 재판소에 대한 강도 높은 제재를 단행하기도 했다(바이든 행정부 역시 국제형사재판소의 수사에 비판적 입장을 취했으나, 재판소 자체를 제재하는 조치에는 이르진 않았었다). 특히 미국을 상대로 무역흑자를 기록한 거의 모든 국가를 대상으로, WTO 체제의 핵심 원칙인 보편적 관세양허와 최혜국대우에 위배되는 고율의 '상호관세'를 부과함으로써, 자유무역질서를 지탱해온 다자무역체제의 근간을 송두리째 뒤흔들었다.

6 Freedom House, "Freedom in the World 2024: The Mounting Damage of Flawed Elections and Armed Conflict" (February 29, 2024)를 참고.

PART
13

패권국이 없는
세계

변화하는 환경 속에서
생존하고 번성할 가능성이 높은 것은
새로운 조건에 가장 잘 적응한 개체들이다.

When environmental changes occur,
individuals that are best adapted to the
new conditions are more likely to survive and thrive.

찰스 다윈(Charles Darwin) 『종의 기원』 제4장 "자연선택"에서 발췌 및 각색

한때는 미국의 일극 패권이 해체되더라도, 그 위에 구축된 자유주의 국제 질서만큼은 유지될 것이라는 믿음이 있었다. 전통적인 패권 구조 대신 권력이 균등하게 분산된 글로벌 체제, 즉 어느 한 국가도 패권을 독점하지 않는 '무극화non-polar' 혹은 '다결화poly-nodal'의 세계가 열릴 것이라는 낙관적 전망도 제기되었다.[1] 그러나 오늘날 우리가 목도하는 현실은 협력에 기반한 다자체제보다는, 전략적 경쟁과 제로섬 구도가 짙게 드리운 전통적 다극체제의 귀환에 더 가깝다.

중국과 러시아 같은 대표적 현상변경 세력은 공격적 민족주의를 날로 강화하고 있으며, 기존 패권국인 미국조차 자신이 수호해온 자유주의적 가치에 회의적인 태도를 보이고 있다. 그 결과 민족주의, 나아가 국가주의statism의 확산은 단순한 지역적 현상을 넘어 세계적인 조류로 자리 잡아가고 있다.

01 미국
: 패권국에서 최강대국으로

 자유주의 국제질서의 쇠퇴는 곧 민족주의의 범세계적 부상으로 이어지고 있다. 세계 각국은 앞다투어 자국의 정체성과 이익을 앞세우는 모습을 보이고 있다. 민족주의적 성향의 확산은 다가올 시대의 성격을 결정짓는 핵심 요인으로 작용할 가능성이 크다.

 이 변화의 중심에는 미국이 있다. 도널드 트럼프의 2016년 대통령 당선은 일시적 변칙으로 치부되었지만, 그의 2025년 재집권은 미국 정치가 근본적으로 변하고 있음을 확인시켜주었다. 그의 재집권은 단순한 정권 교체가 아니라, 탈냉전기에 미국이 세계와 맺어온 관계가 구조적 전환에 돌입하였음을 의미한다.

 미국 패권의 퇴조는 국제질서를 새로운 불확실성의 시대로 끌어들였다. 단일 패권국이 존재하지 않는 세계에서 다른 강대국들이 어떤 길을 택할지는, 역설적으로 남은 21세기에 미국이 스스로의 역할을 어떻게 재정의하느냐에 달려 있다.

패권의 공백

미국의 영향력이 약화되면서 발생한 패권의 공백은 잠재적 지역 패권국이 탄생할 수 있는 토양이 될 것이다. 오랜 세월에 걸쳐 자기 지역의 맹주를 자처해온 강대국들은, 이제 자국의 전통적 세력권 내에서 지배력을 되찾기 위한 준비를 하고 있다. 러시아는 유라시아에서, 중국은 동아시아에서, 인도는 인도양에서 영향력을 확장하고 있다. 중동에서는 터키와 이란이 지역 패권을 차지하기 위해 노력하고 있다. 한때 지구 전체를 포괄하던 세력권으로부터의 후퇴를 개시한 트럼프의 미국 역시 서반구와 미주대륙에서의 지역 패권을 공고히 하기 위한 작업에 들어갔다.

새로운 시대에도 지역 패권을 다툴 수 있는 후보들은 하나 같이 지리적 우위를 확보한 국가들이다. 그만큼 지리는 지정학 권력의 근본적 결정 요소로 남아 있다. 13세기의 라틴 제국이나 17세기 네덜란드 공화국처럼 역사적 우연을 통해 잠시 부상했다가 사라진 시대적 강대국과 달리, 지리적 우위를 점한 국가들은 수세기에 걸친 지정학적 우위를 꾸준히 누려왔다. 러시아는 동유럽에서 극동까지를 이우르는 광대한 '심장지대'를 장악한 이래 유라시아 지역의 지배 세력으로 군림해왔고, 통일된 중국은 동아시아의 패권국 역할을 되풀이해왔다. 인도는 인도양 전역에 걸쳐 영향력을 투사할 수 있는 영속적 위치를 차지하고 있으며, 중동에서는 터키와 이란이 지역 맹주를 노릴 잠재력을 갖추고 있다. 완벽한 지리적 차폐와 압도적 천연자원을 보유한 미국은 세계 패권을 내려놓은 뒤에도 서반구 전역에 걸쳐 세력을 떨치는 초강대국으로 남을 것이다.

이론적으로는 지역 패권국들이 서로의 영역을 존중하며 안정적인 균형을 유지하는 이상적인 국제질서를 상상할 수도 있다. 그러나 역사적 경험은 정반대였다. 지역 패권국들 간에 세력권이 겹치는 순간 갈등은 불가피했고, 제국 간 경쟁은 종종 세기를 넘어 이어졌다. 로마와 파르티아·사산조 페르시아 제국의 700년 갈등, 신성 로마 제국과 오스만 제국의 300년 전쟁, 중국 왕조와 북방 유목 제국 간의 수천 년 충돌이 그 전형적인 사례다.

현대의 기술 발전은 이러한 갈등을 한층 더 광범위하게 증폭시킬 수 있다. 이미 19세기에 대영제국은 머나먼 무굴 제국과 청나라를 굴복시켰다. 하물며 오늘날에는 세계 그 어느 지역도 외부와의 경쟁에서 자유로울 수가 없다. 그리고, 중첩된 세력권은 필연적으로 마찰과 경쟁을 불러올 것이다.

미국 패권의 후퇴와 자유주의 질서의 쇠퇴 속에서 부상 중인 다극체제는 협력이 아닌 경쟁과 불안정성에 의해 지배될 가능성이 크다. 잠재적 지역 패권국과 이를 견제하려는 세력들이 대립하면서, 국제정치는 더욱 복잡하고 불안정한 소용돌이 속으로 휘말려 들어가게 될 수 있다.

미국 외교정책의 경로

일극체제 이후의 세계를 전망하려면 무엇보다 미국 외교정책의 경로를 이해해야 한다. 미국은 변화하는 국제질서 속에서 스스로의 글로벌 역할을 근본적으로 재정의하려는 요구에 직면해 있다.

2016년에 당선된 트럼프 1기 행정부는 다자주의의 효용을 비판하며, 자유무역을 포함한 자유주의 국제질서의 핵심 요소를 점진적으로 해체하기 시작했다. 이어진 바이든 행정부는 다자주의의 복원을 약속했지만, 실제로는 트럼프 1기 정책의 상당 부분을 계승했다. WTO 상소기구를 복원하지 않았고, 다자무역규범과 충돌하는 보호주의적 산업정책의 채택에 박차를 가한 것이 대표적이다. 트럼프 2기에 들어서는 경로 변침에 가속이 붙었다. 이제 미국 대외정책의 초점은 전 세계적 질서관리가 아니라, 전략적 재배치와 핵심 이익의 수호로 옮겨가고 있다. 바이든 행정부와 트럼프 2기 행정부에서 관찰되는 공통의 전략목표는 자유주의적 패권 유지가 아닌, 변화하는 국제질서 속에서 미국의 우위를 확보하는 데 있다.

그나마 바이든은 동맹 네트워크라는 자산을 활용해 중국의 부상에 대응했고, 경제적으로는 자유무역주의에서 이탈하면서도 여전히 자유민주주의 원칙에 기반한 규범적 질서를 유지하려 했다. 이는 세계 패권의 지속 불가능성을 인정하면서도 자유주의적 리더십을 유지하려는 전략적 선택이었다. 반면 트럼프 2기 행정부는 미국의 글로벌 리더십 자체를 포기하려는 듯한 움직임을 보이고 있다. 심지어 트럼프의 미국은 세계가 강대국들의 세력권으로 재단되는 다극체제를 선호하는 것처럼도 보인다. 현재 미국은 유럽·아시아 지역의 동맹과의 협력을 축소하고 있으며, 자유주의 국제질서를 연성적으로 유지해온 각종 다자체제에서도 이탈하고 있다. 반면 서반구에서는 팽창주의적 영토 야심을 드러내고 있다. 이는 곧 미국이 세계적 리더십 구축보다 세력권의 확장에 더 집중하고 있음을 시사한다.

미국의 갑작스러운 변신은 동맹국과 국제사회에 혼란을 초래했다. 미국의 전통적 동맹국들은 당황과 혼란 속에서 우왕좌왕하고 있다. 이 상황의 최대 수혜자는 중국이다. 중국은 중화중심 세계관에 따라 장기적으로 미국의 글로벌 리더십을 계승하려 한다. 비록 중국의 국력만으로는 세계 패권을 쟁취할 수 없지만, 미국이 누려온 제도적 지배력을 계승할 기회가 있다면 마다할 이유가 없다. 과거 트럼프 1기 행정부 시절 미국이 보호무역주로 선회하자, 시진핑 주석은 중국을 자유무역과 세계화의 수호자로 내세운 바 있었다. 트럼프 2기의 상호관세 정책으로 인한 충격이 세계를 휩쓰는 상황에서도 마찬가지였다. 중국은 자유무역질서의 수호자를 자처하며, 신뢰할 수 있는 대안으로 자신을 부각시켰다. 미국이 이탈한 다자무역체제를 이끄는 제도적 선도국으로 자리매김하려는 야망을 숨기지 않고 있는 것이다.[2]

미국 외교정책의 미래

미국 외교정책의 중심축은 점차 다극체제를 수용하는 쪽으로 기울고 있지만, 그 최종적인 경로는 아직 확정되지 않았다. 여전히 미국은 복수의 경로를 앞에 두고 있으며, 미국이 그중 어떤 경로를 확정적으로 선택할지는 남은 21세기 국제질서의 향방에 결정적 함의를 지니게 될 것이다.

냉전기 미국은 소련과 공산주의를 봉쇄하는 것을 사활적 국가 이익으로 규정했다. 소련 붕괴 이후에는 자유주의적 국제질서 구축으로 외교 방향을 전환하며, 민주주의·인권·환경 등 보편적 가치를 강조했다. 9·11 테러 이후 부시 행정부는 자유민주주의의 확산과 대량살상무기 확산 방지를 외교정책의 중심에 놓았다. 그러나 일극 체제가 흔들리는 오늘날, 미국 외교는 점차 '민족주의적 현실주의nationalist-realism'에 가까워지고 있다. 외교적 결정은 이상이 아닌 비용·편익 분석에 기반하는 경향이 강해지고 있으며, 미국은 더 이상 '패권국'이나 '유일한 초강대국'으로 행동하기보다, '최강대국' 혹은 '여러 강대국 중 하나'로서의 역할을 요구받고 있다.

향후에도 트럼프 2기 행정부와 같은 외교 정책의 경로가 유지된다면, 미국은 결국 다극체제를 전면 수용하여 전통적 강대국의 일원으로 행동하게 될 가능성이 높다. 실제로 트럼프 2기 행정부가 드러낸 본능은 19세기식 현실정치에 가까웠다. 제1차 세계대전 이전까지 미국은 자국 세력권 바깥의 세상과는 고립을, 세력권 안에서는 적극적인 개입과 확장을 추구했었다. 이러한 미국식 고립주의 전통은 현대에도 막강한 영향력을 발휘하고 있다.

그러나 미국과 미국인의 대외정서는 고립주의 못지 않게 예외주의라는 사상에 깊이 뿌리내려 있다. 트럼프 대통령과 MAGA 역시 '미국 예외주의'를 내세우고 있다는 사실은 그 현실적 영향력을 잘 보여준다. 예외주의는 자유주의적 이상을 미국의 외교정책에 투영해온 핵심 동력이었다. 다만 트럼프가 내세우는 '미국 예외주의'는 윌슨의 예외주의나 오바마·매케인이 논의했던 예외주의와는 질적으로 다르다. 트럼프는 캐나다를 미국의 51번째 주로 편입할 것을 주장하고, 덴마크에 그린란드 매각을 압박했으며, 멕시코만을 독점적 영향권으로 규정하고, 파나마 운하의 통제권을 요구했다. 우크라이나 전쟁을 자신이 선호하는 방식으로 종결하기 위해 유럽의 동맹국들을 배제한 채 러시아와 직접 협상을 시도하기도 했다. 이는 자유주의적 패권국보다는 현실주의적 제국의 모습에 가까웠다.

요컨대 트럼프식 '미국 예외주의'는 미국의 우월함에서 비롯된 국제적 보편적 의무에 대한 책임감과 믿음 대신, 미국 고유의 우월성에 대한 단순한 신념으로 축소된 셈이다. 그러나 미국이 그저 미국이기에 우월하다는 것뿐이라면, 이는 평범한 민족주의에 지나지 않는다. 민족주의는 예외적이지 않다. 모든 국가와 민족에서 찾아볼 수 있는, 보편적 특성에 지나지 않는다. 그렇다면 트럼프와 MAGA가 해석하는 '미국 예외주의'란 자유주의적 리더십이 아닌 19세기식 현실정치의 구호에 불과하다고 보아야 할 것이다. 역사적으로 민족주의·국가주의적 사고는 다극체제에서 주요 강대국 간 갈등을 부추기는 동인이 되어왔다. 자유주의적 이상을 완전히 포기한 미국의 외교정책은 다른 전통적 강대국들과 구별되지 않을 것이며, 국제질서를 더욱더 불안정한 경쟁 구도로 몰아갈 가능성이 크다.

다행히 미국은 여느 전통적 강대국들과는 구분되는 고유한 제약을 안고 있다. 미국은 단일 민족 정체성이나 오랜 역사적 신화를 기반으로 건국된 국가가 아니라, 이민자들로 이루어진 다인종·다문화 사회다. 그 점에서 미국은 고전적 제국이 아니라 현대적 복합 제국에 가깝다. 제국은 단순한 군사력이나 경제력만으로는 유지되지 않는다. 공유된 핵심 가치와 문화적 결속이라는 기반이 필요하다. 그리고 미국 사회를 묶는 것은 자유와 개인의 자율성, 그리고 자유주의에 깊이 뿌리내린 정치 문화다. 이러한 가치들은 미국 외교가 원초적 권력정치로 회귀하는 것을 제약하는 내부 장치로 작용한다. 예컨대 캐나다나 그린란드의 무력 병탄이 제아무리 미국의 전략적 이익에 부합하더라도 현시점에서 그에 대한 국민적 지지를 확보하기란 사실상 불가능할 것이다. 공화국의 핵심 가치가 근본적으로 변화하지 않는 한 그런 극단적 시나리오는 앞으로도 현실화되기 어렵다. 물론 현재 급격히 진행 중인 미국 사회 속 정치·문화적 균열이 꾸준히 심화된다면, 공화국적 근본 가치들 마저도 어느 순간 훼손될 수 있을 것이다. 그러나 미국의 외교가 자유주의라는 뿌리에서 '확정적으로' 이탈할 가능성은, 적어도 당분간은 그리 높지 않을 것이다.

따라서 글로벌 관리자 역할을 지속하지 않게 되더라도, 미국은 여느 권위주의 강대국들과는 다른 독자적 외교 노선을 유지할 가능성이 크다. 더 이상 세계의 경찰은 아닐지라도, 심각한 글로벌 위기 해결에서는 여전히 중심적이고 필수적인 역할을 수행할 것이다.

미국 외교정책의 미래와 더욱 불확실한 세계

과거로부터 지금까지, 지정학의 냉혹한 역학은 미국이 서반구 바깥의 세상과 거리를 두려고 할 때마다 대외개입을 강제해왔다. 미국이 제1차 세계대전과 제2차 세계대전에 참전한 것은 일반대중의 의지가 아니었다. 오히려 대다수 미국인과 정치계는 역외 분쟁에 개입하는 상황을 최대한 회피하려 했다. 그러나 역사적 경험은 미국이 역외 위협에 조기 대응하지 않고 방치할 경우 비극적 결과가 초래될 수 있다는 사실을 반복적으로 확인시켜주었다. 이러한 과거의 교훈은 미국이 세계 패권을 내려놓은 뒤에도, 최소한 자국 안보를 심각하게 위협할 수 있는 잠재적 위협요소에 관해서는 역외 개입을 지속할 것임을 시사한다.[3] 그리고 다른 지역에서 잠재적 패권국이 부상하는 상황은, 반드시 그러한 위협에 해당한다. 문제는 미국이 어떻게, 그리고 어디까지 개입할지에 관한 것이다.

세계 패권이 해체된 뒤에도, 미국은 여전히 전 세계 모든 지역에서 세력균형의 성립에 개입할 만한 역량을 가진 유일한 국가로 남을 것이다. 이는 곧 미국이 남은 21세기에도 가장 중요한 행위자로 남을 가능성이 크다는 점을 시사한다. 다만 앞으로의 미국은 자국의 핵심 이익과 직접적인 관련이 없는 지역에 대한 개입은 가급적 회피하려 들 것이다. 자국의 핵심 이익이 걸린 사안에서도, 향후 미국의 역외 개입은 비용 대비 편익에 기반한 실용적이고 신중한 판단에 따라 이루어질 가능성이 높다.[4]

영원한 동맹도, 영원한 적도 없는 앞으로의 국제 환경에서 관계의 형성과 해체를 결정짓게 될 핵심 요인은 결국 국가 이익이다. 따라서 탈냉전기의 정치적 관성과 경제·안보 구조 속에서 그동안 미국과 보조를 맞춰온 국가들조차 전략적 자율성을 점차 강화하게 될 것이며, 이는 필연적으로 미국의 동맹 체제에 대한 재조정을 불러올 것이다.

다극체제 속 동맹의 재편은 복잡한 현실정치의 방정식 속에서 이루어질 수밖에 없다. 그러한 세계 질서에서는 미국조차도 신뢰할 수 있는 지역별 파트너와의 긴밀한 협력 없이는 범세계적 전략적 입지를 유지하기 어렵다. 따라서 진정한 다극체제가 도래할 경우, 미국은 지금보다 훨씬 더 신중하고 정교한 외교 전략을 요구받게 될 것이다. 미국은 동맹국을 일방적 수혜자가 아닌, 전략적 가치를 지닌 핵심 외교 자산으로 재평가하지 않을 수 없게 될 것이며, 각 지역의 동맹국들 역시 부상하는 지역 패권국을 견제하기 위해 미국과의 연대를 지속할 수밖에 없을 것이다. 이때 국가 체제의 근간을 이루는 '가치'의 동질성이 연대의 중심축으로 작용할 것이다. 다시 말해, 미국 동맹체제의 재조정은 일정한 범위 내로 제한될 공산이 크다.

다만 지켜야 할 패권이 없는 앞으로의 미국은 직접적인 군사 개입보다는 동맹국을 활용해 지역별 세력균형을 유지하는 '역외 균형자 offshore balancer' 전략을 선호할 가능성이 크다.[5] 이러한 전략 아래에서도 미국은 지역별 균형을 조성하고 개별 패권국의 부상을 억제하는 핵심 행위자로 남을 수 있으며, 이는 다극적 국제질서 속에서도 미국의 지정학적 중심성을 유지하는 중요한 기반이 될 것이다.

진정한 위기는 이 간접 균형 전략이 실패할 때 찾아올 것이다. 특정 지역에서 부상하는 패권국을 억제하기 위해 미국의 군사 개입이 불가피해지는 순간, 미국은 실제 개입 여부를 결정해야 한다. 나아가 개입한다면 그 방식과 규모 역시 선택해야 한다. 이 결정은 미국이 국제안보의 핵심 행위자로 남을지, 아니면 제한된 역할로 축소될지를 가르는 중대한 분수령이 될 것이다.

02 길 잃은 자유민주주의 국가들
: 지도력의 부재 속에서

'자유민주주의'라는 개념은 본질적으로 논쟁적이며, 전 세계적으로 통용되는 단일한 정의는 존재하지 않는다. 시민권의 보장 범위, 법치주의의 실현 정도, 권력분립의 엄격성, 소수자 권리 보호 수준 등 다면적인 평가 기준에 따라 '자유민주주의 국가'로 분류되는 국가는 약 30개에서 많게는 80개 이상으로 추산된다. 그러나 이러한 기준을 지속적으로 충족하는 국가는 소수의 서구 선진국과 일부 동아시아 국가에 국한된다.

이들 소수의 자유민주주의 국가는 제2차 세계대전 이후 미국 주도의 자유주의 국제질서를 구축하고 유지하는 데 핵심적인 역할을 수행해왔다. 자유민주주의적 규범을 적극적으로 수용하고, 미국의 글로벌 리더십을 지지함으로써 국제질서의 안정에도 기여해온 것이다. 그러나 오늘날 미국이 현실주의와 거래주의를 앞세우며 기존의 자유주의적 리더십을 점차 방기함에 따라, 자유민주주의 국가들은 전략적 방향성의 혼란과 국제질서의 불확실성에 직면하고 있다.

자유주의 이념의 침식과 민족주의의 부활

트럼프 2기 행정부에 들어 본격화된 미국 우선주의는 전 세계적으로 자유주의 이념의 훼손을 가속화했다. 미국 스스로가 설계한 다자무역체제에서의 일방적 이탈, 동맹과의 연대 축소, 거래 중심적인 외교 등이 대두되면서 중국과 러시아가 주도하는 국제질서의 다극화를 가속시키는 결과를 낳았다. 반면 오랜 기간 미국의 전략에 동조해온 자유민주주의 국가들은 독자적인 외교 노선을 모색할 수밖에 없는 상황에 내몰리고 있다.

당장 트럼프 대통령의 2기 집권 기간 동안에는 '당면한 파고(波高)'를 넘기 위한 단기적 대응이 주를 이루겠지만, 이후 출범하는 미국의 새 행정부마저 트럼프의 정책 기조를 대거 계승한다면, 자유민주주의 국가들은 미국의 근본적 변화를 '뉴노멀'로 받아들이고 이에 적응할 수밖에 없게 될 것이다.

한편, 오늘날 여러 민주주의 국가에서 부상하는 민족주의적 정서는 자유주의의 영향력을 더욱 약화시키고 있다. 이러한 흐름은 국제사회에서 전개되는 다극적 경쟁과 맞물려, 민주국가 내부에서도 배타적 이념과 적대적 정치 태도를 강화하는 악순환의 고리를 형성할 위험이 있다. 그렇지 않아도 현재 대다수 자유민주주의 국가들이 직면 중인 정체성 혼란과 사회적 분열은 앞으로도 더욱 심화될 것으로 예상된다.

분열된 자유민주주의의 미래

글로벌 불확실성이 심화되는 오늘날, 자유민주주의 국가들 간에 '가치'를 기반으로 한 연대와 전략적 파트너십의 필요성은 그 어느 때보다 절실하다. 그러나 각국이 서로 상이한 이익을 추구하고, 이념적 결속이 날로 약화되는 현실 속에서, 민주주의라는 공유 가치를 중심으로 진정한 협력을 이룰 수 있을지는 미지수다.

자유민주주의 국가들은 지금 역사적 갈림길에 서 있다. 가치가 아닌 거래가 지배하는 국제관계가 확산되는 상황에서 자유주의의 도덕적 권위는 구시대의 유물로 치부되기 쉽다. 더욱이 민주주의 국가 내부에서조차 배타적 민족주의가 강화되고, 현실 정치의 계산만을 앞세운 '거래 외교'가 국제관계의 표준으로 굳어진다면, 자유주의 국제질서는 근본적 붕괴에 직면할 수밖에 없다.

결국 21세기 자유민주주의의 존속 여부는 민주주의 국가들이 자유주의적 가치에 대한 헌신을 지정학적 실용주의와 얼마나 효과적으로 조율해낼 수 있느냐에 달려 있다고 해도 지나치지 않다.

1. 유럽

유럽 대륙은 오랜 세월 갈등과 경쟁의 무대였다. 로마 제국의 몰락 이후, 다양한 민족과 국가들은 천 년이 넘는 시간 동안 전쟁을 반복하며 대립을 이어갔다. 근대에 들어서도 유럽은 여전히 세계 갈등의 중심지였다. 대항해시대와 산업혁명, 제국주의적 식민지 경쟁을 거치며 내부의 긴장은 더욱 고조되었고, 결국 두 차례에 걸친 세계대전이라는 비극적 결말을 맞이했다.

제2차 세계대전 이후, 유럽은 미국과 소련이라는 두 초강대국 사이에서 전략적 자율성을 상실한 채, 통합을 통한 생존의 길을 모색해야 했다. 1946년 윈스턴 처칠은 유명한 '유럽 합중국' 연설에서, 초강대국에 의해 좌지우지되는 국제질서 속에서 유럽이 전략적 자율성을 확보하려면 대륙적 통합이 필수적이라고 강조했다. 이 구상은 시간이 지나 유럽연합(EU)의 탄생으로 구체화되었고, EU는 경제 협력과 정치적 안정이란 측면에서 상당한 성공을 거두었다. 그러나 이러한 성공은 단순한 이상주의만으로 이루어진 것이 아니었다. 마셜 플랜과 나토를 통한 미국의 경제적·군사적 지원이 유럽을 외부 위협과 내부 분열로부터 지켜준 덕이 컸다.

그런데 오늘날 미국은 유럽에 대한 안보 지원을 빠르게 축소하고 있다. 그에 따라 유럽은 새로운 전략적 불확실성에 직면하고 있다. 내부적으로는 이민자 유입에 따른 부작용으로 민족주의가 부상하면서, 전후 유럽의 통합을 이끌어온 자유주의적 협력 정신을 약화시키고 있다. 민족주의 세력들은 국경에 대한 통제강화와 국가 주권의 절대적 우위를 주장하며, 공동 거버넌스를 핵심으로 삼는 EU의 이상에 도전한다. 그 결과 대다수 EU 국가에서는 회원국의 자결권과 공동체적 비전 간의 충돌이 격화되고 있다. 반면에 유럽 각국의 대응에는 일관성이 없다. 많은 EU 회원국이 각자의 이해관계를 우선하면서, 유럽 전체 차원의 통합 전략 수립은 날로 어려워지고 있다.

냉전 시기 유럽은 미국의 강력한 지원에 힘입어 이상적 통합을 추진할 수 있었다. 탈냉전기에도 미국의 안전보장은 지속되었고, 그 결과 유럽은 지정학적 압박에서 벗어나 국방비를 대폭 축소하는 한편, 러시아산 에너지를 저렴하게 수입하고 중국의 값싼 상품을 소비할 수 있었다.[6] 이러한 환경은 유럽이 사회보장과 포용성을 중시하는 진보적이고 초국가적인 '유러피언 드림European Dream'을 추구할 수 있는 기반이 되었다.[7] 그러나 인구 감소라는 불가역적 흐름 속에서 향후 늘어날 수밖에 없는 방위비 지출, 러시아산 에너지와의 디커플링, 고부가가치 경제로 전환 중인 중국의 압박은 유럽식

사회복지 모델에 심대한 부담을 가할 것이다. 이는 외부는 물론 내부의 세대 갈등을 촉발하는 불씨로도 작용할 가능성이 크다.

다극화된 세계에서 유럽의 미래 역할은 스스로의 선택에 달려 있다. 통합된 유럽은 제2차 세계대전 이후 추구해온 자유주의적 이상을 오늘날의 현실에 맞게 재정립하고, 자유민주주의 가치를 공유하는 타 지역 국가들과 협력을 심화함으로써 다극체제의 역학에 대응하는 구심점이 될 수 있다. 반대로 민족주의가 고착되고 권위주의 국가와의 거래 중심 관계가 강화된다면, 유럽의 집단적 영향력은 약화되고 개별 국가는 불안정한 국제질서 속에서 고립의 위험에 직면하게 될 것이다.

결국, 격변하는 국제질서 속에서 유럽이 양차 세계대전 이후 좇아온 이상에 대한 헌신을 얼마나 지속할 수 있는지가 그 미래를 좌우하는 핵심 변수라 할 수 있다.

2. 동아시아

대한민국·일본·대만 등 동아시아의 주요 민주주의 국가들은 오랫동안 미국이 주도한 자유주의 국제질서 속에서 안보와 번영을 동시에 누려왔다. 그러나 다극화의 심화와 미국 리더십의 변화는 이들에게 새로운 전략적 도전을 던지고 있다.

동아시아 민주국가들의 번영은 미국의 서태평양 패권과 긴밀히 연동되어 있었다. 미국의 군사적 보호와 세계시장 접근성을 보장한 다자무역체제 덕분에 일본은 경제대국으로 부상했고, 대한민국은 독재와 빈곤을 극복하며 첨단 기술 강국이자 안정된 민주주의 국가로 자리매김했으며, 대만은 중국과의 긴장 속에서도 반도체 중심지이자 민주주의 국가로 성장했다. 그러나 이들은 단순한 수혜자에 그치지 않았다. 동아시아의 민주국가들은 수십 년간 팍스 아메리카나의 핵심 축으로서 군사동맹과 자유주의 경제질서에 대한 헌신을 통해, 지역의 안정과 질서 유지에 실질적으로 기여해왔다.

하지만 최근 미국의 전략적 변화는 이 지역에 불확실성을 증대시키며, 동아시아 민주국가들로 하여금 미국에 대한 전략적 의존 관계를 재평가하지 않을 수 없는 상황으로 내몰고 있다. 더욱이 이들 모두는 중국의 잠재적 세력권 안에 놓여 있다. 중국이 무력통일 가능성을 공언한 대만은 물론, "한국은 한때 중국의 일부였다"는 역사적 주장에 직면한 대한민국, 그리고 중국의 제2도련선 안에 위치한 일본까지 예외는 없다. 이러한 지정학적 현실 속에서 미국과의 안보 협력은 전략적 재조정 국면에서도 여전히 불가피한 상수로 작용한다.

지금 동아시아 민주국가들은 중대한 기로에 서 있다. 서태평양에서 미국의 전략적 후퇴는 이들을 권위주의 초강대국과의 불가피한 타협으로 몰아넣어, 자유주의적 가치에 대한 국내외적 헌신을 약화시킬 수 있다. 반면, 이들이 첨단 기술력과 경제력을 바탕으로 한 상호 연대를 강화한다면, 동아시아는 자유주의 규범을 수호하는 전략적 거점으로 거듭날 수도 있다. 따라서 이 지역 민주국가들이 가치 기반 연대를 통해 자유민주주의와 개방경제라는 핵심 가치를 지켜낼 것인지, 아니면 지역 맹주와의 전략적 타협을 개별적으로 모색할 것인지는 인도-태평양의 미래뿐 아니라 이 지역에서 자유민주주의가 지속 가능한 정치 체제로 존속할 수 있을지를 결정짓는 핵심 변수로 작용할 것이다.

3. 파이브 아이즈

'파이브 아이즈Five Eyes'는 미국, 영국, 캐나다, 호주, 뉴질랜드로 구성된 세계에서 가장 오래되고 포괄적인 정보 공유 동맹이다. 제2차 세계대전 당시 영국과 미국이 암호 해독 협력을 시작한 데서 비롯된 이 동맹은 1946년 UKUSA 협정을 통해 공식화되었다. 이후 캐나다(1948), 호주·뉴질랜드(1956)가 합류하면서, 공통의 언어·역사·전략적 가치를 공유하는 독특한 앵글로색슨계 정보 동맹이 완성되었다.

이후 수십 년간 파이브 아이즈는 미국 동맹 자산의 상징이었다. 미국은 군사력과 정보 역량을 동맹에 제공했고, 여타 동맹국은 미국의 지역 전략에 따른 역할을 분담했다. 영국은 유럽, 캐나다는 북극과 북대서양, 호주는 아시아, 뉴질랜드는 남태평양을 담당하면서, 냉전기에는 소련의 억제, 9·11 이후에는 대테러 전략과 같은 주요 과제에 공동 대응했다.

그러나 최근 파이브 아이즈는 내부 균열과 외부 환경 변화로 인한 도전에 직면하고 있다. 미국은 국내 우선주의 강화로 내향적 기조를 보이고, 영국은 브렉시트와 우크라이나 전쟁 이후 역할 재정립을 모색 중이다. 캐나다는 변화하는 미국의 팽창주의 앞에서 복잡한 대응을 요구받고 있으며, 호주는 중국발 안보 위협과 경제적 기회 사이에서 균형을 잡기 위한 노력을 계속하고 있다. 패권 경쟁에서 한발 떨어진 뉴질랜드는 날로 격화되는 미·중 경쟁 속에서 자국의 평온을 유지하는 데 온 힘을 쏟고 있다. 이처럼 각국의 우선순위가 다변화되면서 동맹의 결속력은 약화되는 추세다. 특히 2025년, 미국이 캐나다를 파이브 아이즈에서 제외하는 방안을 검토했다는 언론보도는 동맹의 내부 신뢰를 크게 뒤흔들었다. 적어도 형식적으로는 수평적이던 협력 관계마저 미국 중심의 위계 체제로 변하는 것 아니냐는 우려도 커졌다.

각국이 자국 중심의 전략을 강화하면서 파이브 아이즈의 전략적 일체감은 옅어지고 있지만, 동맹은 여전히 진화하고 있다. 영국과 호주는 AUKUS를 통해 인도·태평양 억지력을 강화하며 군사적 긴밀성을 확대하고 있고, 캐나다는 북극 안보 협력을 중심으로 다자주의적 접근을 병행하고 있다. 뉴질랜드는 중국과의 경제적 연계를 유지하면서도 태평양 도서국과의 협력을 확대하며 지역 내 존재감을 강화하고 있다.

다른 자유민주주의 국가들과 마찬가지로, 파이브 아이즈의 구성국들 역시 역사적 기로에 서 있다. 공유된 가치와 결속을 유지할 것인지, 아니면 변화하는 이해관계에 따라 점차 분절될 것인지가 핵심 과제이다. 특히 미국이 자유주의적 가치에서 후퇴할 경우, 호주의 대중 무역 강화, 캐나다의 독자적 행보, 뉴질랜드의 균형 전략처럼 동맹 내 실용적 조정이 확대되면서 이념적 동질성이 약화될 수 있다. 반대로 사이버 위협, 허위 정보, 기후 안보, 첨단 기술 경쟁, 그리고 심화되는 미·중 전략경쟁에 공동 대응하면서 민주주의 파트너들과 협력을 확장한다면, 파이브 아이즈는 기존의 정보공유 동맹을 넘어 21세기형 안보·가치 연대로 재정립될 수도 있을 것이다.

궁극적으로 파이브 아이즈의 미래는 미국의 일방적 리더십에만 달려 있지 않다. 동맹국들이 공통의 전략 목표와 가치에 대한 정치적 합의를 얼마나 유지할 수 있느냐가 관건이다. 급변하는 국제질서 속에서 이 특별한 동맹이 결속을 강화하며 새로운 연대 모델로 진화할지, 아니면 이해관계의 분열 속에 점차 영향력을 잃어갈지는, 자유주의적 동맹 모델의 지속 가능성을 가늠하는 중요한 시금석이 될 것이다.

03 ● 중국과 러시아
: 경쟁자이자 동반자

중국과 러시아의 관계는 전략적 협력과 역사적 경쟁이 교차하는 복합적 구도로 규정할 수 있다. 이를 보다 명확히 이해하기 위해, 두 가지 극단적 시나리오를 상정해보자.

첫번째 시나리오는 미국이 확고한 세계 패권국으로 남아 자유주의 국제질서를 수호하는 경우다. 이러한 상황에서는 중국과 러시아 모두 미국에 맞서 자율성을 확보하고자 다극체제를 지향하는 전략적 연대를 강화할 가능성이 높다.

둘째는 미국이 신新먼로주의로 회귀하여 태평양과 대서양에서 각각 철수하고, 유라시아와의 관계마저 단절하는 상황이다. 이 경우 공동의 적수가 사라진 중국과 러시아 간에는 협력의 동력이 약화되고, 역사적으로 누적된 불신과 지정학적 경쟁이 다시 전면에 부상할 것이다.

앞으로의 현실은 이 두 극단 사이 어딘가에 위치할 것이다. 요컨대 미국의 개입 수준에 따라 중국과 러시아의 관계는 끊임없이 재조정되며, 협력과 경쟁이 교차하는 유동적 균형을 보일 수밖에 없다. 양국의 관계는 고정된 동맹이 아니라, 국제 권력 구조의 변화에 따라 재편되는 가변적 전략 구도로 이해하는 것이 타당하다.

두 거인의 이야기

오늘날의 협력적인 분위기와는 달리, 중국과 러시아의 관계는 오랜 경쟁과 갈등의 역사 위에 놓여 있다. 17세기 러시아 탐험가의 만주 진입으로 양국 간에 첫 충돌이 발생했고, 이는 1689년의 네르친스크 조약을 통해 일시적으로 봉합되었다. 그러나 청조 말기 서구 제국주의의 침략이 격화되는 상황에서, 러시아는 아이훈 조약(1858)과 베이징 조약(1860)을 통해 중국으로부터 광대한 극동 영토를 강탈했다.

냉전 시기에도 공산주의라는 이념적 공통분모는 두 대국 간의 지정학적 경쟁을 억제하지 못했다. 청조 말기에 체결된 불평등 조약으로 러시아가 확보한 영토를 둘러싸고 벌어진 1969년의 국경 분쟁은, 양국 간 지리적 현실과 역사적 기억이 이념적 연대보다 우위에 있음을 여실히 보여주는 사례였다.

소련 해체 이후 약화된 러시아는 급부상하는 중국을 경계했다. 신유라시아주의의 대부 알렉산드르 두긴이 중국을 여러 국가로 분할해야 한다고 주장한 것도 양국 경쟁이 구조적으로 불가피하다는 인식을 반영한다.[8] 실제로 러시아는 우크라이나 전쟁 이전까지 중국과의 협력을 확대하면서도 미국과 일정한 균형을 모색했다. 중국이 주도하는 상하이협력기구^{SCO}에 참여했음에도 중앙아시아 안보에서는 자국이 주도하는 집단안보조약기구^{CSTO}

를 중시했고, 대만 문제와 같은 민감한 사안에서는 입장을 유보했다. 이는 중국을 동맹국이 아닌 장기적 경쟁자로 본 판단에서 비롯되었다. 중국의 입장도 크게 다르지 않았다. 우크라이나 전쟁 발발 이전, 중국이 지정한 14개의 전략적 파트너 국가에 러시아는 포함되지 않았었다.

러시아 극동의 인구 부족과 중국의 인구·경제적 압력도 미묘한 긴장관계에 기여했다. 극동은 러시아 전체 영토의 40%를 차지했지만 2021년 기준 인구는 800만 명에 불과했던 데 반해, 인접한 중국 동북 3성에는 각기 수천만 명이 거주하고 있었다. 당시 약 50만 명의 중국인이 이미 극동에 정착한 상태였고, 국경을 넘는 경제·사회적 통합도 빠르게 진행되고 있었다.

그러나 미국이 중국 견제에 집중하기 시작하자 중국은 러시아와 본격적인 전략 연대 강화에 나섰다. 러시아 역시 2022년에 발발한 우크라이나 전쟁으로 서방의 봉쇄에 직면하자, 중국의 도움이 절실해졌다. 그 결과 오늘날 두 나라는 역사상 유례없는 긴밀한 협력 관계를 유지하고 있다.

러시아의 상황

현재 러시아가 직면한 가장 시급한 과제는 우크라이나 전쟁과 그 여파다. 이 전쟁은 세계 권력 구도의 변화를 가속화하고 미국의 패권을 시험했을 뿐 아니라, 러시아의 군사력과 경제력의 구조적 한계를 노출했다.

침공 직후, 러시아는 2014년 크림반도 병합의 신속한 성공을 재현하려 했다. 그러나 이 시도는 우크라이나군의 강력한 저항에 부딪혀 좌절되었다. 수도에 남아 직접 방어를 지휘한 젤렌스키 대통령의 결단은 국민 사기를 고양시켰고, 서방으로부터 전례 없는 군사 지원을 끌어냈다. 초기 전략이 실패한 러시아군은 포병을 중심으로 한 소모전으로 전환한다.

2022년 중반 이후 우크라이나군은 하르키우와 헤르손에서 반격에 성공했고, 러시아군은 방어선을 후방으로 집중해 전선을 재편했다. 2023년 푸틴 대통령은 30만 명의 예비군을 동원하고 점령지에서 선거를 강행하며 강제 합병을 정당화하려 했으나, 우크라이나군은 대부분의 방어선을 지켜냈다. 그러나 미국의 지원 축소와 2024년 대선을 앞둔 정치적 불확실성 속에서 우크라이나의 반격은 제한적 성과에 머물렀다. 시간이 흐를수록 양국 간 국력 차이가 전쟁의 향방을 결정하기 시작했다. 러시아는 꾸준히 진격하고 있고, 우크라이나는 꾸준히 후퇴하고 있다.

2024년 트럼프 대통령 재임 이후 미국은 우크라이나에 대한 협상 압박을 강화했다. 러시아의 직접적 위협에 노출된 유럽은 우크라이나에 대한 지원을 늦추지 않았으나 미국을 대체할 수는 없었다. 그 결과 러시아는 협상에서 유리한 입지를 확보했고, 이미 상당히 확보한 우크라이나 영토와 자원, 그리고 친러 주민에 대한 통제권을 공고히 한 상태다.

그러나 전쟁의 성과에도 불구하고 러시아는 구조적 제약에 직면해 있다. 우크라이나 전쟁은 러시아의 경제 구조와 인구 기반의 한계를 노출시켰다. 광대한 영토와 자원, 중국·인도 등 비서방 국가와의 교역 확대는 서방의 제재 효과를 상당히 완화했으나, 전시경제를 지속 유지하기 위해서는 근본적 구조 조정이 불가피하다. 특히 인적 손실은 심각하다. 낮은 출산율에 더해 수십만 명에 달하는 전사자와 부상자는 러시아의 미래 인구 기반을 훼손하고 있다.

지정학적 고립도 가속화되었다. 한때 우호적이었던 이웃 우크라이나는 완전한 적대국이 되었고, 유럽은 러시아에 대한 에너지 의존에서 벗어나고 있다. 스웨덴과 핀란드의 나토 가입은 발트해와 북극항로에서 서방의 통제력을 강화했으며, 러시아의 중앙아시아 영향력도 약화되었다.

또 다른 구조적 위험은 대對중국 의존 심화다. 유럽 시장을 상실한 러시아에게 중국은 최대 경제 파트너이자 전략 자원의 주요 공급국으로 부상했다. 거기에 러시아가 우크라이나 전쟁에 발목 잡힌 동안 중앙아시아와 극동에서 꾸준히 확대되고 있는 중국의 존재감은 중·러 관계의 무게추를 중국 쪽으로 영영 기울게 할 수 있다.

러시아의 미래

우크라이나 전쟁에서 실질적 승리를 거둘 경우, 러시아 내부에서는 강력한 민족주의가 고조될 가능성이 크다. 오랜 기간 보수적이고 위계적인 정치문화를 유지해온 러시아는 사실상 반대 의견이 용인되지 않는 권위주의 체제 아래 운영된다. 전쟁 초반 소수의 반대 목소리가 있었으나, 블라디미르 푸틴 대통령의 대대적 숙청과 탄압으로 반전 운동은 급속히 와해되었다. 그 결과 러시아의 공적 담론은 점차 극단적 방향으로 치달았다.

러시아 정부는 이번 전쟁을 단순한 영토 분쟁이 아니라 서구 문명과의 근본적 대결로 규정했고, 군사적 승리를 우크라이나뿐 아니라 서방 전체에 대한 역사적 승리로 내세우기 시작했다. 이러한 흐름 속에서 반서구적 유라시아주의의 부활은 불가피해 보인다.

그러나 오늘날의 러시아는 냉전 시절의 초강대국 소련이 아니다. 소련은 세계 최대의 영토 대국이자 미국과 더불어 세계 최대의 자원 대국이었을 뿐 아니라, 동시에 미국에 이은 세계 제2의 경제대국이자 당시의 미국보다도 많은 인구를 가진 세계 제3의 인구대국이기도 했다. 하지만 오늘날의 러시아는 그렇지 않다. 우크라이나 전쟁을 기화로 재무장에 나서기 시작한 유럽은 러시아보다 인구가 3~4배, 경제력은 10배를 훌쩍 넘는다. 모든 군사영역에서의 기술력도 충분하다. 러시아의 핵전력은 압도적이지만, 이미 수백 기의 핵무기를 보유한 유럽이 러시아를 상대로 한 상호확증파괴 능력을 확보하는 것은 역량이 아닌 결심의 문제에 지나지 않는다. 통합된 유럽을 압도할 만한 국력을 갖추지 못한 현실 속에서, 러시아가 선택할 수 있는 현실적인 전략은 유라시아 지역에서의 영향력을 공고히 하고, 브릭스BRICS와 같은 다자 플랫폼을 활용해 유리한 세계 질서 형성에 적극 나서는 것이다. 유라시아주의가 뿌리내릴 수 있는 새로운 국제질서 속에서만 러시아는 지속 가능한 전략적 공간을 확보할 수 있을 것이기 때문이다.

즉, 러시아의 당면한 과제는 추가적인 정복이 아닌 군사력 재건, 경제 안정화, 그리고 중국 및 주변국과의 전략적 관계 재조정이다. 다만, 전후 우크라이나가 취약한 안보 상태에 머문다면 푸틴 대통령은 또다시 위험한 모험을 감행할 유혹을 받게 될 것이다. 이번에는 우크라이나뿐 아니라, 몰도바와 발트 3국 등도 목표가 될 수 있다. 러시아의 팽창주의적 야망을 여기서 멈춰 세우기 위해서는, 유럽 국가들의 대규모 재무장과 우크라이나의 강력한 방어 태세가 절실한 상황이 됐다.

중국의 상황

중국은 미국이 자국을 패권 경쟁자로 인식하고 있다는 사실을 분명히 인지하고 있으며, 이에 맞서 장기 전략을 추구하고 있다. 미·중 간의 패권 경쟁은 군사, 기술, 경제, 국제질서 등 다양한 분야에서 전개되는 구조적 대립으로, 단기간에 종식되기 어려운 성격을 지닌다. 다만, 대만에 대한 무력 정복과 같은 극단적인 사태가 발생할 경우, 국제질서는 즉각적인 재편 국면에 진입하게 될 것이다.

탈냉전기 중국과 대만의 양안 관계는 비교적 안정적이었다. 조만간 '일국양제―國兩制'라는 정치 제도 아래에서 양안이 평화롭게 공존할 수 있다는 낙관론이 확산되었으며, 이는 홍콩 모델을 전제로 한 것이었다. 그러나 2010년을 전후해 중국이 공격적인 '대국굴기'를 본격 추진하면서 대만의 우려가 커졌다. 점차 많은 대만인이 '중국인'이 아니라 '대만인'으로서의 독자적 정체성을 강화하기 시작했으며, 이러한 변화는 2016년 차이잉원 총통의 당선으로 이어졌다. 차이 정부는 대만의 독자 주권을 강력히 주창했고, 양안 관계는 급격히 냉각되었다. 더구나 2019년 홍콩 민주화 시위가 폭력적으로 진압되면서 대만 내 반중 정서는 더욱 고조되었고, '하나의 국가, 두 개의 체제' 모델에 대한 희망적 기대마저 사라졌다. 결정적인 전환점은 2022년 7월 낸시 펠로시 미국 하원의장의 대만 방문이었다. 중국은 이에 격렬히 반발하며 대만 해협 중간선을 사실상 무력화하고 군사 활동을 대폭 강화했다.

양안 통일의 선택지는 둘뿐이다. 하나는 정치적 통합, 다른 하나는 군사적 합병이다. 정치적 통합은 대만 내 친중 정권 수립과 국민투표라는 정당성 확보가 전제되어야 가능하다. 그러나 홍콩 사태, 중국의 지속적 군사 위협, 그리고 2022년 강압적 '제로 코로나' 정책에 반발한 중국 내 백지시위 탄압과 같은 일련의 사건들은 정치적 통합 가능성을 극도로 낮췄다. 현재 대만 여론은 중국 주도의 일방적 통일을 압도적으로 거부하고 있다.

따라서 가까운 미래에 중국이 선택할 수 있는 현실적인 선택지는 군사적 합병에 가까워지고 있다. 중국의 이러한 시도를 저지할 수 있는 세력은 미국뿐이다. 그런 미국이 만약 대만해협과 남중국해에서 해양 패권 유지를 포기한다면, 중국의 지배력은 제1도련선을 넘어 광범위하게 확장될 수 있으며, 이 경우 대만뿐 아니라 동아시아 전체가 중국의 세력권 아래 놓이는 상황으로 귀결될 수 있다.

대만해협에서의 충돌을 방지하려면 신중하고 다층적인 위기 관리 전략이 불가결하다. 미국의 군사 전문가들은 중국이 2027년을 목표로 무력침공을 준비 중이라고 경고해온 반면 중국은 대만이 공식적인 독립을 시도할 경우 즉각적인 군사 대응에 나서겠다는 입장을 고수하고 있다. 미국은 중국이 근시일 내 무력 통일을 준비하고 있다고 믿는 반면, 중국은 미국의 대만 방어 공약을 광범위한 대중(對中) 봉쇄 전략의 일환으로 해석하고 있는 것이다.

한편, 트럼프 2기 행정부는 전임 바이든 행정부와 달리 대만 방위를 명시적으로 약속하지 않고, 이 문제에 대한 직접적 언급을 회피하면서 대만해협의 불확실성을 키우고 있다. 실제로 트럼프 행정부의 핵심 대외정책 참모인 앨브리지 콜비 국방부 정책차관은, 미국이 중국이나 북한 등 역내 위협으로부터 대만이나 한국을 직접 방어해야 하는 현 상황에 회의적인 시각을 드러내며, 미국의 역할을 '역외 지원'에 한정해야 한다고 주장한 바 있다.

2025년 3월 일본 니혼게이자이신문과의 인터뷰에서 워싱턴 소재 싱크탱크 전문가들은 트럼프 행정부가 설정할 서태평양 방위선에서 대만은 물론 한국까지 제외될 가능성이 있다고 전망했다. 이어 같은 해 9월, 동 매체는 미 국방부와 국무부 내 관료들이 일본·한국·대만을 모두 방위선에 포함해야 한다고 주장했음에도 불구하고, JD 밴스 부통령을 비롯한 대외 개입 신중파가 방위선을 일본까지 후퇴시켜야 한다는 입장을 고수하고 있다고 후속 보도했다. 이는 최악의 경우, 1950년의 애치슨 라인처럼 미국의 서태평양 방위선이 일본까지 물러날 수 있음을 시사한다. 실제로 2025년 9월 미국 국방부가 피트 헤그세트 장관에게 보고한 국가방위전략(NDS) 초안에는, 미군의 전략 목표를 '중국 봉쇄'에서 '미국 본토 및 서반구 방어'로 전환하려는 구상이 담겨 있었던 것으로 드러났다.

 미국의 서태평양 방위 의지 약화는 동아시아에서 중국 중심 질서가 부활할 수 있는 환경을 열어주고 있다

04   기회의 땅 글로벌 사우스
: 다극 세계의 교차점

'글로벌 사우스Global South'라는 용어는 원래 남반구 국가들을 지칭하는 지리적 개념에서 출발했지만, 오늘날에는 라틴아메리카, 아프리카, 중동, 중앙아시아, 인도양 지역, 동남아시아, 남태평양 등 광범위한 지역을 포괄하는 개념으로 확장되었다. 더 나아가 단순한 지리적 범주를 넘어, 식민지 시대의 역사적 경험, 상대적으로 낮은 소득과 산업화 수준, 그리고 공통된 개발 과제 등을 공유하는 국가들의 집합적·지정학적 정체성을 반영하는 방향으로 발전해 왔다.[9] 글로벌 사우스 국가들은 대체로 서구 중심의 자유주의 국제질서에도, 그 대립 진영에도 명확히 속하지 않는 비동맹·중립적 외교를 특징으로 한다.

전략적 위상의 제고

한때 글로벌 노스Global North라 불리던 서구 선진국 진영의 경제적 우위가 약화됨에 따라 글로벌 사우스의 전략적 중요성은 빠르게 부각되고 있다. 1960년대 미국은 세계 GDP의 약 40%를 차지했으며, 1991년에는 주요 7개국(G7)이 세계 생산의 3분의 2 이상을 통제했다. 그러나 현재 미국의 비중은 약 25%로, G7 전체의 비중도 50% 이하로 떨어졌다. 반면 전 세계 인구의 70% 이상이 거주하는 글로벌 사우스는 세계 경제 성장의 주요 엔진이자 투자 기회의 중심지, 그리고 공급망 재편의 핵심 축으로 떠오르고 있다.

미국과 중국의 전략 경쟁이 격화되고 공급망의 분절화가 심화되는 가운데, 다수의 글로벌 사우스 국가들은 특정 진영에 완전히 편승하지 않는 '전략적 자율성'을 택하고 있다. 이는 글로벌 사우스의 경제적 매력을 높이는 동시에, 다극화된 세계 질서 속에서 협상력과 전략적 입지를 강화하는 요인으로 작용한다.

글로벌 사우스의 부상에는 크게 세 가지 요인이 작용하고 있다. 첫째, 리튬·니켈·코발트·희토류 등 4차 산업혁명의 핵심 자원을 풍부하게 보유하고 있다는 점이다. 20세기 중동의 석유가 세계 지정학을 뒤흔들었던 것처럼, 21세기에는 라틴아메리카의 '리튬 삼각지대'(볼리비아, 칠레, 아르헨티나)가 새로운 전략적 경쟁의 무대로 부상하고 있다. 둘째는 여전히 경쟁력 있는 저임금 노동력이다. 중국의 임금 상승으로 글로벌 생산 거점이 동남아시아, 남아시아, 중남미로 이동함에 따라, 해외 직접투자(FDI)는 이들 국가의 산업 발전을 견인하는 주요 동력으로 자리잡고 있다. 마지막 셋째는 서방과 중국·러시아 모두와 유연한 관계를 유지할 수 있는 외교적 균형 능력이다. 이를 통해 글로벌 사우스는 두 진영 모두로부터 전략적 자율성과 경제적 실리를 동시에 추구하고 있다.

경제적 잠재력, 막대한 부존자원, 지정학적 자율성을 확보한 글로벌 사우스는 더 이상 단순한 개발도상국의 집합체가 아니다. 다극화 시대의 핵심 전략 행위자로 확고히 자리매김하고 있는 것이다.

자원 민족주의의 부상

세계무역기구(WTO), 투자자-국가 분쟁 해결 제도(ISDS), 워싱턴 컨센서스 등 국경 간 무역과 투자의 자유화를 전제로 한 다자적 자유주의 경제 프레임워크는 점차 그 영향력을 상실하고 있다. 이러한 변화는 글로벌 사우스에 새로운 전략적 기회를 제공하고 있다.

다자경제규범의 약화 내지 공백을 틈타, 풍부한 자원을 보유한 글로벌 사우스 국가들은 자국의 자원과 발전 경로를 스스로 통제하려는 움직임을 강화하고 있다. 특히 선진국과 다국적 기업이 주도하던 글로벌 가치사슬을 자국 내로 끌어들여 경제적 이익을 극대화하려는 국가 전략이 두드러지고 있다. 이른바 '자원 민족주의(resource nationalism)'를 지렛대로 삼아, 글로벌 사우스 각국은 국내 산업화를 추진하고, 중진국 함정을 극복하며, 신자유주의 아래서 선진국에 종속되었던 경제 구조에서 벗어나려 하고 있다.

라틴아메리카의 '리튬 삼각지대'는 그 대표적 사례다. 볼리비아는 리튬 산업을 국유화하고 외국 기업의 진입을 엄격히 통제하면서, 기술 및 산업 역량 확보를 최우선 과제로 삼고 있다. 칠레 역시 리튬 국유화 계획을 공식화했으며, 아르헨티나는 국영 리튬 기업 설립을 적극 논의 중이다. 이들 국가는 석유수출국기구(OPEC)를 모델로 한 '리튬 카르텔'을 모색하며, 가격 결정권과 기술 주도권을 공동 확보하려 하고 있다.

세계 최대의 니켈 생산국 중 하나인 인도네시아도 유사한 전략을 추진한다. 원광 수출을 금지하고 국내 가공 산업을 적극 육성해, 광물 가치사슬의 상단으로 도약하려는 것이다. 인도네시아의 조코 위도도 대통령은 주요 생산국과의 연대를 통한 '니켈 OPEC' 구상을 제시하기도 했다.

자원 민족주의는 단순한 원자재 통제를 넘어 고부가가치 산업 개발로 확장되고 있다. 라틴아메리카 국가들은 배터리 및 전기차 제조에 뛰어들고 있으며, 인도네시아는 동남아시아 전기차 배터리 허브를 목표로 한다. 짐바브웨 역시 리튬 원광 수출을 금지하고 현지 생산을 장려한다. 아르헨티나의 한 고위 관계자가 "우리는 단순히 리튬을 팔고 싶은 것이 아니다. 우리는 리튬으로 구동되는 차량을 원한다"고 말한 것은, 글로벌 가치사슬의 상단으로 이동하고자 하는 글로벌 사우스의 염원과 의지를 단적으로 보여준다.

이러한 변화는 다국적 기업에도 새로운 현실을 제시한다. 선진국의 일방적 이익 추구가 더 이상 가능하지 않게 됨에 따라 자원을 보유한 국가와의 협상이 그 어느 때보다 중요해진 것이다. 물론 핵심 광물의 전 세계적 분포 특성상 글로벌 사우스 국가들의 영향력이 절대적이지는 않다. 그러나 이들이 단순한 원자재 공급지로 머무르지 않기로 결심했다는 점만은 분명하다.

경계에서의 전략

오늘날 글로벌 사우스는 기회와 위험이 복합적으로 교차하는 역사적 전환점에 서 있다. 기존의 국제질서가 쇠퇴하고 다극화가 진행되는 가운데, 글로벌 사우스는 경제·지정학·이념적 측면에서 전례 없는 수준의 영향력을 발휘할 잠재적 위치에 도달했다. 그러나 잠재력이 지속 가능한 번영을 보장하는 것은 아니다. 부존자원과 외교적 유연성을 고부가가치 산업 역량과 장기적 성장 기반으로 전환하기 위해서는 명확한 비전, 강력한 연대, 그리고 정교한 국정 운영이 필수적이다. 만약 이러한 전환에 성공한다면, 글로벌 사우스는 불균형하게 구조화된 세계 경제 질서를 근본적으로 재편하는 주도 세력으로 부상할 수 있을 것이다.

그러나 위험요인도 존재하다. 글로벌 사우스는 통합된 단일 블록이 아니다. 아세안ASEAN이나 메르코수르MERCOSUR, 아프리카 연합African Union 같은 지역 협력체는 존재하지만, 전체를 아우르는 제도적 결속력은 부족하다. 부존자원의 지역별 편차, 차등적인 산업화 수준, 정치적 불안정 등으로 인해 특정 국가가 국제질서의 주변부로 밀려나거나 강대국에 종속될 위험이 상존한다. 고질적인 '중진국 함정'을 극복하기 위해서는 단순한 자원 통제를 넘어선 다각적·심층적 노력이 요구된다. 심도 있는 교육·인프라·첨단 기술 투자와 함께 정치적 안정과 외교 전략의 정교화가 병행되어야 하는 이유다.

아울러 다자무역규범의 약화는 미국, 유럽연합, 중국 등 주요 경제 강국의 보호무역주의를 강화시키고 있다. 이로 인해 글로벌 사우스 국가들은 고부가가치 산업에 진입하는 과정에서 새로운 장벽에 직면하게 될 수 있다. 단기적으로는 자원을 무기 삼아 협상력을 확보할 수 있겠지만, 장기적으로는 구조적 제약에 굴복하게 될 가능성도 배제할 수 없는 것이다.

1. 라틴아메리카

멕시코에서 아르헨티나와 칠레에 이르는 광활하고 다양한 라틴아메리카는, 공동의 경제적 고난과 외세 지배에 맞서 싸운 역사적 경험을 바탕으로 글로벌 사우스를 대표하는 독자적 정체성을 형성해왔다. 라틴아메리카의 강력한 민족주의는 유럽 열강, 특히 스페인과 포르투갈의 식민 지배에 맞선 반식민 투쟁에 뿌리를 두고 있으며, 19세기 초 시몬 볼리바르와 호세 데 산 마르틴 같은 지도자들은 대륙의 독립을 이끌며 주권과 민족 자결의 이상을 이 지역 정체성의 핵심으로 자리매김했다.

20세기에도 이러한 자주성에 대한 열망은 지속되었다. 1938년 멕시코의 석유 산업 국유화는 미국과 영국 기업으로부터 국가 자원을 회수한 역사적 사건으로, 경제적 자립의 상징으로 남았다. 냉전기에는 브라질과 멕시코를 비롯한 대부분 국가들이 비동맹 노선을 통해 독립성을 유지했으며, 쿠바처럼 소련 진영에 편입된 예외도 있었지만, 전반적으로는 전략적 자율성을 지향하는 흐름이 두드러졌다. 오늘날에도 라틴아메리카는 미·중 전략 경쟁이 심화되는 가운데 신중한 중립 외교를 통해 외교적 공간을 점진적으로 확장하고 있다.

최근 라틴아메리카 국가들은 단순한 자원 수출 의존에서 벗어나, 민족주의적 열망을 토대로 보다 과감하고 혁신적인 정책을 추진하고 있다. 리튬 산업의 국유화, 외국 기업의 접근 제한, 자원 카르텔 구성, 국내 가치사슬 확대 등은 경제적 자립과 고부가가치 산업 고도화를 동시에 추구하는 전략적 방향으로 자리잡고 있다. 여기에 6억 명이 넘는 인구와 중위 연령 28세의 젊은 인구 구조는 생산 비용 상승에 직면한 글로벌 기업들에게 매력적인 대체 생산 거점으로 작용한다.

그러나 정치적 불안정은 여전히 발전의 걸림돌로 남아 있다. 과테말라와 온두라스 등 일부 지역의 치안 불안은 산업 발전을 저해하고 있으며, 중국 의존도가 높은 베네수엘라는 경제적 종속으로 인해 국가 자율성이 약화될 위험에 직면해 있다. 강력한 마약 카르텔의 득세와 지속적인 정치 혼란은 민족주의적 열망과 냉혹한 현실 사이의 간극을 뚜렷하게 드러내며, 라틴아메리카의 전략적 잠재력을 제약하는 구조적 요인으로 작용하고 있다.

2. 동남아시아

인도네시아, 말레이시아, 베트남, 필리핀 등 동남아시아 국가들은 역동적인 경제 성장과 외세 지배에 맞서 싸운 역사적 경험을 공유하며, 오늘날 글로벌 사우스의 핵심 축으로 자리매김하고 있다. 수세기에 걸친 유럽 열강의 식민 지배는 강력한 민족주의 정서를 촉발했고, 1955년 반둥 회의를 통해 비동맹주의의 초석을 마련함으로써 단순한 독립 투쟁을 넘어 탈식민 시대의 국가 정체성을 구축하는 계기를 제공했다.

이러한 민족주의 전통은 오늘날에도 강력한 영향력을 발휘하고 있다. 말레이시아는 미국과의 안보 협력을 유지하는 동시에 중국과의 경제 교류를 확대하고 있으며, 베트남은 특정 강대국에 종속되지 않는 독자적 외교 전략을 구사하고 있다. 외교적 유연성은 다극화되는 국제질서 속에서 동남아시아 국가들이 점진적으로 영향력을 확대하는 기반이 되고 있다.

동남아시아의 전략적 중요성은 지리적 입지뿐 아니라 풍부한 자원과 인구 구조에서도 비롯된다. 인도네시아의 니켈과 보크사이트, 베트남의 희토류, 말레이시아의 팜오일 자원은 21세기 산업 전환과 에너지 재편 과정에서 동남아시아의 자원적 입지를 단적으로 보여준다. 여기에 6억 5천만 명을 넘는 인구와 중위 연령 30세 언저리의 젊은 인구 구조는 풍부한 노동력을 제공하며, 역내 경제 성장의 잠재력을 뒷받침한다.

그러나 동남아시아에는 극복해야 할 구조적 과제도 있다. 미얀마 내전의 장기화와 군부 통치 지속, 역내 경제 발전의 불균형,[10] 그리고 ASEAN의 제한적인 통합력은 지역 협력과 안정성에 제약을 가하는 요인이다. 특히 미얀마 사태는 ASEAN 내부의 분열을 초래하며, 동남아시아의 집단적 대응 역량을 시험하는 중대한 변수로 작용하고 있다.

3. 중동

중동은 막대한 부와 구조적 취약성이 공존하는 지역으로, 세계 전략의 교차점이자 지정학적 긴장의 중심 무대다. 호르무즈 해협을 비롯한 글로벌 물류의 병목 지점에 위치한 중동은 미·중 전략 경쟁의 핵심 전장으로 부상하고 있다.

현대 중동의 정치 지형은 20세기 초 오스만 제국의 해체와 서구 제국주의에 대한 반발 속에서 형성된 민족주의 정서에 뿌리를 두고 있다. 이집트의 가말 압델 나세르는 수에즈 운하 국유화와 반서방 아랍 연대를 통해 지역 주권 의식을 고양시켰으며, 그가 주창한 범아랍주의Pan-Arabism는 시리아, 이라크, 리비아 등지에 깊은 영향을 미쳤다. 그러나 사회주의, 마르크스주의, 종교적 전통이 복합적으로 충돌하면서 중동 각국은 상이한 정치적 경로를 선택하게 되었고, 오늘날에는 사우디아라비아의 친미 노선, 이란의 반서방 전략, 카타르의 중립 외교 등 다양한 외교 전략이 병존하고 있다.

중동의 전략적 위상은 무엇보다 풍부한 자원에 기반한다. 사우디아라비아를 비롯한 걸프 연안 국가는 세계 석유 매장량의 상당 부분을 보유하며, OPEC을 통해 국제 유가에 직접적인 영향을 미친다. 튀르키예는 세계 붕사 매장량의 60%를 점유하고 있으며, 요르단은 주요 인광석 생산국으로서 글로벌 농업에 필수적인 자원을 공급하고 있다.

다가올 미래를 대비한 산업 전환 노력도 점차 가시화되고 있다. 사우디아라비아는 '비전 2030'을 통해 원유 의존도를 낮추는 동시에 석유 정제 능력을 확대하고 있으며, 아랍에미리트는 수소 산업에 대한 집중적인 투자를 통해 에너지 구조의 다변화를 추진 중이다. 요르단은 인광석 수출 제한을 통해 자국 산업의 내실을 강화하고 있다.

중동은 약 4억 명의 인구 중 60% 이상이 30세 이하일 만큼 인구학적 잠재력이 크다. 그러나 산업 기반과 기술력 부족이라는 구조적 과제도 병존한다. 지속 가능한 성장을 위해서는 외국인 투자뿐 아니라 인적 자본의 질적 강화가 필수적이다.

한편, 미국의 영향력 약화와 만성적 지역 갈등은 중동의 구조적 불안 요인으로 작용하고 있다. 시아파와 수니파 간의 뿌리 깊은 종파 갈등, '아랍의 봄' 이후의 정치적 혼란, 그리고 2023년 10월 하마스의 이스라엘 공격으로 촉발된 전쟁은 베냐민 네타냐후 총리의 국내 정치적 이해와 맞물려 중동 전역으로 확산되며, 확산의 임계점을 위태롭게 넘나들고 있다. 이 전쟁의 여파는 중동에 장기적 불안정의 불씨를 깊게 심어놓고 있으며, 국제 질서의 향방에도 중대한 영향을 미칠 것으로 보인다.

4. 아프리카

54개국으로 구성된 아프리카 대륙은 약 15억 명에 달하는 인구와 세계에서 가장 젊은 인구 구조(중위 연령 19세)를 보유하고 있다. 광활한 경작지와 저렴한 노동력, 그리고 전 세계 광물 자원의 30% 이상이 매장된 아프리카는 자원과 인구 면에서 압도적인 잠재력을 지닌 지역이다.

최근 배터리, 신재생에너지, 전기차 산업의 급속한 성장으로 아프리카가 보유한 자원의 전략적 가치가 더욱 부각되고 있다. 콩고민주공화국의 코발트, 짐바브웨의 리튬, 남아프리카공화국의 희토류와 백금, 나이지리아와 알제리의 석유 및 천연가스는 재생에너지 전환과 첨단 기술 산업에 필수적인 자원으로 평가받는다. 자원 민족주의가 정책의 중심으로 부상하는 것은 자연스러운 흐름이었다. 짐바브웨는 2022년 리튬 원광 수출을 금지했고, 콩고는 2023년 광업세를 대폭 인상했으며, 나이지리아는 2025년까지 정제 역량 강화를 위한 대규모 투자를 추진 중이다.

전략적 요충지로서 아프리카의 지정학적 가치는 날로 높아지고 있다. 냉전기 비동맹주의의 유산은 오늘날에도 이어져, 나이지리아와 케냐 등 주요 국가들은 미국과 중국 사이에서 실용주의에 기반한 균형 외교를 펼치고 있다. 홍해와 수에즈 운하 등 글로벌 해상 교통로를 따라 위치한 지리적 조건은 강대국을 상대로 한 외교적 지렛대를 제공하며, 지부티에 각각 설치된 미국과 중국의 군사 기지는 아프리카가 두 초강대국과 전략적으로 교류할 수 있는 잠재력을 상징한다. 중국의 대규모 인프라 투자와 서방의 원조 및 민간 투자가 교차하는 아프리카는 다극화된 세계 질서 속에서 점차 전략적 공간을 확대해 나가고 있다.

그러나 아프리카는 여전히 심각한 개발 격차에 직면해 있다. 식민 시대의 가혹한 수탈은 깊은 사회적 분열과 취약한 제도적 기반을 남겼으며, 이는 오늘날까지도 구조적 장애로 작용하고 있다. 제도적 취약성, 만연한 부패, 지대 추구 행위로 인해 자원 수익이 국민적 번영으로 이어지지 않는 경우가 많으며, 유엔 평화유지활동(PKO)의 위축은 권력 공백을 심화시키는 요인으로 작용하고 있다. 거기에 고질적인 인프라 부족, 낮은 기술력, 비효율적인 거버넌스는 아프리카가 자원을 지속 가능한 발전 동력으로 전환하는 데 있어 중대한 장애물로 남아 있다.

5. 제국의 전통: 인도와 튀르키예

글로벌 사우스 내부에서도 단순한 중간자적 외교를 넘어, 독자적인 영향권을 구축하려는 국가들이 존재한다. 특히 인도와 튀르키예는 지리적 강점과 옛 제국의 영광에 대한 역사적 기억을 바탕으로, 각자가 속한 지역 질서의 재편을 시도하고 있다.

지역 내 영향력을 확보하기 위해서는 국가의 절대적 국력뿐 아니라, 역내 국가들 간의 상대적 국력 우위가 결정적인 변수로 작용한다. 브라질, 아르헨티나, 멕시코는 미국의 압도적인 영향력 아래에서 독자적 리더십을 구축하는 데 제약을 받고 있으며, 인도네시아와 베트남 역시 중국의 존재감을 의식하지 않을 수 없다. 카자흐스탄과 우즈베키스탄은 러시아의 전통적 세력권에 속해 있다. 이와 달리 인도는 인도양에서의 지리적 우위와 세계 최대 수준의 인구를 바탕으로, 튀르키예는 유럽과 아시아를 연결하는 전략적 요충지라는 독특한 입지를 활용하여, 각자의 독자적 전략 공간을 확보할 수 있는 국가들이다.

약 14억 명에 달하는 거대한 인구와 젊고 역동적인 노동력을 바탕으로, 인도는 오늘날 글로벌 사우스를 대표하는 핵심 국가로 부상하고 있다. '전략적 자율성'을 지향하는 인도의 외교 정체성은 반식민 투쟁의 역사와 자와할랄 네루가 주창한 비동맹 외교 원칙에 뿌리를 두고 있다. 오늘날 인도는 이러한 전통을 계승하여 BRICS를 통해 러시아와의 오랜 우호 관계를 강화하는 한편, 미국 주도의 '쿼드Quad' 안보 협의체에도 적극 참여하며 다층적 외교 전략을 구사하고 있다.

풍부한 천연자원, 세계적 경쟁력을 갖춘 IT 산업, 인도양 항로에 대한 지리적 통제력은 미·중 간의 경쟁이 심화되는 국제 환경 속에서 인도의 전략적 가치를 더욱 부각시키는 요소다. 경제적 측면에서도 인도는 '메이드 인 인디아Made in India' 정책을 통해 외국 의존도를 낮추고 자국 산업의 역량을 강화하며 경제 민족주의를 적극적으로 추진하고 있다. 거의 모든 분야에서 중국에 필적할 만한 잠재력을 갖춘 인도는 장기적으로 인도양의 맹주로 부상할 수 있는 조건을 갖추고 있다.

그러나 인도에겐 만만치 않은 내부 과제도 있다. 낮은 농촌 문해율, 열악한 인프라, 전통적인 계급 구조로 인한 국가 통합의 어려움, '중진국 함정'의 위험, 그리고 국경을 마주한 중국과의 갈등 등은 인도의 지속적인 성장과 외교적 자율성에 제약을 가할 수 있는 요인들이다. 특히 러시아와의 결속에 따른 미국 및 유럽과의 잠재적 갈등은, 인도가 추구하는 전략적 자율성을 시험하는 중요한 변수로 작용할 것이다.

약 8,500만 명의 인구를 가진 튀르키예는 유럽과 아시아를 연결하는 전략적 요충지에 위치해 있으며, 이를 바탕으로 지역 내 영향력 확대를 적극적으로 모색하고 있다. 특히 보스포루스 해협의 통제권과 동유럽, 중동, 중앙아시아에 대한 지리적 근접성은 서방과 주변 강국을 상대로 강력한 외교적 지렛대를 제공한다.

오늘날 튀르키예는 나토 회원국으로서의 지위를 유지하면서도 러시아 및 중국과의 관계를 병행적으로 강화하며 외교적 다변화를 추진하고 있다. 또한 세계 최대의 붕소 매장국으로서 자원 기반 산업의 경쟁력을 높이고 있으며, 드론 등 첨단 방산 제품을 중심으로 방위 산업 수출 확대에도 박차를 가하고 있다.

그러나 튀르키예 역시 내재적 리스크에서 자유롭지 않다. 러시아산 S-400 방공 시스템 도입은 나토 내부의 긴장을 초래했고, 이는 미국과의 군사 협력에 제약을 가져왔다. 동시에 중국과의 경제 협력 심화는 향후 새로운 형태의 경제적 의존 가능성을 내포하고 있다. 반대로 나토의 결속력 약화와 러시아·중국의 역내 영향력 증대는 튀르키예의 전략적 자율성을 제한하는 요인으로 작용할 수 있다.

결산

오늘날 글로벌 사우스는 신자유주의적 국제경제 구조 속에서 원자재 수출국이나 저임금 노동력 공급지로 격하되었던 과거의 위치에서 벗어나려는 움직임을 보이고 있다. 단순히 자원을 해외에 제공하는 데 그치지 않고, 민족주의적 열망을 토대로 자국 내에서 부가가치를 창출하려는 전략을 적극적으로 모색하고 있다. 풍부한 자원과 방대한 인구를 기반으로, 글로벌 사우스는 이제 '자원의 보고'를 넘어 다극화된 세계 질서를 재편하는 핵심 행위자로 부상하고 있다.

미국과 중국 사이에서 전략적 균형을 유지하며 자율성을 확보하려는 글로벌 사우스는, 국제질서가 다극화될수록 특정 진영에 편입되기를 요구하는 외부의 압력에 직면할 가능성이 높다. 반면, 중립성을 상실할 경우 다시금 국제사회에서 주변화될 위험도 배제할 수 없다. 더욱이 기술력의 제약, 낮은 교육 수준, 열악한 인프라, 정치적 불안정성, 취약한 제도적 기반 등 구조적 한계는 민족주의적 열망만으로는 극복하기 어려운 과제다. 지역 내부의 분열 역시 통합된 목소리를 내는 데 장애가 되며, 일부 국가는 중진국 함정에 빠지거나 강대국 간 경쟁의 도구로 전락할 위험에 놓여 있다.

냉전기 비동맹 운동이 미국과 소련 사이에서 독자적 노선을 모색했던 것처럼, 오늘날의 글로벌 사우스 역시 유사한 도전에 직면해 있다. 이들이 민족주의적 야심과 자원적 지렛대를 지속 가능한 전략적 자율성과 실질적 영향력으로 전환할 수 있을지, 혹은 내부 분열과 '자원의 저주'를 극복하지 못한 채 다시금 주변화될지는 향후 국제질서의 향방을 결정짓는 중대한 분기점이 될 것이다.

미주

1. Richard Hass, "The Age of Nonpolarity: What Will Follow U.S. Dominance," Foreign Affairs (May 3, 2008); 곽노필, "2030년 세계는 '다극' 아닌 '다결절'을 향해 간다," 한겨레 (2019.9.16); "ESPAS Global Trends to 2030, the Future of Power in a 'Poly-nodal' World," uploaded in YouTube by the European Parliamentary Research Service (December 6, 2019); Randall Schweller, "Grand Strategy Under Nonpolarity," in Thierry Balzacq & Ronald Krebs (eds.), The Oxford Handbook of Grand Strategy (2021) 등을 참조.

2. 대다수 국가에게는 예측 가능하고 규칙에 기반한 무역체제를 유지하려는 유인이 여전히 강하게 작용한다. 따라서 전면적 자유무역주의의 시대가 저물었다 하더라도, 보다 현실적이고 조율된 형태의 새로운 무역질서가 등장할 가능성은 존재한다. 만약 미국이 다자무역체제로의 복귀를 끝내 외면한다면, 중국이 이러한 새로운 질서의 제도적 리더로 부상할 가능성도 배제할 수 없다. 그러나 이를 위해서는 중국이 국영기업 중심의 경제 구조와 이에 수반되는 산업 보조금 정책을 폐기하고, 자국 시장을 전면적으로 개방해야 한다. 이 두 조건 모두 중국의 현행 정치·경제 체제에서는 실현 가능성이 극히 낮은 과제다. 따라서 중국이 다자무역 질서의 중심축으로 기능할 수 있을지는 여전히 불확실하다.

3. 오늘날의 국제 환경은 과거보다 훨씬 더 복잡하고 정교하게 얽혀 있다. 전례 없는 수준의 상호연결성 속에서, 거의 모든 대외적 사건은 미국에 직·간접적인 영향을 미친다. 일부 위기는 즉각적인 개입을 요구할 것이며, 사소해 보이는 사안조차 누적될 경우 심각한 위기로 비화할 수 있을 것이다. 이러한 현실 속에서는 반응적 외교만으로는 적시에 효과적으로 대응하는 것이 사실상 불가능하다. 따라서 당장 세계 패권을 내려놓는다고 해서 미국이 18~19세기 때처럼 역외 문제로부터 자유로워질 수는 없다. 현대 국제사회의 구조적 복잡성은 미국으로 하여금 국제적 사안에 지속적으로 개입할 수밖에 없도록 만들 것이다.

4. 물론 구체적인 대응 방식은 당시 행정부의 성향, 국내 여론, 경제·군사적 여력, 그리고 위협의 성격에 따라 달라질 것이다.

5. 잠재적 패권국과 동일한 지역을 공유하는 국가는 본질적으로 그 부상을 견제하려는 강력한 안보적 동기를 지닌다. 동유럽에서는 러시아에 대한 균형추 역할을 수행하는 유럽 국가들이, 인도·태평양 지역에서는 중국의 부상을 견제하는 일본·대만·인도 등이, 중동에서는 이란의 영향력 확대를 저지하려는 이스라엘과 사우디아라비아가 대표적 사례다. 이들 국가는 모두 자국의 안보와 역내 권력 균형을 유지하기 위해 미국과의 전략적 협력을 강화할 강력한 유인을 갖고 있으며, 이러한 협력은 지역 질서의 안정성과 국제적 연대의 지속 가능성을 좌우할 핵심 변수로 작용한다.

6. 2025년 2월, 프랑스의 에마뉘엘 마크롱 대통령은 유럽의 전환기적 딜레마를 한마디로 요약했다: "중국 시장을 수출처로 삼고, 미국의 안보 우산 아래에 머무르며, 저렴한 러시아산 가스의 혜택을 받던 시절의 모델은 모두 잊어야 한다."

7. '유러피언 드림(European Dream)'이라는 용어는 제레미 리프킨이 2004년에 출간한 『유러피언 드림: 유럽의 미래 비전이 어떻게 아메리칸 드림을 능가하는가(The European Dream: How Europe's Vision of the Future is Quietly Eclipsing the American Dream)』라는 책을 통해 대중화되었다. 리프킨은 이 책에서 미국이 개인주의와 물질주의를 강조하는 데 반해, 유럽은 연결성(connectivity), 포용성(inclusivity), 인권 존중, 사회복지, 환경 책임과 같은 자유주의적 가치를 중시하는 삶의 방식을 지향한다고 대조적으로 설명한다.

8. 다만 중국의 지속적 부상과 러시아의 한계가 명확해지자, 두긴은 이전 입장을 수정하여 중국과 러시아가 미국의 영향력에 전략적으로 대응하기 위해 보다 긴밀히 협력해야 한다고 주장했다.

9. '글로벌 사우스(Global South)'라는 용어에 대한 비판적 분석은 자카리아 맘필리의 글에서 찾아볼 수 있다. 맘필리는 이 용어가 사실상 '비백인 세계(nonwhite world)'를 대체하는 현대적 완곡어법으로서 식민주의와 인종적 위계질서를 재생산한다고 주장한다. 또한 그는 이 표현이 다양한 국가들을 하나의 정체성 아래 통합하려는 의도를 지니지만, 현실의 복잡한 다양성을 지나치게 단순화하고 있으며, 중국과 러시아 같은 강대국들이 지정학적 이익을 위해 이를 악용하는 경우가 많다고 지적한다. Zachariah Mampilly, "What

'the Global South' Really Means – A Modern Gloss for Old Divisions," *Foreign Affairs* (April 1, 2025) 참조.
10 싱가포르처럼 고도로 발전한 국가가 있는 반면, 라오스와 같은 저개발 국가도 있다. 동질성이 성립하기 어려울 정도로 극과 극의 차이는 지역 전체의 통합과 안정에 부담을 준다.

PART
14

다극화 시대, 다자주의는
살아남을 수 있을까?

새로운 질서를 주도하는 것만큼
어렵고, 위험하며, 성공이 불확실한 일은 없다.
Si debbe considerare che non è cosa più difficile a trattare,
né di successo più dubbio, né più pericolosa a maneggiare,
che farsi capo nell'introdurre nuovi ordini.

•

니콜로 마키아벨리(Niccolò Machiavelli)

21세기 국제질서의 미래

바야흐로 세계는 지정학의 시대로 회귀하고 있다. 각 지역의 주요 강대국들은 각자의 상이한 질서 모델을 제시하며, 자신들이 지향하는 미래 세계의 청사진을 드러내고 있다.

트럼프 대통령의 재선 이전까지만 해도, 미국과 서방 동맹국들은 자유주의 국제질서의 현대적 변형이라 할 수 있는 이른바 '규칙 기반 국제질서rules-based international order'에 대한 지지를 반복적으로 확인해왔다.[1] 미국의 세계 패권은 국제질서의 '규칙'을 형성하고 집행할 수 있는 능력에 기반해 왔기에, 현상변경 세력들은 이 '규칙 기반 질서'를 자유주의 국제질서의 연장선으로 간주하고 경계했다. 그러나 트럼프 2기 행정부에서는 미국 스스로가 자유주의적 국제질서에서 이탈하려는 움직임을 본격화하고 있다.

2025년 2월 4일, 트럼프 대통령은 미국이 가자지구를 '인수take over'해 '중동의 리비에라'로 탈바꿈시키고, 220만 명에 달하는 팔레스타인 주민을 이집트나 요르단 등으로 영구 이주시킬 방안을 제안했다. 이에 한 기자가 "무슨 권한으로 인수하겠다는 말인가? 그것은 주권 문제"라고 묻자, 트럼프는 즉각 "미국의 권한으로"라고 응답했다. 이는 자유주의 패권국의 언어가 아니라, 현실주의적 제국의 지도자가 구사하는 발언이었다.

반면, 현상변경 세력은 더 이전부터 전통적 제국의 귀환을 추구해왔다. 여러 개의 세력권들이 공존할 수 있는 다극체제에서는 각 지역의 맹주에 해당하는 강대국을 중심으로 지역별 질서가 형성된다. 그중 러시아는 자유주의 국제질서가 국가 간 주권 평등을 기초로 설계된 유엔 체제를 훼손하였다고 비판하며, '주권적 국제주의'를 주장한다.[2] 자유주의적 가치에 따른 간섭주의를 배격하고, 국가 주권을 글로벌 거버넌스의 핵심 원리로 복원하겠다는 비전인 것이다.[3]

주권적 국제주의에 입각하여 러시아가 제시하는 질서는, 소위 '국제법 기반 질서international law-based order'다. 이것은 마치 법치주의에 따라 운용되는 질서로 들리지만, 모든 정치적 수사는 그 맥락에 대한 이해를 통해 해석되어야 한다.[4] 러시아가 주장하는 주권적 국제주의에 따른 질서 주체는 상호 간에 주권을 인정하는 국가들로 제한된다. 이러한 관점에 따르면 우크라이나처럼 지역 맹주의 전통적 세력권에 속한 국가의 주권은 보장되지 않는다. 역사적으로 제국에 종속되는 나라의 주권 유무는 강대국 간 세력권 인정에 따라 자의적으로 해석되어 왔다.[5] 결국 자유주의적 가치가 제거된 전통적 다극체제에서는 주요 강대국들의 전략적 자율성이 확대되는 반면, 중소국들의 주권적 자주성은 크게 제약받을 가능성이 높다.

한편 중국 역시 자유주의적 '규칙 기반' 질서와 상반되는 다극체제를 주창한다.⁶ 2023년 9월, 중국 외교부는 「글로벌 거버넌스 개혁 및 발전에 관한 입장」을 발표하며 "모든 국가의 주권과 영토 보전은 불가침"이라는 원칙을 재차 강조했다. 러시아와 마찬가지로, 중국 또한 유엔 중심의 국제 체제와 국제법, 그리고 유엔 헌장의 권위를 존중한다는 입장을 천명한 것이다.⁷ 그러나 이 선언도 러시아의 경우와 마찬가지로 중국 특유의 이념적 세계관 속에서 신중히 해석되어야 한다. 2010년 아세안 지역안보포럼에서 남중국해의 영유권 문제를 둘러싼 비판이 제기되었을 때, 중국의 양제츠 당시 외교부장은 공식석상에서 "중국은 대국이고 다른 나라들은 소국이다. 그것이 현실이다"라고 일갈했다. 이는 단순한 힘의 과시가 아니라, 위계 질서를 중시하는 유교적 정치철학이 반영된 발언이었다. 중국이 주장하는 유교적 '천하질서'는 모든 나라를 동등하게 대하는 것이 아닌, 강대국(특히 중국)의 권위를 중심으로 한 전통적 위계 구조를 제도화하는 것이기 때문이다.⁸

오늘날 경쟁적인 세계 질서 구상들의 중심에는 하나 같이 강력한 민족주의가 자리하고 있다. 트럼프는 MAGA 운동을 통해 그가 주장하는 이념과 제도적 변혁을 미국 및 서구 문명의 생존 문제로 극단화했으며, 푸틴은 러시아를 독자적인 유라시아 문명국으로, 시진핑은 중국을 세계 유일의 단일 문명국으로 내세운다. 인도와 튀르키예의 지도자들 역시 각자의 문명적 특수성과 역사적 위상을 전면에 부각시키고 있다. 보편주의가 퇴조하는 국제사회 속에서, 문명 담론과 배타적 민족주의가 광범위하게 부상하고 있는 것이다.

그러나 자유주의 국제질서의 대안으로 제시되는 주요 비전들은 대부분 전통적 다극체제로의 회귀를 지향한다. 일각에서는 다극체제가 일극이나 양극체제보다 공정하고 안정적이라고 주장하지만, 역사적 경험은 이를 반박한다. 냉전 이전의 다극체제는 강대국 간 동맹의 유동성과 약소국의 불안을 낳았고, 각 지역은 강대국 경쟁의 무대로 전락했다. 국제적 긴장은 일상이었다.[9] 다극체제의 귀환은 강대국 경쟁의 시대를 다시 불러올 가능성이 크다. 그리고 우리는 두 차례의 세계대전이 남긴 값비싼 교훈을 이미 알고 있다.

오늘날 인류가 마주한 과제는 단순히 낡은 질서를 지키는 데 있지 않다. 우리는 과연 현실정치의 끝없는 순환을 뛰어넘을 수 있을 것인가, 아니면 영원히 그 비극적 고리를 벗어날 수 없는 운명인가? 이것이야 말로 지금 인류의 앞에 놓여 있는, 결정적인 질문일 것이다.

21세기 글로벌 위기에 대응하는 다극체제의 한계

자유주의 국제질서가 준비 없이 붕괴한다면, 그 결과는 파국적일 수 있다.

다극체제의 근본적 약점은 단지 지속 가능한 평화를 보장하지 못하는 데 그치지 않는다. 더 심각한 문제는 21세기형 글로벌 위기에 효과적으로 대응할 능력이 부족하다는 점이다. 다극적 질서에서는 정책적 교착과 파편적 대응이 빈번하며, 인류 공동의 이익보다 자국의 단기적 이익이 우선시될 수밖에 없기 때문이다.

하지만 오늘날 인류가 직면한 글로벌 위기는 오직 폭넓은 다자 협력을 통해서만 극복할 수 있다. 그 대표적인 사례가 바로 대량살상무기[WMD]의 확산 방지다. 비확산 체제는 마치 그물망과 같아서, 참여국이 많을수록 방어망은 더욱 촘촘해진다. 반면 협력에 불참하는 국가는 그물망의 구멍이 되어 체제를 약화시키며, 이탈 국가가 늘어날수록 대량살상무기 확산의 위험은

기하급수적으로 커진다.[10]

앞으로의 핵확산금지조약[NPT] 체제는 냉전기나 탈냉전기와는 다른 조건 속에서 작동하게 될 것이다. 과거에도 핵확산금지조약 체제 밖에서 은밀히 핵무기를 개발한 국가들이 존재했지만, 기술적·지정학적 제약으로 인해 그 수는 극히 제한적이었다. 그러나 현대에는 북한과 같은 고립된 국가조차도 강력한 의지만 있다면 핵 개발에 필요한 기술을 확보하는 것이 가능해졌다. 그리고 일단 다극체제가 본격화되면, 여러 지역에서 안보 딜레마가 동시에 격화될 것이다. 끊임없이 발전하는 기술이 핵 개발의 장벽을 지속적으로 낮추는 가운데, 더 많은 나라가 생존과 안전을 보장받기 위해 핵 개발을 시도할 수 있다. 일단 핵 확산이 시작되면, 그 흐름은 도미노처럼 전 세계로 확산될 위험이 크다. 확산의 위험은 핵무기에 국한되지 않는다. 다극체제의 불확실성은 생물학·화학·방사능 무기를 포함한 모든 형태의 대량살상무기 확산 위험을 가속화할 것이다. 여기에 다국적 테러조직까지 결합된다면, 머지않아 세계 어느 나라도 대량살상무기의 위협으로부터 완전히 자유로울 수 없는 시대가 도래할 수 있다.

인공지능[AI]의 발전 역시 진 지구적 협력이 시급히 요구되는 중대한 과제다. 인공지능은 이제 단순한 도구를 넘어선 존재다. 이미 다양한 분야에서 인간의 고유한 역할을 빠른 속도로 대체하고 있다. 인공지능은 무제한적인 데이터 접근성을 바탕으로 기존 규제 체계와 사회의 적응 속도를 훨씬 앞질러 진화하고 있으며, 이로 인해 통제와 책임의 공백이 점차 확대되고 있다. 이미지·음성·영상까지 정교하게 재현하는 딥페이크 기술은 허위 정보의 확산과 사회적 불안을 가속화하며, 예측 불가능한 사이버 범죄라는 새로운 안보 위협을 낳고 있다. 인공지능과 결합한 테러 및 사이버 공격이 사물인터넷IoT과 결합될 경우 그 위협은 사회 기반시설 전반으로 확산될 수 있다. 인공지능이 사회의 핵심 기능은 물론, 인간의 의사결정 과정까지 통제할 가능성은 더 이상 공상과학 소설의 영역이 아니다.

'인공지능이 과연 인간의 지능을 넘어설 수 있을 것인가'라는 질문은 한때 상상에 가까운 화두였다. 오늘날 이 질문은 어느새 '과연 언제 인공지능이 인간의 지능을 초월할 것인가'로 대체되었다. 그리고 그보다 더 중요한 질문은, 인공지능이 인간 지능을 넘어선 이후에도 과연 인간의 통제 아래 계속 머물 것인지에 있을 것이다. 2023년 5월, 미국 AI 안전 센터CAIS는 세계적 과학자 350명의 공동 서명을 받아 발표한 성명에서 인공지능의 잠재적 위험을 핵전쟁에 필적하는 시급한 과제로 규정하며, 국제사회에 적극적인 대응을 촉구했다. 이는 인공지능 기술의 진화가 단순한 기술적 진보를 넘어 인류 전체의 생존과 안보를 위협할 수 있는 중대한 전환점에 도달했음을 보여주었다.

주요 인공지능 선도국들은 그 잠재적 위험을 인식하고 초기 윤리 지침과 규제 체계 마련을 시도해왔다. 그러나 첨예한 지정학적 경쟁이 이러한 노력을 반복적으로 저해하고 있다. 인공지능 개발에 대한 조기 규제가 국가 경쟁력에 불리하게 작용할 수 있다는 우려가 확산되면서 실효성 있고 보편적인 규제의 도입이 지연되고 있는 것이다. 그러나 파편화된 규제로는 인공지능의 예측 불가능하고 광범위한 영향력을 제어할 수 없다. 인공지능 기술의 진화가 인류 공동체에 미치는 리스크를 관리하기 위해서는 국제적 협력과 공동 규범의 구축이 필수적이다.

대량살상무기 확산과 인공지능 규제는 전 지구적 협력이 요구되는 글로벌 위기 가운데 일부에 불과하다. 날로 심화되는 기후 변화는 식량이나 물을 포함한 핵심 자원의 접근성을 제한하며 새로운 갈등의 불씨가 되고 있다.[11] 하지만 다자무역체제가 약화된 상황에서는 자원 위기에 대한 조율된 공동 대응이 어렵다. 그리고 주요 경제블록이 핵심 자원에 대한 독점적 통제를 강화할수록, 경제적 분열은 심각한 지정학적 갈등으로 비화될 위험이 높아진다. 여기에 전 세계적 팬데믹, 고도화되는 사이버 위협, 그리고 급속한 기술 발전까지 겹치며, 고립주의적 대응이나 강대국 간 경쟁만으로는 결코 해결할 수 없는 초국가적 과제들이 점점 더 늘어나고 있다.

기술과 지정학이 동시에 격변하고 있는 21세기 전환기에는, 어느 나라도 단독으로―혹은 소수 국가의 제한적 협력만으로―이 위기를 감당할 수 없다. 이제 다자주의는 선택의 문제가 아니라 인류의 생존과 번영을 위한 필수 조건이다. 그러나 강대국 경쟁과 제로섬 전략, 자국 우선주의를 구조적으로 부추기는 다극체제 하에서는 인류 공동체적 협력이 사실상 불가능할 수밖에 없다.

분열된 세계에서의 다자주의의 미래

국가 간 결속이 약화됨에 따라 국제 규범과 합의의 집행력은 날로 저하될 가능성이 크다. 기존 국제기구와 다자체제는 여전히 대화와 협력의 장으로서 일정 부분 기능을 유지하겠지만, 자유주의 국제질서의 전성기에 누렸던 것과 같은 독립성과 권위, 그리고 영향력을 유지하기는 어려울 것이다.

이러한 격변의 전환기 속에서 많은 국가가 바라는 이상적 결말은 다자주의의 지속이다. 그러나 광범위한 국제 협력을 강제할 단일 패권국이 부재한 세계에서, 각국은 전략적 이해관계가 맞는 파트너와 긴밀한 지역 블록을 형성하거나, 특정 사안에 따라 유연한 연대를 추구하려 시도할 것이다. 그 결과 전 지구적 다자협력은 점차 뒷전으로 밀리고, 실용적 소규모 협력체, 즉 소다자주의minilateralism가 선호될 가능성이 커진다. 다극체제 속에서는 이러한 분절적·실용주의적 협력 방식이 결국 새로운 국제관계의 표준으로 자리 잡게 될 것이다.

그럼에도 불구하고 국제법과 다자 협력의 기본 원칙은 유지되어야만 한다. 이는 국제사회에서 최소한의 안정성과 예측 가능성을 확보하기 위한 불가결한 조건이기 때문이다.

1. 다극성에 적응한 다자주의

국가들이 국제기구, 동맹, 규범을 자국 이해관계에 맞춰 선별적으로 활용하는 이른바 '알라카르트 세계à la carte world'가 현실화될 경우, 국제질서는 필연적으로 불안정해질 수밖에 없다. 국가 또는 세력 간 이해관계를 조율하고 전 지구적 협력을 촉진하는 복합적 플랫폼이 필요하다. 그리고 단일 패권국의 선도력이 부재할 남은 21세기에, 복잡하게 얽힌 국가 간 이해 충돌을 조정하고 인류 공동의 과제에 통합적으로 대응할 수 있는 장치는 연성적 다자체제 이외에 존재하기 어려울 것이다.

하지만 단기적 이해관계에 따라 외교정책이 좌우될 다가오는 현실 속에서, 다양한 국가를 하나의 보편적 규범 아래 묶어내는 '닻'이 될 제도적 프레임워크를 구축하는 것은 인류가 직면한 새로운 과제다. 이러한 체제는 일률적인 구속보다는 상호 이해를 기반으로 유연하게 운영될 필요가 있다. 대다수 국가가 여전히 공유하는 공통의 가치와 규범을 바탕으로, 다양한 소다자 협력체와 조화롭게 공존할 수 있는 포괄적 협력 구조를 모색해야 하는 이유다.

2. 국제법의 변화하는 역할

오늘날 국제법의 역할과 정당성은 역사적 전환점에 놓여 있다. 패권국의 부재로 인한 강제력 약화는 피할 수 없지만, 국가의 자발적 이행과 국제적 승인에 기반한 규범적 권위는 오히려 더욱 중요해지고 있다. 앞으로 각 국가는 외부의 강압 때문이 아니라, 예측 불가능하고 불확실한 국제 환경 속에서 안정성, 예측 가능성, 제도적 연속성을 확보하기 위해 법적 규범 준수를 전략적 선택으로 삼을 가능성이 크다.[12]

자유민주주의의 위기와 다자주의의 미래

현대 국제질서는 두 차례의 세계대전과 냉전의 종식을 거친 뒤에 세계화라는 흐름 속에서 형성되었다. 그 핵심 토대인 다자주의는 인류 공동 문명의 소중한 유산이다. 여기에 결함이 있다면 무작정 폐기할 것이 아니라, 신중한 개혁과 건설적 보완을 통해 보강해야 한다. 그 어떠한 상황에서도, 국제사회가 19세기나 20세기 초의 냉혹한 지정학 시대로 회귀하는 일만은 있어서는 아니 된다. 탈냉전기 다자주의가 일극의 세계 패권에 의해 인위적으로 구축된 기반 위에 놓여 있었다면, 앞으로의 다자주의는 인류가 직면한 복합적 위기를 슬기롭게 극복하기 위한 필수적 기제로 새롭게 기능해야 한다. 그러나 다자주의가 외교적 수사에 그치지 않고 실제로 작동하기 위해서는, 자유주의적 가치에 뿌리를 둔 국제규범이 전제되어야만 한다.

영토 주권 존중, 내정 불간섭, 국제법 준수, 자유무역 촉진은 자유주의 국제질서의 핵심 원칙이자, 광범위한 국제 협력을 가능하게 하는 구조적 기반이다. 이러한 최소한의 자유주의적 특질마저 결여된다면, 21세기 다자주의는 현실주의적 이해관계에 따라 좌우되는 공허한 틀로 전락할 수밖에 없다. 그렇게 되면, 기껏해야 19세기 유럽협조체제나 냉전기의 제한적 이슈 연대처럼 협력의 외피만 남기고 구조적 문제 해결에는 실패했던 과거의 한계를 되풀이하게 될 것이다. 그래서는 인류가 남은 21세기의 실존적 위기를 극복하기란 요원할 것이다.

이 역사적 분기점에서, 임마누엘 칸트의 통찰을 되새길 필요가 있다. 진정한 세계시민주의, 그리고 그 연장선에 있는 실질적 다자주의는 공화주의, 또는 자유민주주의의 핵심 가치 위에서만 성립할 수 있다. 다자주의 체제가 지속되기 위해서는 자유민주주의가 단순한 정치적 선택지를 넘어 국제사회의 보편적 규범으로서의 권위를 유지해야 한다. 그리고 이러한 권위는 궁극적으로 각국 내부에서 자유민주주의가 얼마나 활력 있게 작동하는지에 달려 있다.

문제는 자유민주주의 국가들 스스로가 민주적 질서의 훼손, 포퓰리즘의 확산, 권위주의적 대안의 부상이라는 복합적 위기에 직면해 있다는 사실이다. 국제질서의 분열이 가속화되며 다자주의에 필요한 규범적 응집력이 약화되는 가운데, 자유민주주의 국가마저 체제적 위기에 빠진다면, 다자주의는 공허한 형식으로 전락할 수밖에 없다. 이는 곧 국제사회가 남은 21세기에 반드시 맞닥뜨릴 인류 공동의 위기에 대응할 능력을 상실했음을 의미할 것이다.

미주

1 '자유주의 국제질서(liberal international order)'라는 용어는 그 자체로 자유주의를 핵심 가치로 함축하는데, 이는 탈냉전기 많은 국가에서 반감을 불러일으킨 신자유주의(neoliberalism)와도 연관된다. 신자유주의에 대한 반발을 경험한 미국과 서방은 보다 덜 노골적이고 폭넓은 호소력을 지닌 '규칙 기반 국제질서(rules-based international order)'라는 용어를 채택할 필요를 느꼈을 것이다. 그러나 트럼프 행정부 2기 들어 미국은 규칙 기반 국제질서라는 수사마저 사실상 포기하며, 자유주의적 국제 거버넌스에서 한층 더 멀어졌음을 보여주었다.

2 이와 관련한 자유주의 국제질서의 균열과 러시아의 주권적 국제주의에 대한 논의는 강봉구, 「자유주의 국제질서의 균열과 러시아의 주권적 국제주의」, 『슬라브硏究』 제35권 4호 (2019), 1-33쪽을 참고.

3 러시아는 서방이 주장하는 '규칙 기반 국제질서'에서 말하는 '규칙'이 국가 간 주권적 합의와 법적 근거에 의해 엄격히 성립하는 국제법을 넘어선다고 본다. 또한 이러한 규칙에는 광범위한 국제적 합의 없이 특정 국가나 블록이 독자적으로 수립한, 요컨대 미국과 서방 동맹국들이 일방적으로 강요하는 (자유주의적) 규범(norm)이 포함된다고 본다. 따라서 규칙 기반 국제질서는 단지 자유주의 국제질서의 재포장판, 즉 '자유주의 국제질서 2.0'에 불과하며, 여전히 자유주의적 이념과 원칙을 타국에 강제하려는 변주에 불과한 것으로 간주된다.

4 러시아는 엄격한 베스트팔렌 주권 해석에 기반한 자국의 '주권적 국제주의' 비전이 '국제법 기반 질서'를 구성한다고 주장한다. 다만, 어떠한 법 체계도 그것을 지탱하는 정치 구조와 권력 역학에 의해 실효성이 결정된다는 사실은 피할 수 없다.

5 구한말 조선에 대한 종주국 지위를 포기하지 않으려 했던 청나라와, 조선을 청나라의 속방에서 해방시켜 자국의 식민지로 삼으려던 일본의 대결을 참조할 수 있을 것이다.

6 다만 중국은 현존 국제질서의 여러 측면을 개혁하는 데 관심을 표명해 왔지만, 이를 완전히 해체하거나 전복하려는 의도를 보인 적은 없다. 중국은 미국 주도 다자체제의 가장 큰 수혜자로써, 그동안 누려온 이점을 충분히 인식하고 있다. 대신 미국의 일극 패권이 해체된 뒤에는, 궁극적으로는 자국이 글로벌 다자체제의 정점으로 자리매김하는 것을 목표로 삼게 될 가능성이 높아 보인다.

7 Paul Gewirtz, "China, the United States, and the future of a rules-based international order," Brookings (2024년 7월 22일), 중국 외교관계법(2023) 제19조 인용.

8 지난 10여 년간 중국의 '전랑(戰狼) 외교'는 거친 언사와 경제 보복으로 국제사회의 반발을 자초했다. 이는 중국이 내세우는 천하질서를 국제사회에 매력적인 대안으로 각인시키는 데 실패했음을 방증한다. 그러나 최근 들어 중국은 점차 일방주의로 기울고 있는 미국에 대한 "예측 가능하고 온건한 대안"으로서 자국의 이미지를 재정립하는 데 힘을 쏟고 있다.

9 현실적 대안이 전무한 상황에서 불완전한 세력균형이나 지역 패권의 등장은 어쩌면 끊임없는 전쟁보다는 나은 '일시적 평화'를 제공할 수도 있을 것이다. 하지만 세력균형이나 전통적 지역 패권은 결코 지속 가능한 평화의 토대가 될 수 없다. 잠시 긴장을 완화하고 당면한 파국을 회피하는 데 도움이 될 수는 있을지언정, 영속적 안정을 보장할 수 없다는 것은 역사가 이미 여러 차례에 걸쳐 증명했다.

10 이것은 9·11 테러 이후 극단주의 테러의 확산에 대응하기 위해 출범한 확산방지구상(Proliferation Security Initiative, PSI)의 논리와 일치한다. 105개국이 참여한 이 구상은 테러 조직이 대량살상무기(WMD)를 획득하지 못하도록 확산방지를 위한 글로벌 네트워크를 구축하는 것을 목표로 했다.

11 Michael Albertus, "The Coming Age of Territorial Expansion – Climate Change will Fuel Contests – and Maybe Wars – for Land and Resources," Foreign Affairs (4 March 2025) 등을 참조.

12 정하늘, 『21세기 국제질서 맥락으로 이해하기 – 패권 전환기 속 대한민국의 미래』 국제법질서연구소 (2023), p. 541.

PART 15

자유민주주의의
실존적 위기

기억하라. 민주주의는 결코 영속하지 않는다.
그것은 스스로를 소진하고, 고갈시키며, 결국 자멸의 길로 접어든다.
역사 속에서 스스로 붕괴하지 않은 민주주의는
단 한 번도 존재한 적이 없다. 민주정이 귀족정이나 군주정보다
덜 허영심이 많고, 덜 오만하며, 덜 이기적이고, 덜 야심차며,
덜 탐욕스럽다고 주장하는 것은 헛된 이상에 불과하다.
이는 사실이 아니며, 역사적 사례 역시 이를 뒷받침하지 않는다.
인간의 열망은 모든 형태의 정부 아래에서 동일하게 작동하며,
억제되지 않을 경우 부정과 폭력, 잔혹함으로 이어질 수밖에 없다.
허영과 오만, 탐욕과 야망이 손쉽게 충족될 수 있는 환경이 조성되면,
가장 신중한 철학자나 가장 양심적인 도덕주의자조차도
그 유혹을 뿌리치기 어렵다. 자기 자신을 극복한 개인은 존재했을지
모르나, 국가와 대중은 그러한 자제력을 보여준 적이 없다.

Remember, democracy never lasts long. It soon wastes, exhausts,
and murders itself. There never was a democracy yet that did not commit
suicide. It is in vain to say that democracy is less vain, less proud,
less selfish, less ambitious, or less avaricious than aristocracy or monarchy.
It is not true, in fact, and nowhere appears in history.
Those passions are the same in all men, under all forms of simple government,
and when unchecked, produce the same effects of fraud, violence, and
cruelty. When clear prospects are opened before vanity, pride, avarice,
or ambition, for their easy gratification, it is hard for the most
considerate philosophers and the most conscientious moralists to resist
the temptation. Individuals have conquered themselves.
Nations and large bodies of men, never.

•

존 애덤스(John Adams)

01 자유주의 이념의 확장과 분열

 오늘날 자유민주주의 국가들이 직면한 위기는 복합적이며 다층적이다. 각국은 SNS 알고리즘이 증폭시키는 정치적 양극화, 이민자와 정체성 문제를 둘러싼 갈등, 통치 방식에 대한 내부 분열 등 고유한 난제들을 안고 있다. 그러나 이처럼 다양한 현상들의 저변에는 보다 근본적이고 공통된 현실이 자리하고 있다. 바로 자유민주주의 그 자체가 구조적 위기에 처해 있다는 사실이다.

 자유주의 국제질서와 마찬가지로 자유민주주의 역시 계몽주의에서 파생된 자유주의 전통에 그 뿌리를 두고 있다. 그러나 오늘날의 자유주의는 고전적 자유주의와 비교할 때 형태와 내용 모두에서 크게 변모했다. 그 범위는 과거보다 훨씬 확장되었고, 구조는 파편화되었으며, 내적 일관성은 약화되었다.

 자유주의의 심장에는 '개인의 자유'라는 본원적 가치가 자리한다. 이를 가장 압축적으로 드러내는 것은 칸트의 정언명령이다. 인간을 단순한 수단이 아니라 언제나 존엄한 목적 그 자체로 대우하라는 이 윤리적 지상명령이야 말로, 자유주의 사상의 근본을 이루는 규범적 토대라 할 수 있다.[1] 이 원칙에 따르면 그 어떤 이념이나 사회운동도 개인을 특정 목적을 위한 도구로 취급해서는 안 되며, 모든 개인은 고유한 존엄성과 불가침의 자율성, 자기결정권을 지닌 주체로서 존중받아야 한다. 이러한 윤리적 대원칙 위에서, 개인의 기본권을 보장하고 권력에 대한 헌법적 제한을 부과하기 위한 각종 제도적 장치들이 고안되었다.

그러나 시간이 흐름에 따라 자유주의는 방대하고 때로는 상호 모순되는 개념들의 집합으로 확장되었다. 오늘날 자유주의는 극단적인 자유지상주의에서 급진적인 평등주의에 이르기까지 다양한 입장을 포괄하며,[2] 하나의 일관된 정의로는 규정하기 어려운 사상적 스펙트럼을 형성하고 있다. 사회과학의 다른 많은 개념들과 마찬가지로 자유주의 역시 끊임없는 해석, 비판, 재정립 속에서 내적으로 이질적이고 불안정한 전통으로 진화해왔다. 그러나 무분별한 확장은 21세기에 들어 오히려 민주주의의 규범적 기반과 제도적 정당성을 잠식하는 역설적 결과를 낳고 있다. 이러한 사상적 위기는 서구에만 국한되지 않는다. 서구식 자유민주주의를 채택한 비서구 국가들 역시 유사한 도전에 직면하고 있다. 이는 위기의 근본 원인이 단지 역사·문화적 맥락에만 있는 것이 아님을 보여준다.

오늘날 자유민주주의가 맞닥뜨린 총체적 위기를 정확히 이해하기 위해서는, 먼저 그 철학적 기반인 자유주의 사상의 역사적 궤적—계몽주의 시대의 합리주의에서 현대의 다원주의, 그리고 정체성 정치에 이르기까지—를 되짚어볼 필요가 있을 것이다.

합리주의: 자유주의의 기초

고전적 자유주의의 토대를 형성한 계몽주의는 본질적으로 '합리주의'였다. 본격적인 근대 철학이 르네 데카르트에서 출발했다면, 근대 철학과 과학의 방법론을 제시한 인물은 프랜시스 베이컨이었다. 베이컨은 저서 《신기관新機關》(1620)에서 경험적 관찰을 토대로 일반 원리를 도출하는, 귀납적 추론에 기초한 방법론을 제시했다. 귀납법은 아리스토텔레스식 연역법—일반적 전제로부터 개별적 결론을 도출하는 방식—의 한계를 극복하고, 인간의 지식에 무한한 확장 가능성을 부여했다.[3] 이로써 근대적 사고의 기초가 마련되었다.

근대는 이성에 대한 신뢰가 전통과 권위보다 우위를 점하던 시대였다. 이러한 시대적 흐름 속에서 자유주의는 논리적 사고와 체계적 추론을 기반으로 등장했다. 특히 임마누엘 칸트는 순수 이성의 원리를 도덕과 정치 영역에 적용함으로써, 자유주의의 핵심 가치들을 철학적으로 정초했다. 칸트는 인간을 스스로 도덕 법칙을 설정할 수 있는 능력을 지닌 존재로 규정했다.[4] 이는 인간이 자유로운 판단과 책임 있는 선택을 할 수 있다는 전제에 기반한 것으로, 도덕의 중심에 개인의 자율성과 내적 의지를 놓은 그의 사상은 자유주의 윤리의 근간이 되었다. 이러한 그의 철학은 정치 영역에서도 그대로 이어졌다. 칸트는 국가 권력이 시민의 자유를 침해하지 않도록 법적·제도적 장치를 통해 제한되어야 한다고 주장했다. 그의 사상은 권력의 자율적 통제를 강조하며, 자유주의 정치철학의 규범적 기초를 제공했다.

근대사회가 날로 복잡해짐에 따라, 계몽주의의 합리주의적 유산은 도전에 직면하기 시작했다. 19세기에 이르러 등장한 게오르크 빌헬름 프리드리히 헤겔, 칼 마르크스, 프리드리히 니체 등과 같은 사상가들은 인간 경험의 심층적 차원에 주목하며, 계몽주의적 이성이 포착하지 못하는 영역을 탐구하기 시작했다. 특히 니체는 서구 사회에서 종교와 전통적 도덕이 몰락해가는 과정을 통찰하며, 이성 중심의 세계관만으로는 인간이란 존재의 복잡성과 내면의 깊이를 완벽히 설명하지 못한다고 주장했다.

니체는 『차라투스트라는 이렇게 말했다』(1885)에서 "신은 죽었다"는 선언을 통해, 절대적 가치의 기반이 무너진 시대에 인간이 직면하게 될 깊은 공허와 허무의 위기를 경고했다. 그의 철학에서 '신'은 종교적 존재를 넘어, 인간 사회가 오랫동안 의지해온 초월적 질서와 절대적 의미의 상징이었다. 니체에 따르면, 사회는 역사적으로 종교나 전통적 도덕률, 형이상학적 세계관과 같은 초월적 신념에 의존해 정당성과 방향성을 확보해 왔다. 그런데 이러한 기반이 붕괴되면, 인간은 삶의 목적과 방향을 잃고 존재의 의미에 대한 근본적인 혼란과 실존적 불안에 빠질 수밖에 없다. 그의 선언은 단순한 무신론적 주장이 아니라, 근대 이후 인간이 직면한 가치 해체의 현실을 직시하라는 철학적 경고였다.

'신'의 사망 이후 도래할 필연적 '허무주의^{Nihilism}'에 대한 니체의 해답은 '영원회귀$^{Amor\ Fati}$'였다. 즉, 절대적 목적을 부여해줄 초월적인 존재가 사라진 세계에서 인간이 스스로 삶의 의미를 찾는 방법은, 매 순간을 그것이 영원히 반복된다 해도 좋을 만큼 강렬히 긍정하며 살아가는 것이다. 외부의 절대적 기준이 아닌, 자율적 자기 긍정을 통해 스스로의 삶에 고유한 가치를 부여해야 한다. 또한 근원적 자유를 가진 존재로서 인간은 신이나 도덕, 사회 규범 등과 같은 외부의 기준에 수동적으로 의존하지 말고 스스로 자기 삶의 의미를 만들어가야 한다는 것이다. 나아가 니체는 종교, 민족, 이념

등과 같은 집단적 정체성에 대한 맹목적 추종을 단호히 거부하고, 각 개인이 강력한 의지와 창조력을 통해 스스로 새로운 가치를 창출하는 '자기 초월적 존재'가 될 것을 주문했다.

20세기의 전환: 합리주의에서 주관주의로

인간을 '스스로 선택하고 책임지는 자유로운 존재'로 간주한 니체의 사상은 20세기 실존주의 철학에 깊은 영향을 미쳤다. 장 폴 사르트르나 마르틴 하이데거와 같은 실존주의 철학자들은 니체가 강조한 개인의 절대적 자율성과 그에 따르는 책임, 근원적 자유에 대한 사유를 받아들여, 인간에겐 태어날 때부터 정해진 '본질'이 없고, 자신의 선택과 행동을 통해 자기 존재의 의미를 만들어가는 존재라고 주장했다.

20세기 초, 산업화와 전례 없는 지정학적 변동이 가속화되면서 전통적 도덕률에 기초한 세계관은 빠르게 붕괴하고 있었다. 니체가 예견했던 대로 그 결과는 개인주의의 심화로 나타났다. 세속화된 정치 체제는 종교와의 결별을 가속화했고, 사회 규범은 전통적 기반에서 점차 이탈했다. 동시에 사회는 개인의 고유한 경험과 특수성을 중시하기 시작했으며, 계몽주의 시대의 엄격한 보편 이성주의는 점진적으로 해체되었다. 후기 근대는 객관성 중심의 사유에서 주관성 중심의 사유로 점차 이동했고, 추상적·개념적 사고는 경험적 제약에서 벗어나 새로운 형태의 지성으로 자리 잡았다. 이 심오한 전환은 학문의 영역을 넘어 문화 전반에 파급되었다. 문학, 예술, 음악 등 다양한 영역이 주관적인 감수성을 반영하며 기존의 전통, 권위적 체제, 고정된 의미 구조에 대한 근본적인 의문을 제기하기 시작한 것이다. 이러한 지적·미학적 혁신의 흐름은 '모더니즘Modernism'이라고 불렸다.

모더니즘은 기존의 절대적이고 획일적인 가치 기준을 거부하고, 다양성과 개별성을 중심에 놓았다. 전통적 권위에 대한 회의 속에서 예술과 사유는 보다 자유롭고 실험적인 방식으로 전개되었으며, 창조적 파열과 표현의 해방이 그 특징이었다. 그러나 그 안에서도 모더니즘은 예술과 사유에 적용될 수 있는 새로운 형태의 보편성—즉, 혼란 속에서도 통용 가능한 원리와 기준—을 끊임없이 탐색했다.[5] 이는 니체의 '영원회귀' 사상처럼, 기존 질서의 붕괴 속에서도 삶의 의미를 스스로 창조하려는 철학적 태도와 맞닿아 있었다. 자유로운 표현과 실험을 지향하면서도, 모더니즘은 예술의 본질과 인간 경험에 대한 공통된 이해를 통해 새로운 형태의 질서와 내적 안정성을 모색했던 것이다.

후기 근대는 대략 20세기 중반을 기점으로 막을 내렸다. 이어서 등장한 현대contemporary 시대는 '보편성' 또는 '보편적 세계관'에 대한 미련마저 희미해지기 시작한 시기였다. 이 시기 서구 사회는 인종적, 문화적, 이념적으로 더욱 다원화되었고, 이러한 다양성을 하나의 통일된 틀로 아우르려는 시도는 점점 더 어려워지고 있었다. 더구나 두 차례에 걸친 파괴적인 세계대전은 계몽주의가 신뢰했던 이성과 과학에 대한 믿음을 근본적으로 흔들었다. 동시에 세계대전은 나치즘, 파시즘, 스탈린주의 같은 전체주의 이념이 제시한 '궁극의 진리'—즉, 거대 서사가 초래할 수 있는 참혹한 결과를 극명하게 드러낸 사건들이기도 했다. 그 와중에 탈식민화와 활발한 민권운동은 기존의 도덕·정치 질서를 급격히 해체하며, 문화적 상대주의와 가치 다원주의를 강력히 촉진했다. 이로써 단일한 진리나 보편적 기준에 대한 신념은 더욱 약화되었고, 현대는 다양성과 차이의 인정을 중심으로 재편되기 시작했다.

이와 같은 흐름 속에서 부상한 사조가 바로 '포스트모더니즘Postmodernism'이었다. 포스트모더니즘은 보편적 진리나 거대 단일 서사를 거부하고, 지식의 상대성과 문화·이념적 다양성을 강조한다.[6] 세계는 하나의 객관적 진리로 환원될 수 있는 것이 아니라, 다양한 주관적 관점과 경험 속에서 끊임없이 재해석되는 장으로 이해된다. 포스트모더니즘은 언어, 문화, 제도, 권력이 어떻게 의미를 구성하고 재생산하는지를 비판적으로 분석하며, 이를 바탕으로 '해체주의Deconstructivism'라는 강력한 비평 방법론을 발전시켰다. 해체주의는 사회 곳곳의 텍스트와 개념에 내재한 모순, 은폐된 전제, 이념적 구조를 집요하게 파헤치며, 기존의 통념과 권위에 균열을 가하는 작업을 수행했다.

포스트모던적 사유는 철학을 넘어 인문·사회과학 전반으로 확산되었다. 이에 따라 정치, 경제, 문화, 개인 정체성에 대한 모든 논의가 근본적으로 재구성되기 시작했으며, 얼마 지나지 않아 지식 생산의 방식뿐 아니라 권력, 담론, 의미 구조에 대한 기본 이해마저 근본적으로 변화하기 시작했다.

포스트모더니즘과 사회주의의 연대

20세기 중후반, 포스트모더니즘의 진화 경로는 오랫동안 권력, 계급, 사회적 위계 구조에 대한 비판적 통찰을 제공해온 사회주의 전통과 교차하기에 이른다. 표면적으로 두 사조는 상충되는 듯 보인다. 포스트모더니즘은 보편성과 절대적인 진리를 거부하는 반면, 사회주의는 계급 투쟁과 집단적 해방이라는 보편적 비전에 뿌리를 두고 있기 때문이다. 그러나 그 이면에는, '사회 구조'가 자연적이거나 불변의 질서가 아니라 역사·문화·정치적으로 구성된 인위적 산물이라는 공통된 비판 의식이 자리하고 있었다.

특히 문화적 다양성을 강조하고 소외된 집단의 권리를 옹호하는 포스트모더니즘적 태도는, 사회주의가 억압받는 계층을 옹호하기 위해 전개해온 방어 논리와 맞닿아 있었다. 두 사상 모두 기존 권력 구조에 의해 배제된 사회적 약자의 목소리를 복원하고, 사회적 정의와 포용을 확대하려는 지향점을 공유했던 것이다. 이는 곧 '사회적 정의 social justice'라는 이름 아래 포스트모더니즘과 사회주의 간의 지적·윤리적 공명을 가능케 했으며, 강력한 이념적·실천적 융합의 토대로 작용했다.

시간이 흐름에 따라 두 사조는 진보적 사회운동의 흐름 속에서 서서히 결합했고, 좌파 정치의 방향과 담론을 심층적으로 재편했다. 그 이념적 융합의 중심에는 마르크스주의 이론가 안토니오 그람시가 있었다. 포스트모더니즘이 사회 비판을 위한 탈구조주의적 분석 도구를 제공했다면, 그람시는 사회 변혁을 위한 전략적 비전을 제시했다. 그는 지배 계층이 단지 물리적 강제력만으로 권력을 유지하는 것이 아니라, 문화적 규범과 가치, 제도를 통해 사람들의 일상 속에 특정 세계관을 자연스럽게 스며들게 만든다고 보았다. 교육, 대중매체, 종교, 예술, 심지어 가족 구조에 이르기까지, 지배 이념은 마치 '상식'처럼 받아들여지며 사람들의 근본 사고를 형성한다.

그람시에 따르면 이러한 문화적 헤게모니는 피지배 계층이 자신이 억압받고 있다는 사실조차 인식하지 못하게 만드는 강력한 장치다. 이에 맞서 그는 '역逆헤게모니' 전략을 제안하며, 기존의 지배 이념을 비판적으로 해체하고 새로운 진보적 가치와 서사를 적극적으로 구축할 것을 촉구했다. 이는 억압받는 집단이 스스로를 강화하고, 불평등한 사회 구조에 도전할 수 있는 대안적 틀을 마련하기 위한 전략이었다.

포스트모더니즘과 사회주의의 연대는 오래지 않아 진보적 지식인, 사회주의자, 페미니스트, 성소수자LGBTQ+ 활동가, 인종적 소수자 집단, 그리고 이들과 뜻을 함께한 다양한 개인들로 구성된 광범위한 좌파 연합을 형성했다. 이들은 사회 정의와 해방이라는 공동의 신념을 바탕으로, 기존 문화와 사회 제도에 내재된 불평등한 위계 구조에 정면으로 맞섰다. 그들의 궁극적 목표는 사회를 지탱해온 뿌리 깊은 권력 체계를 근본적으로 해체하고, 평등과 포용, 그리고 모든 개인의 존엄성을 중심에 둔 새로운 사회적 비전을 구축하는 데 있었다.

진보의 약진

20세기 말, '사회적 정의'를 향한 좌파의 끈질긴 투쟁은 서구 사회의 여러 영역에서 가시적인 변화를 이끌어냈다. 다양성과 소수자 권리는 정치 담론의 중심에 자리 잡았고, 제도적 차별은 상당 부분 법적으로 해소되었다. 오랫동안 소수 집단을 주변부로 밀어냈던 지배적 문화 서시 역시 비판적으로 재검토되어 적극적으로 수정되었다. 여기엔 언어조차 예외가 아니었다. 진보적 가치를 반영하는 새로운 표현들이 도입되고 기존 용어를 포괄적으로 개혁하려는 움직임이 사회 전반에서 전개되었다.

좌파 담론은 학계, 언론, 대중문화를 장악한 이후에도 그 변혁적 에너지를 잃지 않았다. 모든 정치적 담론은 시대의 흐름에 따라 끊임없이 변모하는 바, 어제의 급진적 진보가 오늘날에는 보수로 간주되기도 한다. 변화의 최전선에 머물기 위해 좌파 담론은 더욱 급진적인 방향으로 나아갈 것을 요구받았고, 그 과정에서 운동의 초점을 이동시키고 목표를 세분화하며 전략을 끊임없이 조정해왔다.

법적인 차별이 상당 부분 철폐되면서, 사회운동의 초점은 보다 은밀하게 작동하는 구조적 차별로 이동했다. 이는 명시적인 법률이나 정책이 아니라, 사회에 내재된 암묵적 규범과 기대, 문화적 관습 속에서 작동하는 불평등을 겨냥한 것이었다. 이러한 인식의 전환은 존 롤스의 『정의론』(1971)에 깊은 영향을 받았다. 롤스는 인종, 성별, 지능, 사회적 배경 등 개인이 선택할 수 없는 요소에 기반한 불평등은 도덕적으로 자의적이며, 정의로운 사회에서 정당화될 수 없다고 주장했다.[7] 그의 이론에 따르면 정당하게 얻는 이익이란 개인의 노력과 실질적 공로에 기반한 성과를 의미했다.[8]

롤스의 평등주의적 이상은 강력한 도덕적 설득력을 지녔지만, 현실에 구현되는 과정에서는 불가피하게 분열과 갈등을 낳았다. 이에 기반한 사회운동의 목표 달성을 위한 수단과 전략, 허용 가능한 타협의 범위를 둘러싸고 의견이 엇갈렸으며, 이상에 대한 과도한 집착은 예기치 못한 역효과를 초래하기도 했다.

가장 큰 문제는 구조적 차별을 어떻게 식별하고 해결할 수 있느냐는 것이었다. 구조적 차별의 정의는 좌파 진영 내부에서도 의견이 엇갈렸고, 실제로 이를 객관적으로 측정하거나 명확한 기준에 따라 제거하는 일은 쉽지 않았다. '사회적 정의'라는 이름 아래 제기된 여러 주장들이 실증적 증거로 뒷받침되지 않는 경우도 많았다. 그럼에도 불구하고, 너무 엄격한 검증을 요구한다면 사회 개혁은 그만큼 늦추어질 것이라는 우려가 득세했다. 설사 주장이 완벽하게 검증되지 않았더라도, 당장의 행동과 바람직한 결과 도출이 더 중요했다. 그렇지 않으면 더 많은 사람들이 고통받을 수 있다는 절박

함이 과격한 운동의 필요성을 뒷받침한 것이다.

그렇게 진보적 이상을 현실에서 구현하려는 과정에서, 이성적 설득은 점차 행동주의로 대체되었고, 사회운동의 접근 방식은 '과정 중심'에서 '결과 중심'으로 전환되었다. 운동의 목표는 단순히 설득력 있는 논지를 제시하는 데 그치지 않고, 사회 전체의 문화적 헤게모니를 재편하고 장악하는 것으로 확장되었다. 그 중심에는 강렬한 도덕적 긴급성moral urgency이 자리했다. 진보적 가치가 공적 담론에서 지배적 위치를 차지하게 되었음에도 불구하고, 여전히 많은 소수 집단은 구조적 차별과 배제에 시달리고 있었으며, 진보 운동과 반대되는 서사 또는 담론의 자유로운 유통은 '낡고 해로운' 이념의 재등장을 초래할 가능성이 있었다.

이러한 현대 진보주의의 급진성을 우려한 사상가들도 있었다. 정치철학자 존 그레이는 '워크woke'라는 표현이 대중 담론에 등장하기 이전부터, 이를 '극초極超자유주의hyper-liberalism'라는 개념으로 설명한 바 있다. 그는 현대의 진보주의는 자유주의가 본래 지향하던 관용, 개인의 자유, 문화적 다양성이라는 실용적 전통에서 점차 벗어나, 도덕적 확신에 기반한 권위주의로 치닫고 있다고 경고했다. 특히 그는 개인의 자율성에 절대적 가치를 부여한 나머지 "사회적 구성물에 지나지 않는 개인 정체성은 오롯이 스스로의 선택에 따라 정의·결정할 수 있는 것"이라는 식의 극단적 주장을 사회적으로 인정하는 것은, 공통된 가치 기반과 사회적 연대감을 약화시키고, 집단적 정체성을 파편화하며, 궁극적으로는 '객관적 진실'이란 개념 그 자체를 불안정하게 만드는 결과로 귀결될 위험이 있다고 지적했다.[9]

보다 온건한 비판은 역사학자 티모시 스나이더에게서 나왔다. 그는 자유민주주의를 전적으로 지지하면서도 과도한 개인주의의 위험성을 경고했다. 스나이더는 진정한 자유란 단순히 외부 제약의 부재나 주관적 자율성만으로는 보장되지 않으며, 강력한 사회적 유대와 상호 책임, 객관적 진리에 대한 공동의 헌신을 통해서만 지속될 수 있다고 보았다. 그는 성숙한 시민이란 비판적으로 사고하고, 신뢰할 수 있는 정보를 적극적으로 추구하며, 선전과 허위에 단호히 저항하는 이들이라고 주장했다.[10,11] 그의 관점에서 자유는 '객관적 진실'과 불가분의 관계에 있으며, 그러한 진실을 추구하는 것은 시민 공동체의 핵심 의무에 해당했다.

그레이와 스나이더 모두 개인의 주관적 경험에 절대적인 가치를 부여하는 정치적 접근이, 도덕적 상대주의를 촉진함으로써 사회 전체의 통합적 기준을 해체할 위험을 내포하고 있음을 일찍이 경고한 셈이다.

벽에 부딪친 진보

시간이 흐르면서 좌파 내부 일부 집단은 자신들의 목표뿐 아니라 그 목표를 실현하는 방식까지도 절대적이고 정통적인 규범으로 격상시키기 시작했다. 그로 인한 사상적 경직성이 심화될수록 반대 의견에 대한 적대감은 더욱 강해졌고, 문화적 헤게모니를 둘러싼 투쟁은 점차 상징과 언어의 전장으로 변모되었다. 새로운 용어, 규범, 제스처들이 잇따라 등장하면서, 그것을 따르는 것이 사회적 동조의 기준이 되었고, 암묵적이든 명시적이든 강한 사회적 압력을 수반했다. 최신 용어를 사용하지 않거나 변화에 저항하는 개인은 '시대에 뒤처진 자' 혹은 '반동적 인물'로 낙인찍히는 일이 빈번해졌다.[12]

좌파 담론에 대한 비판은 대개 '백래시backlash'로 치부되었다. 원래 가치

중립적이던 이 용어는 점차 퇴행적이고 부당한 비판을 지칭하는 부정적 뉘앙스를 띠게 되었다. 반대자와의 건설적 대화나 이성적 논쟁보다는 사회적 압력과 개인에 대한 공격, 이른바 '캔슬 컬처cancel culture'를 통한 주변화 전략이 빈번히 동원되었다. 그 결과 정치적 올바름political correctness, "PC"은 단순한 '사회적 예의'를 넘어, 공적 삶에 참여하기 위한 사실상의 자격 요건으로 자리 잡았다.

모든 좌파 활동가가 이러한 극단적 전술을 공개적으로 지지한 것은 아니었지만, 상당수가 이를 암묵적으로 수용하거나 최소한 묵인했다. 아이러니하게도 양심과 표현의 자유라는, 고전적 자유주의의 기본 원칙을 오랫동안 옹호해온 사회 운동은 그 이상과 점차 멀어지고 있었다.[13] 다양성과 포용을 외치던 진영이 오히려 새로운 형태의 배제와 규율을 만들어내는 역설적인 상황이 펼쳐지게 된 것이다.

좌파가 이념적 주도권을 확보하면서, 소수자들의 권리는 크게 확장되었고 자유민주주의 사회는 이전보다 훨씬 더 다원화되었다. 일부 영역에서는 사회 통합도 눈에 띄게 진전되었다. 그러나 주류 지배 담론을 해체하는데 성공한 포스트모던 좌파는 이후 사회 질서의 근본 원리마저 재구성하려는 시도에 나섰다. 이 과정에서 기존의 상식과 안정된 원칙을 불완전하고 실험적인 대안들로 대체하려 했으며, 이성이나 합리성보다는 강렬한 열정과 도덕적 확신을 앞세우는 경향을 보였다. 이러한 급진적 접근은 오래지 않아 이념적 모순과 전략적 한계를 노출했고, 사회적 반발은 불가피했다. 심지어 기존에 좌파에 공감하거나 관용적 태도를 보이던 이들조차 실망과 거리감을 표출하기 시작했다. 그럼에도 불구하고, 좌파 진영은 이러한 반발에 대해 자기 성찰보다는 방어적 대응을 택했고, 비판자들을 반동적 세력으로 낙인찍는 익숙한 전략으로 회귀했다.

하지만 이는 중대한 실수였다. 좌파가 사회 담론의 주변부에 머물던 시기에는, 기존 질서에 대한 비판만으로도 충분한 당위와 영향력을 확보할 수 있었다. 그러나 스스로 주류 세력으로 자리 잡은 순간부터는 단순한 비판을 넘어 사회 질서에 대한 일관된 비전과 책임 있는 대안을 제시해야 할 의무가 생겼다. 그 어떤 이념도 외부 비판에 대한 성찰과 자가 검증 없이 헤게모니를 유지할 수는 없다. 주류가 된 이후에도 여전히 비판자적 태도에만 머물거나, 구체적이고 설득력 있는 사회적 비전 제시에 실패한 이념의 신뢰성은 약화될 수밖에 없기 때문이다. 좌파 진보주의 역시 이 원칙에서 예외가 될 수는 없는 법. 따라서 좌파 진영의 최우선 과제는 자신이 내세우는 이념과 정책이 안정적이고 일관성 있는 사회 운영 체제로서 기능할 수 있음을 증명하는 것이었다. 그러나 좌파 진영은 익숙한 반체제 운동의 방식에 안주했다.

좌파는 여전히 자신을 억압받는 저항 세력으로 인식했고, 이미 많은 이들이 좌파를 문화와 제도의 영역에서 새로운 헤게모니를 장악한 집단으로 받아들이고 있다는 현실을 외면했다. 자기 검증과 수정의 메커니즘을 갖추지 못한 좌파는 주류 집권 세력에게 마땅히 적용되는 광범위한 비판·검증과 사회적 반발에 진정성 있게 대응할 준비가 되어 있지 않았다. 점증하는 비판을 단순한 '백래시'로 치부하려고도 해 보았으나, 제도적 우위를 차지한 상황에서는 더 이상 통용되지 않았다. 끝까지 비주류적인, 어쩌면 책임감 없는 태도로 일관하려고 든 좌파의 안이함은 곧 전략적 실패로 이어졌다.

먼저 진보 운동의 방향성에 오래전부터 불만을 품었던 보수 세력이 대대적인 반격을 개시했고, 이번에는 중도우파 성향의 세력들까지 합류했다.

그 결과 미약했던 반발은 광범위하고 강력한 사회적 흐름으로 증폭되었다. 좌파가 더욱 급진적인 개혁을 추진하자, 우파는 더욱더 결집했다. 그중 일부는 단순한 반대에 그치지 않고, 한발 더 나아가 그들이 원하는 전통 세계의 '복원'을 강력히 요구하기 시작했다. 급진적 좌파에 대한 반동으로 극단적 우파가 부상한 것이다. 그렇게 양 극단이 각자의 '문화 혁명'을 주장하며 정면 충돌하는 전례 없는 정치 지형이 형성되었다. 그 결과 오늘날 서구 민주주의 사회의 이념 갈등은 지난 수십 년 동안 보기 힘들었던 극단에 도달했다.

국제적 파급도 컸다. 오랫동안 자유민주주의적 담론에 대해 수세적인 태도를 보였던 권위주의 국가들은 이제 서구 진보주의의 교조성과 이념 과잉을 조롱하며, 이를 서구 문명의 쇠퇴를 입증하는 증거로 적극 활용하고 있다. 체제 유지를 위해 자유주의적 이념의 침투를 방어해야 했던 그들이 이제는 반대로 서구 내부의 모순을 앞장서 홍보하고 나선 것이다.

자유민주주의 국가 내부적으로도 절반 가까운 숫자의 유권자들이 급진적 진보의제에 반대하는 상황에서, 나머지 세계가 서구의 이념 분열을 냉소적으로 지켜보는 현 상황은 전혀 놀라운 일이 아니다. 1977년 취임 연설에서 지미 카터 대통령은 "다른 나라에서 자유를 증진시키는 가장 효과적인 방법은 우리의 민주주의가 모방할 만한 본보기가 되는 것"이라고 말했다. 그러나 한때 민주주의의 활력을 상징했던 내부 갈등은 어느새 서구식 자유민주주의 모델의 신뢰성과 영속 가능성 그 자체를 심각하게 위협하고 있다.

02 양극화의 위험
: 극단주의가 자유민주주의에 미치는 위협

오늘날 많은 자유민주주의 국가에서 좌파와 우파는 사회의 정치·문화 헤게모니를 장악하기 위해 첨예하게 대립하고 있다. 이 과정에서 양측 모두 정치적 중립 지대를 축소하거나 반대 세력을 철저히 주변화하는 데 주력하고 있다.

  좌파와 우파를 막론하고, 모든 정치 이념은 가치관과 세계관의 산물이다. 그렇기에 정치적 이념이란, 개개인의 가치관과 세계관이 바뀌지 않는 이상 쉽사리 바꿀 수 있는 것이 아니다. 또한 모든 정치 이념에는 장점과 단점, 긍정적인 부분과 부정적인 부분이 공존하는 바, 어느 하나의 이념이 다른 이념을 완벽히 주변화하는 데 성공하였을 때는 득보다 실이 많을 수밖에 없다. 나아가 완전한 헤게모니를 장악한 특정 정치 이념이 반대 목소리를 금지한다면 사회적 다원성은 소멸하고, 그로서 자유민주주의는 사실상의 종말을 맞게 될 것이다.

  그러나 오늘날 자유민주주의 국가에서 득세 중인 정치 담론들은 이념적 차이를 건설적 이해와 조율의 대상으로 보기보다는 도덕적 선악의 대립으로 규정하는 경향이 점차 강해지고 있다. 진리와 거짓, 정의와 불의, 나아가 선과 악의 제로섬 게임으로 말이다. 이러한 접근방식은 정치적 입장을 종교적 교리처럼 고착화한다. 이념이 교리화될수록 정치적 타협의 여지는 줄어들고, 토론은 상대를 공론의 장에서 배제하기 위한 전쟁터가 된다. 정치적 반대자는 토론과 타협의 대상이 아닌, 제거해야 할 적으로 인식된다. 그렇게 민주주의의 핵심인 상호 존중과 평화적 공존의 가치는 붕괴되고, 깊고 격렬한 갈등이 반복되는 것이다.

법치주의의 훼손에서 급진주의의 득세까지

극심한 정치적 양극화는 법치주의와 사법기관의 정당성에도 심대한 압력을 가하고 있다. 대다수 자유민주주의 국가에서 사법부에 대한 대중의 신뢰는 날로 약화되고 있으며, 자신의 이념적 기대에 부합하지 않는 판결을 정치적 동기나 불순한 의도에서 비롯된 것으로 간주하는 일이 늘어나고 있다. 거기에 정치적 분쟁이 입법부와 행정부에서 해결되지 못하고 최종적으로 사법부로 이전되는, 이른바 '정치의 사법화' 현상이 광범위하게 확산되면서, 법원은 사회적 '분쟁해결기구'로서의 기능뿐 아니라 '진실 확인 기관'으로서의 지위와 권위마저 위협받고 있다.

오랫동안 사법부의 판결은 단순한 분쟁해결 기능을 넘어, 사회적 신뢰와 권위를 바탕으로 정치적 정당성의 핵심 토대를 형성해왔다. 개별 사건의 해결에 관한 법원의 결정은 아직까지 법적 효력을 잃지 않고 있지만, 사회 정의와 객관적 진실에 대한 신뢰를 구축하는 능력은 날로 약화되고 있다.

이제 정치적 사건에서 불리한 판결을 받은 당사자들은 사법부의 판단을 노골적으로 비난하고 폄하하는 데 주저하지 않으며, 대중 역시 정치 지도자의 유죄 판결을 도덕적 자격이나 정치적 정당성과 분리해 받아들이는 경향을 강화하고 있다. 그 결과 사법부가 정치 권력을 견제하는 기능은 점차 무력화되고 있으며, 이는 궁극적으로 법치주의의 기반을 흔들고 민주적 사회 질서의 붕괴 위험을 높이는 요인으로 작용하고 있다.

물론 사법부 또한 사법불신이 만연해진 오늘날의 현상에 대한 책임에서 자유로울 수는 없다. 폐쇄적이고 권위적이며, 엘리트의식에 사로잡힌 사법부는 정당성의 위기를 자초할 수밖에 없다. 편향되거나 무책임하고, 사회적 현실과 동떨어지는 판결이 반복될 때 대중의 신뢰는 쉽게 무너지기 마련이다. 대중의 신뢰를 잃은 사법부는 정치 권력의 탄압을 받을 때 의지할 곳이 없다. 사법부와 사법 시스템 역시 끊임없는 개혁과 개선의 대상이 되어야 마땅하다. 하지만 그럼에도 불구하고, 독립된 사법권과 효과적인 사법 시스템은 법치주의와 공화주의를 지탱하는 최후의 보루다. 그리고 법치주의와 공화주의가 부재한 사회가 자유롭고 민주적인 질서를 보장한 사례는, 인류 역사상 단 한 번도 없었다.[14]

아리스토텔레스가 일찍이 경고한 바와 같이, 법치가 약화된 사회에서는 선동적 지도자가 등장해 체제를 독재로 이끌 위험이 점증한다.[15] 마치 탄광 속의 카나리아처럼, 사법부의 권위 약화는 민주주의의 점진적 퇴행과 사회의 급진화를 예고하는 경고 신호인 것이다.

이념적 분열

역사의 교훈은 명확하다. 좌파든 우파든, 어느 한 쪽의 급진적 이념 운동이 국가 권력을 장악하였을 때는 광범위한 억압과 숙청, 그리고 독재로 귀결되는 것이 보통이었다.[16] 절대 권력을 손에 넣은 세력이 이념적 절제와 타협을 실현한 사례는 극히 드물다.[17] 현재 진행 중인 극심한 양극화가 지속된다면, 자유민주주의의 핵심 미덕인 '경쟁하는 세계관들 간의 평화로운 공존'은 오래 유지되기 어려울 것이다.

정치적 갈등의 방향은 점점 더 우려스러운 양상으로 전개되고 있다. 과거 자유민주주의 사회에서의 이념 대립은 '정正-반反-합合'이라는 헤겔식 변증법의 틀 안에서, 갈등을 통해 더 높은 수준의 통합과 진보로 나아가는 계기가 될 것이란 전제가 있었다.[18] 그러나 오늘날의 양극화는 그 수준을 넘어, 자유민주주의 사회의 존재 기반을 뒤흔드는 위기로 발전하고 있다. 좌파와 우파가 각자의 극단으로 치달으며, 한쪽의 급진화가 반대 진영의 급진화를 자극하는 '거울 효과'가 반복되고 있다. 이 상호 반작용은 점점 더 강력해지고 있으며, 자유민주주의가 갖춘 각종 제도적 안전장치조차 정치적 열광주의와 진영 논리에 의해 무력화되고 있다. 정치적 승패는 더 이상 정책의 우열이나 합리적 토론의 결과가 아니라, 진영에 대한 맹목적 충성심과 열광적 헌신을 강화하는 계기로 작용하고 있다. 악순환 속에서 급진화는 더욱 가속화되고, 자유민주주의는 총체적 파편화와 붕괴의 위험에 직면하고 있다.[19]

이러한 위기의 저변에는 새로운 사상적 균열이 자리하고 있다. 개인의 자율성을 극도로 강조하는 포스트모던 진보주의에 맞서, 자유주의의 근본 원칙마저 도전의 대상으로 삼는 '탈자유주의[post-liberalism][20]라는 사상적 흐름이 2010년대 중후반 등장했다. 개인의 자율성 대신 공동체 중심의 가치와 사회적 연대를 우선시하는 이 새로운 사상은, 어느새 현대 우파 운동의 철학적 기반으로 자리잡았다.

여러 분파로 구성된 탈자유주의지만, 그 공통분모는 개인의 자유보다 공동체적 질서와 국가의 역할을 강조하는 데 있다. 이들은 시장 중심의 자유주의 경제가 사회적 불평등과 공동체의 해체를 초래했다고 비판하며, 국가가 적극적으로 개입해 경제와 사회를 재구성해야 한다고 주장한다.

대표적인 탈자유주의 사상가인 패트릭 드닌은 저서『왜 자유주의는 실패했는가[Why Liberalism Failed]』(2018)에서, 현대 자유주의가 자기 파괴적인 모순점들을 내포한 채 발전해왔다고 주장한다. 무절제한 자유와 자율성을 추구하는 과정에서, 현대 자유주의는 가족과 전통, 공동체 같은 사회적 기반마저 해체했고, 그 결과 사회 질서의 안정을 심각하게 훼손하였다는 것이다. 드닌에 따르면, 진보적 자유주의가 좌파 담론을 중심으로 확산되면서 이러한 해체는 더욱 가속화되었고, 현대 민주주의 사회는 공통된 가치 없이 분절된 정체성 집단들로 파편화되었다. 인간을 전근대적 상태에서 해방시키기 위해 강력한 제도적 질서에 의존했던 자유주의가, 이제는 그 질서를 스스로 해체하면서 '개인의 자유'를 가능케 했던 사회 기반 그 자체를 붕괴시키고 있다는 것이다. 드닌은 자유주의가 자기 모순을 극복하지 못한 채, 진화가 아닌 필연적인 붕괴의 길을 걷고 있다고 진단했다. 이는 단순히 개별 정책들의 실패가 아닌 자유주의 이념의 구조적 한계에서 비롯된 문제라는 점에서, 현대 자유민주주의 정치철학의 근본적 재검토가 요구된다는 것이다.

이처럼 진보적 자유주의와 탈자유주의 간의 충돌은 단순한 정책 경쟁을 넘어, 인간과 사회에 대한 이해를 둘러싼 세계관의 전면적 충돌로 이어지고 있으며, 정치적 분열은 그 어느 때보다 깊어지고 있다. 좌파 자유주의가 주도한 정치·문화적 변화에 실망한 이들을 상대로, 전통적 질서로의 회귀를 촉구하는 탈자유주의의 소구력과 확장성은 만만치가 않다. 억압적이고 타락한 현대 자유주의로부터의 이탈은, 퇴행이 아닌 도덕적 균형을 회복하기 위한 필연적 교정으로 받아들여지는 것이다. 문제는 그 회귀의 속도와 방향성에 있다. 탈자유주의 운동은 과연 어느 시점의 과거로 돌아가는 것을 목표로 하는 것일까?

예컨대, 미국 MAGA 운동의 핵심 인물 중 하나인 스티브 배넌은 스스로를 '반근대주의자'로 규정하며, 계몽주의의 핵심 이념—합리성, 보편성, 진보—마저 전면적으로 거부한다. 그의 세계관에서 미국은 자유주의적 근대의 산물이 아니라, 아테네·예루살렘·로마로 상징되는 고대 서구 문명의 그릇으로 재정의된다.[21] 급진적인 탈자유주의 활동가들은 미국 건국의 철학적 기반이었던 고전적 자유주의마저 부정하며, 근대 자유민주주의 정치 질서 전체에 대한 재구성을 시도하고 있는 것이다.

탈자유주의와 국제관계

국내 정치에서 탈자유주의의 영향력은 선거나 헌법 등과 같은 제도적 장치에 의해 (적어도 아직까지는) 일정 부분 제약을 받는다. 그러나 그러한 견제 장치가 부재한 국제관계에서 이 사상의 파급력은 훨씬 더 직접적이고 위험하다.

탈자유주의는 자유주의 국제주의의 핵심 가치인 세계 시민주의를 거부하며, 세계화를 국가 주권과 문화적 정체성을 침식하는 위협적 현상으로 간주한다. 대신 강력한 국가주의와 민족주의를 내세우며, 각 국가는 자국의 이익을 최우선으로 추구해야 한다고 주장한다.[22]

보다시피 국제정치에 관한 한, 탈자유주의의 지향점은 권위주의 정권이 앞세우는 민족주의적 현실주의nationalist-realism와 별반 다르지 않다. 이처럼 경쟁적인 국가주의는 협력보다는 갈등을 유발할 수밖에 없다. 실제로도 탈자유주의 이론가들은 21세기의 지정학적 도전을 안정적으로 관리하기 위한 대안을 제시하지 못하고 있다.

정체성 정치와 부족주의의 부상

현대 자유민주주의 사회의 분열을 심화시키는 또다른 요인은 부족주의tribalism와 정체성 정치identity politics다. 정체성 정치는 한때 사회에서 소외된 집단의 목소리를 확대하고, 필요한 사회적 변화를 이끌어내는 데 중요한 역할을 하기도 했다. 그러나 사회주의의 '계급 투쟁'적 세계관을 내면화하면서, 정체성 정치는 점차 상대 집단을 표적화하고 적대시하는 경향을 드러내고 있다.

인간 사회에서 '관계'는 권력 역학에 의해 복잡하게 형성되며, 필연적으로 사회적 계층 구조의 형성을 동반한다. 따라서 권력 구조에 대한 비판적 인식은 사회적 불의를 진단하고 해결책을 모색하는 데 필수적이다. 하지만 자유민주주의 체제에서 대부분의 사회 권력은 고정된 실체가 아니라, 유동적이고 맥락에 따라 변화하는 관계적 구조다. 또한 현대 사회의 권력 관계는 다층적이고 상호 교차하는 네트워크 속에서 작동한다. 따라서 이를 전통적 계급 구도로 환원해 이해하는 데는 한계가 있다. 한 개인이나 집단이 특정 영역에서 권위를 지닌다고 해서, 항상 지배 계층에 속한다고 단정할 수는 없는 것이다. 이처럼 복잡한 권력 구조를 일원화된 계급 서사로 환원하는 것은 사회 관계의 본질을 지나치게 단순화할 뿐만 아니라, 개인의 삶 속에서 나타나는 다층적 현실마저 왜곡할 위험이 있다.

특히 집단 전체를 단일한 정체성으로 규정하는 협소한 접근은 인간 상호작용의 역동성과 복잡성을 무시하는 결과를 낳는다. 배타적인 정체성 정치관에 따라 사회 집단 간에 복잡하게 얽힌 관계망을 간과할 경우, 이는 본능적으로 부족주의를 강화하고 '우리 대 그들'이라는 이분법적 사고를 고착화한다. 정체성 정치와 부족주의가 특정 집단을 악마화하는 데까지 이르러 정치 공동체의 정당한 일원으로 인정하지 않으려 드는 순간, 그것은 더 이상 포용과 진보의 수단이 아니라, 분열과 배제, 갈등을 조장하는 도구로 전락하게 된다.

무엇보다 위험한 것은, 정체성 정치와 부족주의에 따른 표적화가 지속되면 대상 집단 역시 집단적 반발로 대응할 수밖에 없고, 결국에는 정치적 '대항 세력'으로 결집된다는 점이다. 이는 최근의 인종 및 젠더 운동 사례에서 광범위하게 확인할 수 있는 현상이다. 즉, 특정 집단에 가해지는 정치적 압박이 임계점을 넘어서면 자연히 해당 집단의 조직화를 유발하고, 일단 반대 세력으로 결집한 뒤에는 기존의 표적화 전략도 더 이상 유효하지 않게 되는 것이다.[23] 그렇게 정면 대립하게 된 정치적 부족들은 적대와 분열의 악순환을 반복하게 된다.

이러한 악순환은 두 가지 궤도로 전개될 수 있다. 하나는 상호 경쟁·대립하는 세력 간에 견제와 균형이 작동하여 어느 한쪽의 극단주의를 억제하고, 민주적 균형을 유지하는 낙관적인 시나리오다. 다른 하나는 보다 비관적인 시나리오로, 정치적 대립이 제로섬의 전면적 부족 전쟁으로 비화하는 것이다. 전자가 성립한다면 다행이지만, 불행히도 후자 쪽이 실현되는 경우가 많다. 이러한 극단적 대립상황에서는 시민적 가치가 붕괴되고, 민주 사회의 근본 구조 마저도 심각하게 훼손될 수밖에 없다. 공적 담론은 이성적 토론과 설득의 장이 아니라, 상대 진영의 침묵과 제거를 목표로 한 이념적 전투로 전락하며, 정치적 소통은 논리와 합리가 아닌 감정, 선전, 수사의 경쟁으로 타락한다.

여기에 포스트모던식 상대주의의 확산은 '객관적 진실'의 권위를 근본적으로 약화시키고 있다. 극단화된 정치·사회 환경 속에서 '사실'조차 개인의 신념과 주관적 감정에 의해 정의되며, 공적 영역은 점차 '탈진실$^{post\text{-}truth}$'의 위험한 전장으로 변모하고 있다. 이러한 문화적 풍토는 사회 분열을 가속화하고, 특정 개인이나 집단의 주관적 신념에 반하는 정보나 권위를 자동적으로 불신하게 만든다. 그 결과, 극단적 당파성에 빠진 개인은 실증적 증거나 논리적 주장조차 받아들이지 않게 되며, 정치적 대화와 타협은 요원해진다. 합리성이 거세된 토론은 감정과 진영 논리에 휘둘리는 선동의 공간으로 전락한다. 이처럼 객관적 진실에 대한 신뢰가 무너진 사회는 정치적 숙의와 시민적 참여의 기반을 상실, 민주주의의 핵심 기능마저 마비되기에 이른다. 역사적으로도 인식과 이념의 파편화가 심화된 사회는 체제 붕괴나 내전의 전조를 보여왔다. 공유된 현실에 대한 합의가 불가능해질 때, 사회는 공동체로서의 정체성을 잃고, 갈등은 제도적 통제의 범위를 넘어서기 때문이다.

이것이 바로 현대 자유민주주의가 직면한 근본적이고도 실존적인 위기다. 공통된 규범과 진실에 대한 신뢰가 약화되고, 정치가 점점 '부족화'되면서, 시민들은 더 이상 단일 정치 공동체의 일원으로 스스로를 인식하지 않고 있다. 이러한 악순환이 끊어지지 않는다면, 자유민주주의는 단순한 기능적 위기를 넘어서, 존재의 정당성 자체를 상실할 위험에 처하게 될 것이다.

03 잠재적 해결책
: 정치적 중도의 부상

　이미 대부분의 자유민주주의 국가가 '탈진실' 시대의 정치 콜로세움에 발을 들여놓은 지 오래다. 그렇다면 우리가 할 수 있는 일은 무엇일까? 자유민주주의의 붕괴를 피할 수 없는 운명처럼 받아들여야만 하는 걸까?

　분명한 사실은, 좌파와 우파 모두 현재의 위기에 대해 실질적이고 지속 가능한 해결책을 제시하지 못하고 있다는 점이다. 양 진영은 각자 자신들이 정치·문화적 헤게모니를 장악하면 사회적 안정이 회복될 것이라는 위험한 환상에 사로잡혀 있다. 그러나 어느 한 진영도 상대를 정치 무대에서 완전히 제거하거나, 문화적 우위를 영구적으로 강제할 수는 없다. 오히려 그러한 시도는 강압과 억압, 그리고 끊임없는 이념 전쟁으로 이어지며, 기존의 분열을 더욱 심화시킬 뿐이다. 설사 상대방을 완벽히 제압하고 헤게모니를 장악한들, 그 결과로 도래하는 것은 낙원이 아닌 시민 모두를 공평하게 압제하는 전체주의 사회라는 점을, 역사는 이견의 여지없이 보여준다. 어느 쪽이든, 우리 앞에 기다리는 것은 재앙이다.

다행히 아직은 다른 하나의 경로가 남아 있다. 바로 정치적 중도의 통합과, 독립된 정치 세력으로서의 부상이다. 극단의 언어가 아닌 절제된 상식, 배제가 아닌 포용, 승리보다 공존을 지향하는 정치적 중도가 중심을 잡을 때만이 자유민주주의는 재생의 가능성을 되찾을 수 있을 것이다.

정치적 중도: 극단주의에 맞서는 힘

극단적인 정치 양극화의 시대, 균형을 잡을 수 있는 유일한 정치 세력은 중도다.

좌파와 우파 모두 '권력 장악'을 궁극적 목표로 삼아 나아가는 과정에서, 각 진영 내 급진적인 세력과도 불가피하게 결합하는 모습을 보이고 있다. 이념적으로 닫힌 집단 안에서 극단주의자들은 비정상적으로 큰 영향력을 행사하며, 점차 더 많은 사람들을 자신들의 과격한 세계관으로 끌어들인다. 이러한 위기는 어느새 정당 내부의 문제를 넘어, 대중 담론 전반에까지 깊이 스며들었다.

정치 세력이 극단주의를 받아들이면 외부와의 건설적 교류는 사실상 불가능해진다. 토론과 논쟁을 통한 자정작용도 기대할 수 없다. 정치 세력들이 모두 극단화된 상황에서는 설령 상대방의 모순이나 결함을 지적하더라도, 그 비판은 곧바로 같은 방식으로 되돌아올 뿐이다. 논쟁은 문제 해결을 위한 진지한 토론이 아니라, 자기 진영의 합리화를 위한 맹목적 변호와 지지자로부터 점수를 따기 위한 얄팍한 수사로 전락한다. 그 결과 사회적 균열은 해소되기는커녕 더욱 심화되고, 파괴적 대립은 상호 이해를 증진시키지 못한 채 내부 결속만 강화하며 사회 전체를 더욱 갈라놓는다. 종국적으로는 진영 전체가 극단주의에 굴복하고, 합리적인 정책 대안은 물론 상대 진영의 기본 가치마저 맹목적으로 거부하게 된다.

여기에 이르면, 민주사회의 공론장은 더 이상 건설적 토론과 타협의 장이 아니게 된다. 적의와 적대가 지배하는 전쟁터로 변질되면서, 극단적이고 위험한 조치들조차 '명백한 적'을 제거하기 위한 수단으로서 정당화된다. 효율적 거버넌스와 현실적 문제 해결은 뒷전으로 밀리고, 상대를 악마화하며 정치적으로 제거하는 것이 최우선의 목표로 자리 잡는다. 이 과정에서 좌우의 급진주의는 서로를 자극하며 강화하는 악순환에 빠지고, 갈등은 해소의 실마리조차 찾기 어려울 만큼 깊어져 간다.

이 악순환을 끊기 위해서는 무엇보다 극단주의를 단호히 배격해야 한다. 그러나 오늘날의 정치 구도에서는 급진적 목소리의 영향력이 비정상적으로 커진 탓에, 좌파와 우파 모두 내부의 힘만으로는 경로를 변경하기가 점점 더 어려워지고 있다. 극단주의는 어느새 자기 강화적 구조가 되었고, 한쪽의 급진화는 다시 상대의 급진화를 정당화한다. 어느 진영도 자체적으로는 노선을 바꿀 동기나 역량을 갖지 못하는 상황에서, 특별한 계기가 발생하지 않는 한 국가적 통합이나 사회적 치유 같은 대규모 과제는 실현 불가능한 희망이나 다름이 없을 것이다.

이렇게 절망적인 국면에서, 정치적 중도가 지닌 구조적 이점이 두드러진다. 중도는 본질적으로 이념적 극단에 저항하는 성향을 가진다. 좌우 어느 쪽으로든 움직일 수 있는 중도파는 특정 이념의 교조적 틀에 맹목적으로 갇힐 이유가 없다. 파벌이 만들어내는 원심력에서 자유롭고, 고정된 세계관을 감정적으로 방어할 필요도 없다. 고유의 탈구속성 덕분에 정치적 중도는 오늘날 자유민주주의 사회의 중요한 자산이 될 수 있다. 극단적 경직성에 사로잡히지 않는 중도는 다양한 관점을 포용하고, 복잡한 정치 과제를 현실적으로 해결하며, 민주적 거버넌스를 위한 안정성과 사회적 응집력을 효과적으로 촉진할 수 있다. 광범위한 공공선을 중심에 두고, 실행 가능한 타협을 적극적으로 추구하며, 성실한 대화와 협력의 장을 마련할 수 있다. 교조주의 대신 실용주의를, 절대적 대립 대신 건설적 협력을 우선시할 수 있다.

중도의 한계

하지만 현실은 결코 단순하지 않다. 나치 독일의 정치 철학자이자 법학자인 칼 슈미트[24]는 정치의 출발점이란 합의나 불안정한 균형을 추구하는 데 있는 것이 아니라, 친구와 적을 구분하는 근본적 대립에 있다고 주장했다. 그런 그의 시각에서, 정치적 중도는 독립된 정치 세력으로 존중받을 만한 근거가 희박했다. 극도로 분열된 정치 환경에서 중도는 좌우의 강력한 이념적 힘에 필연적으로 휘말릴 수밖에 없으며, 독립적 행위자로 자리매김하기 어렵다는 것이 그의 예측이었다.[25]

정치적 중도에 관한 슈미트의 냉철한 비판은 현실에서 부분적으로 입증되어 왔다. 대다수 자유민주주의 국가에서 중도는 독자적이고 자율적인 주도 세력으로 부상하기보다는, 좌우를 조율하는 불안정한 완충지대에 머무는 경우가 많았다. 기껏해야 선거 전후로 좌파와 우파의 정책을 미세하게 조정하는 역할에 그칠 뿐, 독자적인 정치 세력으로 확고히 뿌리내리는 데는 번번이 실패해왔다.

중도의 가장 큰 약점 가운데 하나는 분명하고 설득력 있는 정치적 비전의 부재다. 좌파와 우파는 확고한 이념과 강한 사명감을 통해 지지층의 열광을 끌어내는 반면, 중도는 균형과 절제를 중시하는 신중한 태도에 치우쳐 대중의 정치적 열정이나 헌신을 동원하는 데 종종 실패한다. 첨예한 이념 대립을 피하려는 과도한 신중함 때문에 폭넓은 대중적 지지를 효과적으로 결집하는 데도 한계를 드러낸다.

또한 중도는 극단주의에 대한 소극적 반대 외에는 뚜렷한 정체성을 확보하는 것이 어렵다. 따라서 이념의 흐름이 급격히 요동칠 때마다, 좌파나 우파의 지배적 의제에 쉽사리 흡수될 위험을 안고 있다. 오늘날처럼 이념적 분열이 심화되고 중도의 존재감이 옅어진 정치 환경에서, 중도가 독자 정치 세력으로 자리 잡는 것은 더욱 어려운 과제가 되어가고 있다.

중도 활동주의

그러나 정치적으로 눈에 띄지 않았을 뿐, 중도는 오랜 세월에 걸쳐 자유민주주의를 지탱하는 데 필수적인 역할을 수행해왔다. 좌파와 우파는 흔히 새의 두 날개에 비유되곤 한다. 양측 모두 민주주의라는 새가 균형 있게 날기 위해 필요하다는 뜻이다. 그러나 두 날개가 서로 반대 방향으로 날아가 새의 몸체를 찢지 못하도록 방지해온 것은, 중도의 존재가 가져다준 일관성과 안정성이었다.

역사 속 위대한 사상가들은 민주주의를 이상적인 정치체제로 보지 않았다. 플라톤은 《국가》에서 '대중'을 감정에 휘둘리고 쉽사리 선동 당하는 존재로 묘사했다. 과도한 자유는 시민을 고결한 미덕과 책임에서 멀어지게 하고, 개인적 쾌락과 사회적 혼란으로 이끌 것이라고 예견한 플라톤은, 대중에게 주권이 부여된 민주정은 독재적인 폭정으로 전락하기 쉽다고 경고했다. 칸트 역시 민주주의에 비판적이었다. 그는 민주주의의 내재적 함정, 즉 다수의 변덕이 소수의 기본권을 침해할 위험을 경계했다. 민주주의에서는 정치 지도자들이 대중의 일시적 기호에 영합하는 포퓰리즘적 유혹에 쉽사리 굴복한다는 점을 지적하기도 했다.

플라톤과 칸트가 일찍이 제기한 민주주의에 대한 비판은, 좌파와 우파가 각자의 이념 과잉을 앞세워 정치·사회의 주도권을 쟁탈하려 드는 오늘날에 특히 유효하다. 그리고 이 현상에 대한 해법 또한 중도주의다. 중도의 힘이 약한 사회일수록 급진화와 양극화에 쉽게 휩쓸린다. 실용주의, 절제, 균형을 핵심 가치로 삼는 중도주의는 대중주의적 격변을 제어하고, 헌법적 규범과 법치주의를 방어하는 안정적 힘으로도 기능할 수 있다.

좌우가 서로를 실존적 위협으로 규정하며 앞다투어 혁명적 수사를 동원하는 오늘날과 같은 상황에서, 중도는 더 이상 소극적 안정자에 머물 수 없다. 이제는 조용한 완충자가 아니라, 독립적이고 능동적인 정치 세력으로 발전해야 한다. 극단주의를 완화하는 데 그치지 않고, 사회를 능동적으로 이끌 힘을 확보해야 한다.

이를 위해서는 첫째, 중도주의가 정치적으로 뿌리내릴 수 있는 환경이 조성되어야 한다. 중도가 직간접적으로 배척당하는 환경 속에서는 중도주의가 성공하기 어렵다. 중도 성향의 시민들은 중도 좌파나 중도 우파라는 어정쩡한 이름에 머물지 말고(이 경우 대부분 좌파나 우파에 포섭되게 된다), '중도' 그 자체를 독립적인 정치 정체성으로 받아들여야 한다. 중도가 진정 영향력 있는 정치 세력으로 부상하려면 중도주의자들이 유의미한 세勢를 이룰 만한 규모를 형성하는 것이 우선이기 때문이다. 중도가 실질적인 정치 세력으로 자리 잡을 때, 비로소 분열적 정치 문화의 독성을 줄이고 극단적 부족주의에 소외된 다수를 포괄할 수 있을 것이다.

둘째, 일단 '세'를 구축한 뒤에는 중도주의자들이 두려움 없이 자신의 견해를 밝힐 수 있는 건강한 정치 문화를 조성하여야 한다. 중도적 목소리는 좌파에 의해서는 우파로, 우파에 의해서는 좌파로 매도되어 좌우 양측으로부터 동시에 공격받기 십상이다. 이 경우 특정 사안에 대한 정치적 신념에 추동되지 않는 중도주의자는 침묵을 택하는 게 보통이다. 이 침묵의 문화를 깨뜨려야 한다. 중도주의자들이 공적인 담론장에서 더 이상 움츠러들지 않도록 장려하고, 오히려 좌우 양측의 극단적인 언사가 합리적이고 균형 잡힌 중도의 비판을 두려워하게 만들어야 한다. 극단적인 주장이 신중하고 원칙에 입각한 논증에 의해 공개적으로 도전받는 문화가 확산될 때, 정치적 양극화 또한 점차 약화될 것이다.

셋째, 중도주의자는 '건설적 양비론'의 기수가 되어야 한다. 서로를 '타협 불가능한 불의'로 치부하는 좌우파와 달리, 중도는 양측의 극단을 객관적으로 지적할 수 있는 중립적인 위치에 있다. 중도의 양비론은 단순히 기회주의적이거나 냉소적인 태도에서 비롯되어서는 안 되며, 정치적 담론의 극단화 방지와 균형 확보에 초점을 맞춰야 한다. 이를 위해서는 확고한 기준과 원칙에 입각하여 양측이 감추려 드는 맹점을 명명백백히 밝혀 대중의 이목을 집중시키는 데 집중해야 한다. 극단적인 사상과 주장은 그 본질이 노출되는 것만으로도 종종 대중적 당위를 상실하기 때문이다.

넷째, 정치·교육·사회·학계 전반에서 구조적 개혁이 필요하다. 정치적으로는 승자독식 선거제 대신 선호투표제나 비례대표제 등을 도입해 중도를 표방하는 정치인이나 정치 세력에게 최소한의 기회를 보장해야 한다. 교육에서는 다양한 역사와 사상을 되도록 빠짐없이, 균형감 있게 다루고, 학계에서는 좌우의 담론을 모두 객관적으로 평가·비판하는 중도적 연구가 장려되어야 한다. 문화적으로는 공적 토론의 장을 회복하되, 좌우와 더불어 중도의 목소리가 제3의 축으로 참여하는 3자 구도가 제도화되어야 한다.

마지막으로, 중도주의가 지속 가능한 정치 세력으로 자리 잡으려면 독자적인 정당 인프라가 필요하다.[26] 중도의 진정한 가치는 단순한 이념적 중립성에 있지 않다. 오히려 사안에 따라 가장 합리적이고 실행 가능한 해법을 모색하고 제시하는 능력에 있다.[27] 이를 위해서는 좌파나 우파와도 얼마든지 합작할 수 있고, 필요시에는 좌파보다 진보적이거나 우파보다 보수적인 정책을 지지할 수도 있다. 하지만 독자적 정치 기반과 수단이 없다면, 중도 세력은 결국 좌우 어느 한쪽의 지배적인 의제에 끊임없이 흡수될 수밖에 없다. 따라서 중도 정당이 제대로 기능하기 위해서는 유형의 조직, 실체적 유권자 기반, 그리고 실질적 지도력을 갖추어야 한다.

중도의 책무는 사회를 혁명적으로 재창조하는 것이 아니다. 극단적 분열이 불러올 붕괴를 막고, 자유민주주의의 절차적·윤리적 토대를 방어하는 데 있다. 중도는 지배적 다수가 되지 않아도 괜찮다. 결정적 소수로서 캐스팅보트를 쥐는 것만으로도 극단주의를 견제하고 정책의 합리성을 장려할 수 있다. 요컨대 중도의 진정한 강점은 실용적 접근, 상호 존중에 기초한 타협 능력, 그리고 합리적 정책 연대를 통해 국가를 올바른 방향으로 이끄는 힘에 있는 것이다.

극심한 정치 양극화가 민주주의 체제 그 자체를 위협하는 오늘날, 정치적 중도는 위기에 처한 자유민주주의의 마지막 보루가 될 수 있다. 아리스토텔레스가 주창한 '중용'과 공자가 강조한 '조화'를 이념으로 삼아, 극단의 지배가 아닌 안정적 균형을 지향하는 미래의 비전을 제시할 수 있다. 자유민주주의의 특질인 다원주의를 굳건히 지키고, 이성적이고 건설적인 담론을 적극 옹호하며, 이념적 과잉에 단호히 저항하여야 한다. 사실 중도는 이미 오랫동안 조용히, 그리고 종종 제대로 인정받지 못한 채 사회의 균형추 역할을 해왔다. 이제 그 숨은 역할을 공론의 장에서 당당히 드러내야 할 때가 되었다.

04 자유민주주의의 미래와 다극화 세계의 운명

 자유민주주의가 직면한 위기는 단지 국내 정치에만 국한되지 않는다. 외교정책이란 결국 각국의 내적 가치와 우선순위가 외부로 투영된 결과물이기 때문이다. 따라서 자유민주주의 체제의 내적 안정성은 단지 자유주의적 이상에 국한된 문제가 아니다. 현실주의적 관점에서도 이는 안정적인 국제질서를 유지하기 위한 중요한 조건에 해당한다.

 예컨대 현실주의 국제정치학자 스티븐 왈트는 저서 『동맹의 기원』(1987)에서 '위협의 균형 이론Balance of Threat Theory'을 제시했다. 그는 국제사회에서 동맹이 단순히 '권력 불균형'에 대한 기계적 반응이 아니라, 각국이 인식하는 '위협'의 성격에 따라 형성된다고 보았다. 또한 국가가 체감하는 위협 수준은 상대국의 인구, 경제력, 단순 군사력 같은 집합적 역량뿐 아니라, 지리적 근접성, 군사력의 투사 능력, 그리고 무엇보다 상대국의 '의도'에 대한 평가에 의해 결정된다. 특히 상대의 의도가 적대적으로 인식될 경우, 위협의식은 기하급수적으로 증폭된다.

이 이론은 제2차 세계대전 이후 유럽의 주요 강대국들이 서로를 실존적 위협으로 간주하지 않게 된 배경을 설명해준다. 또한 한국과 일본처럼 역사적 긴장이 깊은 국가들이 협력을 계속할 수 있는 이유 역시 보여준다. 두 경우 모두 자유민주주의의 제도적 안정성이 과거의 불신을 점진적으로 완화하고, 상호 신뢰를 축적하는 데 핵심적인 역할을 했기 때문이다.

민주적 평화 이론Democratic Peace Theory[28]은 이러한 분석을 강화한다. 민주주의의 제도적 특성—권력 분립, 견제와 균형, 성숙한 공공 여론의 조정 기능—은 민주국가 간 전쟁 발발 가능성을 구조적으로 낮춘다. 공유된 가치, 활발한 외교적 교류, 깊은 경제적 상호의존은 평화를 더욱 공고히 하며, 오판이나 우발적 확전의 위험을 효과적으로 차단한다. 실제로 민주주의 국가들이 권위주의 국가와 충돌한 사례는 적지 않지만, 민주국가끼리 무력 충돌에 이른 경우는 극히 드물다.

그러나 자유민주주의의 제도적 안정성과 체제적 가치가 잠식되면, 그에 기반한 정치적 안전장치도 급속히 붕괴될 수 있다. 그 경우 자유민주주의 국가들 사이의 상호 신뢰 또한 빠르게 무너질 것이다. 특히 극단주의와 민족주의의 부상은 공유된 가치와 규범을 훼손하며, 국가 간 협력을 저해하고 긴장을 고조시키는 촉매제가 된다. 그러한 흐름이 심화되면 민주주의 국가들조차 서로를 잠재적 위협으로 간주하는 상황에 직면할 수밖에 없다. 그렇게 되면 유럽에서는 프랑스와 독일, 동아시아에서는 한국과 일본이 다시금 경쟁 구도로 전환될 가능성을 배제할 수 없다. 이러한 변화는 국제질서를 한층 더 불안정하고 위험한 국면으로 몰아넣을 것이다.

반대로, 자유민주주의 국가들이 현실정치의 유혹을 넘어 가치와 규범에 기반한 협력의 원리를 지켜낸다면, 이들은 다극화되어 가는 국제사회의 안정을 떠받치는 마지막 집단적 보루로 남을 수 있다.

 실로 오늘날의 자유민주주의는 단순한 정치 체제를 넘어, 인류 공동의 미래를 좌우할 실존적 시험대 위에 놓여 있는 것이다.

미주

1 이 원칙의 가장 유명한 표현 중 하나는 임마누엘 칸트의 『도덕 형이상학 정초』에서 찾아볼 수 있다: "인간을 수단으로 대하지 말고 항상 목적으로 대우하라." 칸트에 앞서 존 로크와 장 자크 루소 같은 사상가들 또한 이와 유사한 사상을 발전시켰다. 이들은 모두 개인이 고유한 가치를 지닌 존재이며, 각자의 자유와 존엄성을 존중받아야 한다고 주장했다. 로크는 자연권 이론을 통해 생명, 자유, 재산을 인간의 기본적 권리로 규정했고, 루소는 사회계약 이론을 통해 집단적 정치 질서 속에서의 개인 자율성의 중요성을 강조했다. 이러한 철학적 전통은 현대 인권 개념의 토대를 마련했으며, 정의와 통치에 관한 오늘날의 윤리적·정치적 담론에 깊은 영향을 미치고 있다.

2 자유주의는 국내 정치 맥락에서는 일반적으로 개인의 자유를 억압하는 정치적·사회적 제도나 관습에 반대하는 사상으로 이해된다. 그러나 그 영향력은 정치학에만 국한되지 않으며, 경제학과 사회학에서도 중요한 역할을 수행한다. 학문적 영역에서 자유주의는 경제사상과 국제정치사상을 중심으로 다양한 분파로 발전해 왔고, 그 중에서도 신자유주의는 특히 주목받는 하위 갈래로 자리매김했다. 시간이 흐르면서 이러한 하위 분파들 내에서 자유주의는 확장되고 재해석되었으며, 그 결과 자유주의는 점차 복잡하고 때로는 상충되는 개념으로 정의되기에 이르렀다. 오늘날 자유주의는 진보주의나 보수주의 중 어느 하나로 단순히 분류할 수 없는 사상이다. 어떤 형태의 자유주의는 진보적 이념과 더 밀접하고, 다른 형태는 보수적 원칙과 더 잘 부합한다. 예를 들어, 경제 분야에서 보수주의자들은 일반적으로 고전적 자유주의를 선호하며, 정부의 개입을 최소화하고 시장 참여자들의 자유를 극대화하는 방향을 지지한다. 반면, 문화적·사회적 영역에서는 개인의 자유보다 공동체의 관습이나 전통적 규범을 우선시하는 경향이 있다. 이에 비해 진보주의자들은 대체로 신자유주의적 자유시장 정책을 비판하며, 정부의 개입을 통한 부의 재분배를 중시한다. 동시에 문화·사회 분야에서는 전통적 규범에 도전하고 개인의 자유를 보다 우선시하는 태도를 보인다. 이처럼 자유주의의 핵심 원칙을 공유하면서도 서로 다른 이념적 입장을 취하는 집단들 사이에서는 빈번한 분열이 발생한다. 이와 같은 내부 갈등은 자유주의 사상이 얼마나 복잡하게 진화해왔는지를 보여주는 지표이기도 하다. 예컨대 소수자 권리 보호는 자유주의의 핵심 가치 중 하나이지만, 이를 어느 수준까지 법적으로 강제할 수 있는지를 둘러싼 논쟁은 점점 더 격화되고 있다. 서구 여러 사회에서는 성소수자에 대한 혐오 표현을 금지하는 것을 넘어, 이들을 지칭할 때 특정한 언어 사용을 법적으로 강제하자는 주장까지 제기되고 있다. 이에 대해 보수 진영에서는 이러한 '표현의 강제'가 표현의 자유라는 자유주의의 기본 원칙에 위배된다고 반발한다. 이처럼 자유주의 내부에서도 상충하는 가치들이 충돌하면서, 현대 정치 담론 속 자유주의는 끊임없이 재구성되고 있으며 때로는 자기모순적인 양상을 드러내기도 한다.

3 귀납적 추론과 연역적 추론은 논리적 결론을 도출하기 위한 가장 기본적인 두 가지 방식이다. 귀납적 추론은 구체적인 관찰에서 출발해 보다 일반적인 원리를 도출하는 방식으로, 과학적 발견의 핵심 동력으로 작용한다. 예를 들어, 특정 약물이 여러 임상시험에서 일관되게 증상을 완화하는 것이 관찰되면, 연구자들은 이 약물이 효과적일 것이라는 일반적인 결론에 귀납적으로 이를 수 있다. 이러한 결론은 수정될 수 있다는 한계를 지니지만, 구체적인 가설을 설정하고 이론을 구축하며 새로운 연구로 확장해가기 위한 필수적 기반을 제공한다. 반면, 연역적 추론은 일반적인 원칙에서 출발하여 이를 특정 사례에 적용하는 방식이다. 예컨대 '모든 새는 알을 낳는다'는 일반 명제와 '비둘기는 새다'라는 사실이 주어졌을 때, '비둘기는 알을 낳는다'는 결론이 논리적으로 도출된다. 연역적 추론은 전제가 타당한 한 결론의 확실성을 보장하지만, 그 전제에 이미 포함된 지식을 넘어서는 새로운 정보를 창출하기는 어렵다. 이처럼 연역적 추론은 논리적 일관성과 내부 정합성을 확보하는 데 기여하며, 귀납적 추론은 발견과 창의성, 그리고 과학적 진보의 가능성을 여는 창구로 기능한다.

4 칸트는 인간을 외부의 강제나 타율적 명령이 아닌, 자기 이성에 따라 도덕적 판단을 내리는 자율적 존재로 이해했다. "스스로 도덕 법칙을 세운다"는 것은, 내면의 이성을 통해 옳고 그름을 분별하고 그 판단에 따라 책임 있게 행동한다는 의미였다. 이는 개인의 자유와 도덕적 책임을 동시에 강조하는 자유주의 윤리의 핵심 원리를 구성한다.

5 요컨대 모더니즘이 추구한 것은 단순한 상대주의나 무질서가 아니라, 형식적 순수성, 매체 고유성, 구조적 통일성과 같은 원칙을 통해 새로운 질서와 의미의 가능성을 모색한 시도였다. 모더니즘은 기존의 보편성을

해체하면서도, 그 공백 속에서 새로운 보편적 틀을 창조하려는 시도였다고도 볼 수 있었다.

6   장 프랑수아 리오타르는 1979년 출간한 대표작 『포스트모던의 조건(The Postmodern Condition)』에서 포스트모더니즘의 본질을 "대서사에 대한 불신"(incredulity toward metanarratives)이라는 간결한 문장으로 정의했다. 그가 말하는 '대서사'란, 모든 역사적 서사를 포괄하며 그 정당성을 판단하는 기준이 되는 거대한 이념적 이야기로, 역사와 지식에 총체적인 구조를 부여함으로써 다른 관점들을 주변화하는 기능을 수행한다. 리오타르는 이러한 대서사가 지식과 권력이 결합되어 다양한 목소리를 억압한다고 보았다. 포스트모더니즘은 바로 이러한 지배적 대서사를 거부하며, 진리는 단일하고 보편적인 것이 아니라 역사적·문화적으로 조건지어진 것이며, 필연적으로 다원적이고 단편적일 수밖에 없다는 인식을 강조한다. 이러한 관점은 진리에 대한 근대적 믿음에 도전장을 던지며, 다양한 서사와 목소리가 공존하는 사회를 지향하는 사상적 기반을 형성한다.

7   존 롤스는 그의 대표작 『정의론(A Theory of Justice)』에서 '무지의 베일(veil of ignorance)'이라는 개념을 통해 정의론의 핵심을 설명한다. 이 사유실험은 개인에게 자신이 속한 사회적 지위, 인종, 성별, 재능, 경제적 배경 등 모든 개인적 특성을 알 수 없는 상태에서 사회의 기본 원칙을 설계하라고 요구한다. 이러한 가상의 조건을 설정하는 목적은 바로 공정성을 확보하기 위함이다. 무지의 베일 뒤에 있는 사람은 자신이 사회에서 어떤 위치에 놓이게 될지 알 수 없기 때문에, 누구에게나 공평하게 적용될 수 있는 정의의 원칙을 선택할 가능성이 높다. 롤스는 여기에서 '공정으로서의 정의(justice as fairness)'라는 개념을 도출하며, 사회는 가장 불리한 처지에 놓인 사람들을 보호하는 원칙을 우선시해야 한다고 주장한다. 이는 정의가 특정 집단의 이익을 위한 것이 아니라, 전체 구성원의 합리적 동의에 기반해 정당화되어야 한다는 점을 강조한다.

8   대니얼 마코비츠와 마이클 샌델 등 이후의 사상가들은 능력주의(meritocracy) 자체를 비판했다. 이들은 개인의 노력이나 자격으로 간주되는 사회적 이점들조차 실제로는 구조적 불평등에 의해 결정되는 경우가 많다고 지적한다. 특히 샌델은 존 롤스의 정의론이 지나치게 개인의 권리에 초점을 맞추고 있으며, 공동체의 현실과 경험으로부터 괴리되었다고 보며 오랫동안 비판적인 입장을 견지해왔다. 그는 사회적 자원을 분배하는 공정한 기준으로서 개인의 노력과 자격을 과도하게 강조하는 현재의 능력주의 이상(理想)에 의문을 제기한다. 이러한 이상은 실질적인 구조적 격차를 은폐하고, 정의롭지 못한 사회 질서를 정당화하는 데 기여할 수 있다는 것이다. 이와 같은 문제의식은 마코비츠와 샌델의 주요 저작들에서 보다 심도 있게 다뤄지고 있으며, 현대 사회에서 정의와 공정성의 기준을 재고하는 데 중요한 사상적 기반을 제공한다. 관련 논의는 다음의 저작들에서 자세히 다루어진다. Michael Sandel, Liberalism and the Limits of Justice, Cambridge University Press (1982); Daniel Markovits, The Meritocracy Trap: How America's Foundational Myth Feeds Inequality, Dismantles the Middle Class, and Devours the Elite, Penguin Press (2019); Michael Sandel, The Tyranny of Merit: What's Become of the Common Good?, Farrar, Straus and Giroux (2020) 등을 참조.

9   존 그레이는 근대적 진보 이념에 대해 일관된 비판적 입장을 견지해온 대표적인 사상가다. 그는 인간 중심주의와 역사적 낙관주의에 대한 깊은 회의 속에서, 진보와 계몽을 향한 서구의 메타내러티브가 현실을 과도하게 단순화한 허구적 서사에 불과하다고 지적한다. 그레이는 이성과 과학, 자유와 진보 같은 보편적 가치들이 역사를 선형적으로 발전시킨다는 믿음이 오히려 전체주의적 이념의 토대가 될 수 있으며, 반복되는 실패와 퇴행의 역사 속에서 그 허상은 이미 드러났다고 주장한다. 그의 주요 저작으로는 Straw Dogs: Thoughts on Humans and Other Animals (Granta Books, 2002), Black Mass: Apocalyptic Religion and the Death of Utopia (Allen Lane, 2007), The Silence of Animals: On Progress and Other Modern Myths (Allen Lane, 2013) 등이 있다. 이들 저작에서 그레이는 인간의 이성과 도덕이 역사의 진보를 보장한다는 신념을 종교적 종말론과 동일한 신화로 간주, 강하게 비판한다.

10   티머시 스나이더는 『블러드랜즈: 히틀러와 스탈린 사이의 유럽』(Bloodlands: Europe Between Hitler and Stalin, Basic Books, 2010)에서 1930~40년대 동유럽 지역에서 발생한 대량학살의 참상을 조명한다. 그는 독일과 소련이라는 두 전체주의 체제가 교차한 지역—폴란드, 우크라이나, 발트 3국, 벨라루스 등—을 '블러드랜즈(Bloodlands)'라 명명하며, 이곳에서 수많은 민간인이 양측의 폭력적 정책에 의해 목숨

을 잃었다고 분석한다. 스나이더는 히틀러의 나치즘과 스탈린의 스탈린주의를 단순히 병렬적으로 비교하는 데 그치지 않고, 두 체제가 동일한 공간에서 서로의 폭력을 강화하거나 중첩시켰다는 점에 주목함으로써, 20세기 대량학살의 구조적·정치적 조건을 심층적으로 해부한다.

11 스나이더는 『폭정에 대하여: 20세기가 우리에게 가르쳐준 20가지 교훈』(On Tyranny: Twenty Lessons from the Twentieth Century, Crown, 2017)에서 20세기 전체주의의 역사적 경험을 토대로, 민주주의가 무너지지 않기 위해 시민이 일상에서 실천해야 할 교훈들을 제시한다. 그는 권위주의가 갑작스럽게 등장하지 않으며, 민주주의 붕괴는 작고 사소해 보이는 타협과 무관심의 축적으로부터 비롯된다는 점을 강조한다. 이어서 출간된 『자유에 대하여』(On Freedom, Crown, 2024)에서는 자유라는 개념을 역사적·철학적 맥락에서 재조명하며, 오늘날의 정치적·사회적 위기 속에서 개인과 공동체가 자유를 어떻게 인식하고 지켜나갈 수 있는지를 탐구한다.

12 이와 관련하여 저자가 언젠가 한 좌파 성향의 사회과학자와 나눈 사적 토론에 참고할 만한 가치가 있을 것 같다. 그는 진보주의적 의제로서 '특정 표현—예컨대 특정 집단에 대한 혐오 발언으로 간주되는 표현—을 제한하거나 처벌하는 정책'을 적극 옹호하면서, 그러한 혐오 표현의 성립 기준은 객관적일 필요가 없고, 주관적이어도 무방하다는 주장을 펼쳤다. 그는 이러한 입장을 뒷받침하기 위해 리처드 도킨스의 이론을 분석적 근거로 제시했다. 도킨스는 세속 인본주의의 대표적 옹호자로서 윤리의 기반을 '공감(empathy)'에 두고, 사회 규범은 인간 복지에 대한 '배려'를 중심으로 형성되어야 한다고 주장했다는 것이다. 그는 도킨스가 제시한 이러한 윤리적 틀이 소수자나 취약 집단이 주관적으로 불쾌하거나 공격적으로 느끼는 표현이나 담론을 제한하는 데 정당성을 부여할 수 있다고 주장했다. 그러나 도킨스 본인은 표현의 자유를 일관되게 옹호해 왔으며, 설령 어떤 표현이 일부에게 불쾌하거나 불편하게 느껴질지라도 그것을 제한하려는 시도에 대해서는 회의적인 입장을 취해 왔다. 더욱이 도킨스는 과학적·경험적 합리주의의 강력한 지지자다. 그의 대표작 『만들어진 신(The God Delusion, 2006)』에서 그는 도덕적 기반으로서의 전통적 종교를 단호히 거부하며, 그 '비합리성'이 사회에 해악을 끼친다고 주장했다. 종교 교리가 갈등과 고통을 야기하는 경우가 많고, 신뢰할 만한 윤리 체계를 제공하지 못한다는 비판이었다. 요컨대 도킨스가 종교를 대체할 윤리로 제시한 것은 경험적 증거와 논리적 추론에 기반한 과학적 합리주의에 뿌리를 둔, 인본주의 윤리관이었다. 나아가 공감은 협력과 사회적 결속을 촉진하기 위해 진화해 왔으며, 인간은 신의 명령 없이도 윤리적 행동을 할 수 있다는 것이 그의 입장이었다. 따라서 도킨스의 이론을 바탕으로 주관적 혐오 판단에 당위를 부여할 수 있다는 주장은 그의 사상적 맥락을 고려할 때 쉽게 납득되기 어렵다.

13 존 로크는 1689년도 저작 《관용에 관한 편지(A Letter Concerning Toleration)》에서 사상과 표현의 자유가 정의로운 사회를 구성하는 데 필수적인 요소라고 주장했다. 그는 먼저, 개인은 물론 정부 역시 절대적인 지식이나 진리를 소유할 수 없다고 단언한다. 누구도 무오류성을 주장할 수 없기에, 반대 의견을 억압하는 행위는 오히려 진실일 수도 있는 목소리를 침묵시킬 위험을 내포한다는 것이다. 반면 다양한 관점에 노출되는 경험은 논리적 사고와 추론 능력을 강화하고, 지적·사회적 발전을 촉진한다. 설령 어떤 사상이 완전히 잘못된 것이라 하더라도, 로크는 그 사상과의 공개적인 토론을 통해서 기존의 신념을 다듬고 더 깊은 진리에 도달하는 데 도움이 될 것으로 보았다. 따라서 모든 사상—그것이 옳든 그르든—은 공론의 장에서 검증받아야 하며, 이는 사회적 진보를 위한 필수 조건이 된다. 특히 로크는 종교적 양심의 자유는 정부의 간섭으로부터 반드시 보호되어야 하는 근본적인 권리라고 주장했다. 진리는 강제에 의해 확립되는 것이 아니라, 이성을 통해 실현되어야 하기 때문이다. 사상과 표현을 억압하는 것은 진정한 신념을 낳지 못하고, 오히려 위선과 분노를 초래한다는 것이다. 로크는 또한 강제된 지적 획일성이 사회적 불안을 야기할 수 있다는 점을 경고하며, 평화로운 사회는 서로 다른 견해를 포용할 수 있어야 한다고 강조했다. 마지막으로 그는 표현의 자유를 보호하는 것이 전제정치를 방지하는 데 핵심적인 역할을 한다고 역설했다. 반대 의견을 침묵시키는 것은 독재의 토대를 마련하는 반면, 열린 대화는 권력을 견제하고 건전한 민주 질서를 유지하는 데 기여하기 때문이다.

14 여러 한계에도 불구하고, 사법 결정의 권위는 분쟁 해결을 위한 제도화된 절차에 대한 사회적 합의가 부여하는 정당성에 기반한다. 이러한 합의는 자유주의적 사회 질서를 유지하는 데 필수적인 요소다. 만약 법원

이 외부의 정치적, 이념적, 혹은 포퓰리즘적 압력에 굴복하게 된다면, 그 정당성은 점차 침식되기 시작할 것이다. 그리고 사법 결정에 대한 대중의 신뢰가 무너질 경우, 사법부는 더 이상 평화적 분쟁 해결자로서의 역할을 수행할 수 없게 된다. 이러한 제도적 메커니즘이 작동하지 않는 사회에서는 사회적 갈등이 심화되고, 법질서는 약화되며, 분쟁은 권력 투쟁이나 자력구제의 형태로 퇴행할 수밖에 없다.

15 아리스토텔레스는 《정치학》에서 법치주의와 대중영합주의자의 출현 간 밀접한 관계에 대한 분석을 제시했다. 그는 헌법적 원칙과 법적 틀이 확립된 '법치 민주주의'에서는 '최고의 시민'들이 자연스럽게 지도자로 부상하며, 감성에 호소해 여론을 조작하려는 대중영합주의자의 권력 장악을 효과적으로 저지할 수 있다고 보았다. 그러나 법치가 약화되면 민주주의는 다수(데모스)의 의지가 법적 제약을 무시하는 체제로 퇴락하게 된다. 이때 대중영합주의자는 포퓰리즘적 명령을 통해 권위를 강화하고, 법에 기반한 통치를 자의적 통치로 대체한다. 아리스토텔레스는 이러한 무법적 민주주의를 전제정치와 유사한 것으로 보면서, 두 체제 모두 권력을 집중시키고 독재적 지배를 가능하게 한다는 점에서 동일하다고 보았다. 또한 그는 다수가 단일한 권력 주체로 작용해 폭정을 행사할 수 있으며, 아첨꾼들은 대중영합주의자의 지배를 더욱 강화함으로써 제도적 견제를 약화시킨다고 경고했다. 아리스토텔레스는 법이 실질적 우위를 상실할 때 헌법 또한 소실되기 마련인 바, 민주주의의 안정성은 법적 권위가 대중의 변덕을 초월할 수 있는지 여부에 달려 있다고 보았다. See Aristotle, Politics, Book 4, section 1292a, translated by H. Rackham (retrieved from Perseus Digital Library).

16 좌파 이념에 기반한 역사적 숙청 사례로는 프랑스 혁명 시기 로베스피에르와 자코뱅파가 주도한 공포정치와 숙청(1793년), 러시아 혁명 이후 볼셰비키가 단행한 대숙청(1917년 이후), 중국 문화대혁명 시기 벌어진 광범위한 정치적 숙청(1960년대), 그리고 캄보디아에서 크메르루즈 정권이 자행한 대규모 숙청(1970년대)이 대표적이다. 반면, 우파 전체주의 또는 권위주의 체제에서 발생한 탄압 사례로는 이탈리아 무솔리니의 파시스트 정권(1920년대), 나치 독일이 자행한 정치적 탄압과 인종 학살(1930년대), 그리고 스페인 프랑코 정권 하에서 수십 년간 지속된 권위주의적 탄압(1930~1970년대)을 들 수 있다.

17 1974년 포르투갈의 카네이션 혁명과 1990년대 남아프리카공화국에서 아파르트헤이트 해체 이후 이루어진 평화로운 권력 이양은 정치적 격변의 역사 속에서 보기 드문 예외로 평가된다. 대부분의 혁명이나 정권교체가 폭력적인 숙청과 잔혹한 탄압을 동반하는 것과 달리, 이 두 사례는 그러한 폭력 사태를 피해 비교적 온건하고 평화로운 방식으로 체제 전환을 이뤘냈다.

18 독일 철학자 게오르크 빌헬름 프리드리히 헤겔은 역사적 진보의 원동력이 '모순'에 있다는 점을 설명하기 위해 변증법적 사유 틀을 정교하게 발전시켰다. 그의 이론에 따르면 역사는 '정(正, thesis)', '반(反, antithesis)', '합(合, synthesis)'이라는 세 단계의 변증법적 과정을 통해 전개된다. 즉, 하나의 관념이나 질서인 '정'이 등장하면, 이에 반대되는 관념인 '반'이 도전하며, 이 둘 사이의 갈등과 긴장은 궁극적으로 더 높은 차원의 '합'으로 통합되며 모순이 해소된다. 또한 헤겔은 이러한 과정을 단순한 반복이 아닌, 점진적이고 상승적인 발전으로 이해했다. 각 단계는 이전 단계의 한계를 극복하면서 더 풍부하고 복합적인 진리를 향해 나아간다. 따라서 역사란 단순한 사건의 연속이 아니라, 모순과 갈등을 통해 이성적 진보를 이루는 역동적인 과정이라는 것이다.

19 헤겔은 역사를 더 큰 자유와 이성을 향해 체계적으로 진전하는 과정으로 이해했다. 그는 이 과정을 궁극적으로 '절대정신(Absolute Spirit)'의 실현에 이르는 여정으로 보았다. 역사 속에서 인간 정신은 끊임없이 모순과 갈등을 겪으며, 이를 극복하고 통합하는 변증법적 과정을 통해 점차 더 높은 차원의 자각과 자유를 획득한다. 이러한 진보는 단순한 반복이 아니라, 각 단계가 이전의 한계를 극복하며 더 깊은 이성과 보편성을 향해 나아가는 상승적 운동이다. 헤겔에게 '절대정신'은 이 모든 과정을 통해 실현되는 궁극적 진리이자, 인간 이성이 자기 자신을 완전히 인식하고 자유롭게 작동하는 상태를 의미한다.

20 탈자유주의는 종교적·도덕적 전통, 특히 가톨릭 사회 사상의 영향을 강하게 받고 있다. 이 사상의 지지자들은 자유주의가 세속화되면서 도덕적 타락과 문화적 붕괴를 초래했고, 그 결과 자유주의 질서의 정당성이 근본적으로 침식되었다고 주장한다.

21 Freddie Hayward, "The godfather of the Maga right: Steve Bannon on a US-Russia alliance, kinship with Blue Labour, and his war on modernity," *The New Statesman* (26 February 2025) 참조.

22 자유주의 국제질서 속에서 번성한 '신자유주의'는 종종 '좌파 자유주의'의 이념적 대응물로 간주된다. 하지만 정부의 역할과 시장의 자유라는 핵심 쟁점에 대한 뚜렷한 관점 차이에도 불구하고, 두 사상은 세계시민주의에 대한 헌신이라는 공통된 지향점을 공유한다. 이에 반해, 이른바 '탈자유주의'는 전통적 가치와 공동체 중심의 질서 회복을 주장하며, 글로벌리즘과 세계시민주의를 명확히 거부한다. 이러한 태도는 임마누엘 칸트나 우드로 윌슨 같은 인물들이 주창한, 국제협력을 통한 항구적 평화 추구라는 자유주의적 이상과 정면으로 충돌한다.

23 반대로, 어떤 집단이 지속적으로 공격을 받으면서도 이에 적절히 대응하지 못하고 있다면, 그 집단에 대한 공격이 과연 정당한 것인지에 대해 의문을 제기하는 것이 타당하다.

24 칼 슈미트는 자유민주주의 가장 날카로운 비판자 가운데 한 명이었다. 그는 국가 위기와 같은 예외적 상황에서는 민주적 토론의 원리가 무의미해지고, 신속하고 단호한 결정을 내릴 수 있는 강력한 주권적 권위가 필요하다고 주장했다. 따라서 다양한 의견과 이해관계를 수용하는 것이 본질인 자유민주주의 체제에서는 위기 상황에서 결단력 있는 국가적 대응을 도출하기가 어렵다고 보았다.

25 Carl Schmitt, *Political Theology: Four Chapters on the Concept of Sovereignty* (originally in 1922), University of Chicago Press (2005); Carl Schmitt, *The Concept of the Political* (originally in 1932), University of Chicago Press (2007); Carl Schmitt, *The Crisis of Parliamentary Democracy* (originally in 1923), MIT Press (1988) 등을 참조.

26 이와 같은 중도정당을 설립하기 위한 구체적인 요건은 국가, 사회, 정치 환경에 따라 달라질 것이다.

27 많은 이들이 '중도주의'를 두 극단 사이의 '황금 중용(메소테스)'을 지향하는 정치적 입장으로 이해하면서도, 이를 종종 '중립성'과 혼동하곤 한다. 그러나 중도주의는 단순히 중간 지대에 머무는 태도를 의미하지 않는다. 그것은 언제나 가장 균형 잡히고 효과적인 결과를 우선시하는 실천적 판단의 원칙이다. 따라서 상황에 따라 균형을 이루기 위해 과감한 조치가 요구된다면, 중도주의자들은 그 조치를 기꺼이 수용하고 적극적으로 추진할 준비가 되어 있다. 중도주의는 소극적 중립이 아니라, 적극적 균형을 추구하는 정치적 태도다.

28 민주평화론에 관한 포괄적 분석에 대해서는, Michael Doyle, "Why They Don't Fight – The Surprising Endurance of the Democratic Peace," Foreign Affairs (June 18, 2024)를 참조.

PART 16

변화의 격랑 속에서
: 미래를 향한 성찰

중요한 것은
질문을 멈추지 않는 것이다.
The important thing is not to stop questioning.

・

알버트 아인슈타인(Albert Einstein)

우리는 지금, 거대한 시대적 전환의 한복판을 지나고 있다. 지난 수십 년간 국제질서를 규정해온 자유주의 체계는 붕괴 직전에 있으며, 그 기반이었던 자유민주주의의 토대마저 깊게 흔들리고 있다. 한때 자명하게 여겨졌던 확신들은 더 이상 보편적 진리가 아니며, 상상조차 어려웠던 불길한 시나리오들이 현실의 가능성으로 성큼 다가오고 있다. 이 전환의 동인은 단일하지 않다. 복합적이고 다층적인 요인들이 얽혀 있으며, 국제사회의 근본적 역학 재편은 그중 가장 두드러진 변화일 뿐, 거대한 퍼즐의 한 조각에 지나지 않는다.

오늘날 우리는 '자유주의'와 '민족주의적 현실주의'라는 두 상반된 세계관의 충돌을 다시금 목도하고 있다. 이 두 이념은 국제질서와 글로벌 거버넌스에 대해 근본적으로 상이한 비전을 제시한다. 자유주의는 국제 협력과 경제적 상호의존이 인류를 보다 평화롭고 안정된 미래로 이끌 것이라 믿는 반면, 현실주의는 국제질서를 권력과 안보를 둘러싼 끊임없는 경쟁의 장으로 인식한다. 최근 세계 곳곳에서 확산되는 민족주의의 득세는 현실주의적 시각에 더욱 힘을 실어주고 있다.

미래를 예측하는 일은 점점 더 어려워지고 있다. 미국은 더 이상 세계 패권국이 아니라, 여러 강대국들 가운데 가장 강력한 행위자로서 자신의 역할을 근본적으로 재정의하고 있다. 기존 패권에 도전해온 현상변경 세력들은 곧 도래할 다극체제에 대비하고 있다.

단일 패권의 갑작스러운 부재는 전 세계를 극도의 불확실성 속으로 몰아넣는다. 일부 국가는 새로운 질서 속에서 기회를 모색할 수 있겠지만, 전 인류적 관점에서 볼 때 다극체제의 재등장은 단순한 낙관을 허용하지 않는다. 다극체제 아래 약화된 자유무역과 국제협력은 각국 내부의 불안을 증폭시키고, 핵심 자원의 흐름을 제약하며, 경제적 궁핍을 심화시키고, 새로운 국제분쟁의 불씨를 제공할 것이다. 특히 기후위기 대응, 인공지능 통제, 대량살상무기 확산 방지와 같은 21세기의 시급하고 보편적인 과제들은 과거의 취약한 협력 구조만으로는 결코 해결할 수 없다. 하지만 깊은 불신과 분열이 만연한 국제사회는 인류 공동의 실존적 위기에 맞설 집단적 역량을 확보하기 어렵다.

그러니 남은 21세기에도 다자주의는 선택이 아닌 필수다. 집단안보, 실질적 협력, 공정한 무역 메커니즘 없이는 인류의 지속 가능성도 없다. 다자주의의 부흥은 우리 시대가 감당해야 할 책임이며, 미래 세대에게 물려줄 수 있는 가장 중요한 유산이 될 것이다.

탈냉전기 자유주의 국제질서 아래에서 실현된 다자주의는, 어쩌면 미국의 단일 패권 덕분에 가능했을지도 모른다. 그러나 일극체제가 해체된다고 해서 다자주의의 이상 그 자체를 포기할 수는 없다. 오히려 변화하는 세계

질서 속에서도 현실적으로 작동 가능한, 보다 정교하고 실용적인 형태의 다자주의를 모색해야 한다.

고전적 자유주의에서 출발한 역사적 실험은 윌슨의 이상주의를 거쳐 탈냉전기에 범세계적으로 확장된 자유주의 국제질서로 그 정점을 찍었지만, 이젠 한계에 직면해 있다. 모든 국가가 자유민주주의라는 단일한 형태로 수렴할 것이라는 믿음은 무너졌고, '역사의 종말'이라는 서사 역시 더 이상 설득력을 갖지 못한다. 그럼에도 불구하고, 고전적 자유주의의 핵심 가치―개인의 자유, 보편적 인권, 법의 지배, 이성적 합리주의―는 지켜져야 한다. 이러한 가치들은 특정 이념의 전유물이 아니라, 인류 문명의 보편적 지적 유산이기 때문이다. 우리는 이를 바탕으로 국가, 문화, 개인 간의 진지하고 개방적인 교류를 통해 진정한 보편적 가치를 재발견해야 한다. 지속 가능한 세계 평화로 향하는 여정은 바로 이 기초 위에서 시작되어야 한다.

그러나 장기적 과제를 논하기에 앞서 해결해야 할 시급한 문제가 있다. 바로 당장의 불안정한 평화를 지키는 일이다. 현재 국제사회는 예측 불가능한 안보 위기에 직면해 있다. 우크라이나, 대만해협, 중동, 한반도 등 전략적 요충지에서는 군사적 긴장이 날로 고조되고 있으며, 단 한 번의 오판이 전 지구적 재앙으로 이어질 수 있는 위태로운 상태에 놓여 있다. 따라서 위기를 관리하고 확산을 막는 일이 최우선 과제다. 충돌의 위험이 안정적으로 통제될 때 비로소, 지속 가능하고 안정적인 새로운 국제질서를 구축하는 장기적 과업에 나설 수 있을 것이다.

앞으로의 길은 길고 험난할 것이다. 불확실성과 잠재적 위험이 도처에 도사리고 있다. 이를 부정하는 것은 순진한 자기기만일 뿐이다. 그럼에도 희망은 남아 있다. 인류 역사상 처음으로, 우리는 이러한 지정학적 전환기를 극복할 집단적 지식과 역사적 경험을 갖춘 세대다. 과거의 실패를 냉철히 성찰하고, 오류를 넘어 새로운 길을 모색할 지혜가 우리에겐 있다.

역사 속 어떤 난제도, 도도한 시간의 흐름 앞에서는 결국 해결되거나 사라져왔다. 현재 우리가 직면한 전례 없는 위기 역시 예외가 아닐 것이다. 눈앞의 위기를 하나씩, 차근차근 현명하게 극복하고, 위기가 파국으로 치닫지 않도록 관리하며 한 걸음씩 나아간다면, 언젠가 문제는 자연스럽게 해결될 것이다.

마지막으로, 크리스토퍼 놀란 감독의 2014년작 영화 〈인터스텔라〉의 한 구절을 인용하며 이 책을 마친다.

"우리는 방법을 찾을 것이다. 언제나 그랬듯이."

참고문헌

국문 자료

- _____, 『2021 국제정세전망』, 국립외교원 외교안보연구소 (2020.12)
- _____, 『2022 국제정세전망』, 국립외교원 외교안보연구소 (2021.12)
- _____, 『2023 국제정세전망』, 국립외교원 외교안보연구소 (2022.12)
- _____, 『2024 국제정세전망』, 국립외교원 외교안보연구소 (2023.12)
- _____, 『2025 국제정세전망』, 국립외교원 외교안보연구소 (2024.12)
- _____, 『2022 국방백서』, 대한민국 국방부 (2023.2)
- _____, 『미-중 기술패권 경쟁에 대응한 주요국 산업정책 방향』, 한국산업기술진흥원 (2021.7)
- _____, 『중국의 디지털 실크로드: 중화 디지털블록(China-centered Digital Bloc)과 디지털 위계질서(digital hierarchy)의 부상』, 현대중국연구 21(4)(2020)
- 강봉구, 「자유주의 국제질서의 균열과 러시아의 주권적 국제주의」, 『슬라브研究』 제35권 4호. (2019) pp. 1-33
- 강정인, 이상익 「유교적 국제질서의 이념과 그 현대적 함의」, 『한국철학논집』 제47집 (2015), pp. 171-206
- 강선주, 「미국의 자유주의 패권질서의 지속가능성: 국내정치 필요조건과 포스트-코로나 국제질서에 함의」, 국립외교원 외교안보연구소 (2020)
- 강선주, 「미국 주도의 자유주의 국제질서: 과거, 현재, 그리고 미래」, 『국제정치논총』 제60집 제2호. (2020) pp. 301-330

- 김경숙, 「아시아·태평양에서 인도·태평양으로 무게중심 이동」, 『월간 〈통상〉』 (2022.3) pp. 2-3
- 김동기, 『지정학의 힘: 시파워와 랜드파워의 세계사』 아카넷 (2020)
- 김두식, 정하늘, 김종우, 「해외건설 분쟁 해결 - 'ISD 중재'가 대안이다」, 『K-Build』 2016년 6월호, pp. 34-43
- 김상배 엮음, 『4차 산업혁명과 미중패권경쟁』, 서울대학교 국제문제연구소 총서 34 (2020)
- 김수민, 「중국 사법체계는 우리와 어떻게 다를까? - 법률해석과 사법해석을 중심으로」, 법률신문 (2022.4.11.)
- 김양희, 「미국 주도 '신뢰가치사슬'의 구축 전망과 함의」 IFANS FOCUS (2021.11.8.)
- 김양희「21세기 보호주의의 변용, '진영화'와 '신뢰가치사슬(TVC)'」, 국립외교원 외교안보연구소 (2022)
- 김일기, 채재병, 「북한의 개정 당규약과 대남혁명전략 변화 전망」, 『INSS 전략보고』 (2021. 12.)
- 김재천, 「인도·태평양으로 보폭을 넓혀가는 세계의 중추 국가들」, 『월간 〈통상〉』. (2022.3), pp. 4-7
- 김정호, 『법과 경제학』, 한국경제연구원 (1997)
- 김종현, 『경제사』, 경문사 (2010)
- 김진아, 「한반도 위기의 핵벼랑끝 구조와 심리·인지적 변수에 대한 고찰」, 『국방정책연구』 제32권 제1호 (2016)
- 남궁곤, 「오바마 시대 '자유 국제주의 이념 3.0 버전'의 운영체계와 구성요소」, 『동향과 전망』, 92호 (2014), pp. 212-251
- 남동우·김덕기, 「러시아·우크라이나 갈등의 역사적 근원과 러시아의 우크라이나 침공이 한반도 안보에 주는 전략적 함의」, 『인문사회21』 제13권 제2호 (2022)
- 남윤선·이정·허성무, 『4차 산업혁명 시대 중국의 역습:반도체 전쟁』 한국경제신문 (2017)
- 니컬러스 웝숏, 『새뮤얼슨 vs 프리드먼』, (이가영 옮김) 부키(주) (2022)
- 도널드 부드로, 『하이에크는 어떻게 세상을 움직였나』, (최지희 옮김) 지식발전소·프레이저연구소 (2021)
- 론 처노, 『금융 권력의 이동』, (노혜숙 옮김) 플래닛 (2008)
- 마이클 샌델, 『정의란 무엇인가』, (이창신 옮김) 김영사 (2010)
- 박건영, 「핵무기와 국제정치: 역사, 이론, 정책, 그리고 미래」, 『한국과 국제정치』 제27권 제1호 (2011), pp. 1-45
- 박재적, 「인태 지역을 둘러싼 아세안과 인도의 관점」, 『더 특별한 통상, 월간 〈통상〉』. (2022.3), pp. 8-11

- 박지영, 「미중 기술패권경쟁의 의미」 아산정책연구원 (2020.5.28.)
- 박원곤·설인효, 「트럼프 행정부 안보국방전략 분석/전망과 한미동맹 발전 방향」, 『국방연구』, 60권 4호 (2017), pp. 1-27
- 제임스 뷰캐넌·존 버튼·리차드 와그너, 『케인스는 어떻게 재정을 파탄냈는가』, (옥동석 옮김) 자유기업원 (2021).
- 신각수, 「유엔 가입 30년과 새로운 30년: 국제평화와 정의를 위한 한국의 역할」, 『서울국제법연구』, 29권 1호 (2022), pp. 1-11.
- 연원호·나수엽·박민숙·김영선, 「미·중간 기술패권 경쟁과 시사점」. 대외경제연구원 (2020.8.31.)
- 오종혁, 「미중 기술패권 경쟁의 최근 동향」 소프트웨어정책연구소 (2021.5.24)
- 유영신, 「4차 산업혁명을 대비하는 중국의 ICT 산업 및 정책 동향」, 『ICT Spot Issue』 정보통신기술진행센터(2017)
- 유지영, 「국가 안보 위협 논란에 따른 미국의 1962년 무역확장법 232조 수입조치에 대한 통상법적 쟁점」, 『통상법률』 138호 (2017)
- 유희복, 「국제질서의 다면성과 '자유주의 국제질서'의 미래: 중국의 시각을 예로」, 『아태연구』 제4호. (2018) pp. 129-169
- 윤성원, 「윈스턴 처칠과 유럽통합」『통합유럽연구』 통권 제17호 (2018), pp. 115-140
- 윤우진, 「중국 환율제도의 변화와 영향」, 『e-kiet 산업경제정보』 (산업연구원) 제485호 (2010.7.15.)
- 윤혜령, 「4차 산업혁명시대 미중기술패권 경쟁과 시사점 – 화웨이, 틱톡, 텐허 분쟁사례를 중심으로」, 『2020 STEPI Fellowship』
- 이근, 「국제적 공간에서의 시장의 진화와 공적영역의 형성: 자유주의 국제질서(Liberal International Order)의 재해석」, 『국제·지역연구』 33권 4호 (2024) pp. 85-114
- 이재현, 「신남방정책과 인도·태평양 정책의 협력」, 『더 특별한 통상, 월간 〈통상〉』. (2022.3) pp. 12-15
- 이지용, 「21세기 세계질서와 미중 관계」, 『KINU 통일+』. (2015 여름호) pp. 99-109
- 이신화·박재적, 「미중 패권경쟁시대 인태 지역의 자유주의 국제질서: 도전과 전망」, 『국제지역연구』 제25권 제2호. (2021) pp. 2019-250
- 이승주, 「불확실성 시대의 국제정치경제: 자유주의 국제질서의 위기?」, 『국제정치논총』 제58집 4호 (2017) pp. 237-271
- 이혜정, 『냉전 이후 미국 패권: 자본주의와 민주주의, 전쟁의 변주』 한울아카데미 (2017)
- 이혜정·전혜주, 「미국 패권은 예외석인가?: 아이켄베리의 자유주의 국제질서 이론 비판」, 『한국과 국제정치』 제34권 제4호. (2018) pp. 1-31
- 임미원, 「칸트의 영구평화론」, 『법철학연구』 제14권 제1호. (2011) pp. 43-68
- 장세호, 「러시아-우크라이나 전쟁 이후 푸틴체제의 안정성 평가」, 『INSS 전략보고』 제

193호 (2022년 11월)
- 장하준, 『나쁜 사마리아인들』, (이순희 옮김) 도서출판 부키 (2011)
- 장하준, 『사다리 걷어차기』, (형성백 옮김) 도서출판 부키 (2011).
- 정경록, 『중국일람 – 상하이 주재 상무영사의 비즈니스 에세이 64』 비아북 (2017)
- 정누리 & 정하늘, 「반덤핑조치 시 덤핑률편승(Rate Shopping) 방지를 위한 실무적 고려사항: 미국식 이해승계인 심사기준의 도입 필요성에 관한 검토를 중심으로」, 『통상법률』 제118호 (2014), pp. 16-48
- 정성철, 「일극체제와 상호의존을 통해 본 21세기 국제정치」, 『KINU 통일+』 통일연구원 (2015), pp. 45-55
- 정진영, 「중국의 부상과 국제통화·금융질서의 미래: 자유주의 국제질서가 붕괴될 것인가?」, 『한국과 국제정치』 33권 1호 (2017), pp. 131-168
- 정연선, 『중국정치행정사상』 숭실대학교출판부 (2004)
- 정하늘, 「21세기 국제질서 맥락으로 이해하기 – 패권 전환기 속 대한민국의 미래」 국제법질서연구소 (2023)
- 정하늘, "국제재판에서 재심사되는 국내법원 판결들", 『법률신문』 (2022.8.11)
- 정하늘, "대한민국의 국제분쟁 대응역량 강화를 위한 해묵은 제언", 『법률신문』 (2022.12.8)
- 정하늘, "우크라이나 전쟁과 진퇴양난에 처한 국제사법재판소", 『법률신문』 (2022.8.29)
- 정하늘, 「문언외적 해석에 관한 법 해석규칙의 실증적 분석: WTO 판례에 대한 고찰을 중심으로」, 『통상법무정책』 제1호 (2021), pp. 1-27
- 정하늘, 『미국법 해설』 박영사 (2011)
- 정하늘, 「투자자-국가 분쟁해결제도(ISDS)에서의 국가책임 발생범위 확장 가능성에 대한 연구」, 『국제법학회논총』 제61권 제1호 (2016), pp. 221-245
- 정하늘, 「한반도 해역의 법적 지위와 해상작전법」, 『Strategy 21』 제26호 (2010), pp. 5-46
- 정홍상, 『국제기구 멘토링: 10년의 국제기구 경험담과 GCF 유치과정 스토리』 도서출판 하다 (2013)
- 존 미어샤이머, 『강대국 국제정치의 비극 – 미중 패권경쟁의 시대』, (이춘근 옮김) 김앤김북스 (2017)
- 차정미, 「미중기술패권경쟁과 중국의 강대국화 전략 – '기술혁신'과 '기술동맹' 경쟁을 중심으로」, 『국제전략 Foresight』 Vol. 03 (2021.8.12.)
- 차정미, 「중국의 4차산업혁명 담론과 전략, 추진체계」, 『동서연구』 30(1)(2018)
- 차태서, 「트럼프 현상과 자유주의세계질서의 위기」, 『JPI정책포럼』 제189권 (2017)
- 최우선, 「미국의 INF 조약 탈퇴와 미중 군사경쟁」, 『IFANS 2019-23』 국립외교원 외교안

보연구소
- 최은미, 「동북아평화협력플랫폼 활성화를 위한 추진과제」 IFANS 주요국제문제분석 2018-54
- 한국금융연구원, 「제조강국을 목표로 한 '중국제조 2025'의 내용 및 평가」, 『China Inside 중국 내 주요 연구 동향』 제27권 17호
- 한승완, 「'정체성 정치' (Identity Politics)와 자유주의 국제질서」, 『국가안보전략연구원 Issue Brief』 18-52 (2018)
- 한인택·변영학·장지향·성일광·강충구 『민주주의 위기, 국제질서 혼란』 아산정책연구원 (2020년 12월)
- 허성무, 「반도체 패권을 둘러싼 한국중국미국 간 경쟁양상에 대한 연구」, 『통상정보연구』 제20권 4호 (2018)

영문 자료

- _____, *Decade Forecast: 2000-2010*, Stratfor Global Intelligence (1 January 2000)
- _____, *Decade Forecast: 2005-2015*, Stratfor Global Intelligence (7 February 2005)
- _____, *Decade Forecast: 2010-2020*, Stratfor Global Intelligence (21 January 2010)
- _____, *Decade Forecast: 2015-2025*, Stratfor Global Intelligence (23 February 2015)
- _____, *Decade Forecast: 2020-2030*, Stratfor Global Intelligence (12 February 2020)
- _____, *Freedom in the World 2022*, Freedom House (February 2022)
- _____, *Freedom in the World 2024*, Freedom House (February 2024)
- _____, *Pacific Historical Review*, Volume 55, Number 1 (February 1986)
- _____, *World Trade Report of 2023*, World Trade Organization (2023)
- Adam Smith, *An Inquiry into the Nature and Causes of the Wealth of Nations* (originally in 1776)(ed. C.J. Bullock)(Collier, 1937)
- Adam Tooze, *Crashed: How a Decade of Financial Crisis Changed the World* (Penguin Books, 2019)
- Alexander Downes, "Regime Change Doesn't Work," Boston Review (September/October 2011)

- Aleksandr Dugin, *The Foundations of Geopolitics: The Geopolitical Future of Russia* (Arktogeja, 1997)(English Translation 2020)
- Alexander Wendt, "Anarchy Is What States Make of It: The Social Construction of Power Politics," International Organizations, Volume 46, Number 2 (Spring 1992), pp. 391-425.
- Aloysius Uche Ordu & Danielle Resnick, "After the US-Africa Leaders Summit, the US must ensure accountability and strengthen coordination," Brookings (23 December 2022)
- Amitav Acharya, *The End of American World Order* (Polity Press, 2015)
- Anique Ginneken, *Historical Dictionary of the League of Nations*, Scarecroww Press (2006)
- Angus Maddison, *Development Centre Studies – The World Economy: Historical Statistics,* OECD (2003)
- Anne-Marie Brady, "Magic Weapons: China's political influence activities under Xi Jinping," Conference paper presented at the conference on "The corrosion of democracy under China's global influence, supported by the Taiwan Foundation for Democracy," hosted in Arlington, Virginia, USA, 16-17 September 2017
- Anshu Siripurapu and Noah Berman, "Is Industrial Policy Making a Comeback?" Renewing America (18 November 2022)
- Antonios Tzanakopoulos, *Disobeying The Security Council* (Oxford University Press, 2013)
- Arthur Nussbaum, A Concise History of the Law of Nations (Macmillan Company, 1954)
- Arvind Subramanian, "The Inevitable Superpower: Why China's Dominance Is a Sure Thing," Foreign Affairs, Volume 90, Number 5 (September/October 2011)
- Ben Bland, "Trump's tariffs will push Southeast Asia uncomfortably close to China," Chatham House (8 April 2025)
- Benjamin Valentino, "The True Costs of Humanitarian Intervention," Foreign Affairs, Volume 90, Issue 6, (November/December 2011)
- Bernard Hoekman and Petros C. Mavroidis, "WTO Reform: Back to the Past to Build for the Future," Global Policy Volume 12, Supplement 3 (April 2021)
- Bill Emmott, *The fate of the West: the battle to save the world's most successful political idea*. Public Affairs (2017)
- Brian Katulis & Peter Juul, "The Lessons Learned for U.S. National Security Policy in the 20 Years Since 9/11," CAP Article (10 September 2021)

- Bruce Hoffman, *Inside Terrorism*, Revised and Expanded Edition (Columbia University Press, 2006)
- Bruce Jones & Susana Malcorra, "Competing for Order – Confronting the Long Crisis of Multilateralism," Brookings (October 2020)
- Carl Schmitt, Political Theology: Four Chapters on the Concept of Sovereignty (originally in 1922), (University of Chicago Press, 2005)
- Carl Schmitt, The Concept of the Political (originally in 1932), (University of Chicago Press, 2007)
- Carl Schmitt, The Crisis of Parliamentary Democracy (originally in 1923), (MIT Press, 1988)
- Caroline de Gruyter, "Putin's War is Europe's 9/11," FP (28 February 2022)
- Carter Malkasian, "The Korea Model: Why an Armistice Offers the Best Hope for Peace in Ukraine," Foreign Affairs (July/August 2023)
- Chad P. Bown and Soumaya Keynes, "Why Trump Shot the Sheriffs: The End of WTO Dispute Settlement 1.0", Peterson Institute for International Economics (March 2020)
- Charles Lois Montesquieu, *The Spirit of Laws* (originally in 1748), Prometheus (2002)
- Christian Goeschel, *Mussolini and Hitler: The Foreging of the Fascist Alliance*, Yale University Press (2018)
- Christopher Layne, "Kant or Cant: The Myth of the Democratic Peace," International Security, Volume 19, Number 2 (Fall 1994)
- Chris Miller, *Chip War: The Fight for the World's Most Critical Technology* (Scribner, 2022)
- Clyde Prestowitz, "CHIPS as usual: A defense of US industrial policy," hinrich foundation (30 August 2022)
- Colin Gray, *The Second Nuclear Age*, Lynne Reinner Publishers (1999)
- Craig Calhoun, "Cosmopolitanism and Nationalism," Nations and Nationalism, Volume 14 (2008), pp. 427-448
- Dale Copeland, *The Origins of Major War* (Cornell University Press, 2000).
- Dani Rodrik, The Globalization Paradox: Democracy and the Future of the World Economy (Norton, 2011)
- Daniel Drezner, *The System Worked: How the World Stopped Another Great Depression* (Oxford University Press, 2014)
- David Easton, *A Systems Analysis of Political Life* (John Wiley & Sons, 1965).

- David Kang, *East Asia Before the West: Five Centuries of Trade and Tribute* (Columbia University Press, 2010)
- David Markovits, *The Meritocracy Trap: How America's Foundational Myth Feeds Inequality, Dismantles the Middle Class, and Devours the Elite* (Penguin Press, 2019)
- David Steigerwald, "The Synthetic Politics of Woodrow Wilson," Journal of the History of Ideas, Volume 50, Number 3 (july-September 1989), pp. 465-484
- Dexter Tiff Roberts, "China is ready to 'eat bitterness' in the trade war. What about the US?" New Atlanticist (10 April 2025)
- Donald Trump, *Crippled America: How to Make America Great Again* (Simon & Schuster, 2015)
- Doni Rodrik, *The Globalization Paradox, Why Global Markets, States, and Democracy Can't Coexist*, (Oxford University Press, 2012)
- Doo-Sik Kim & Haneul Jung, "Special Report: The Legal Status of the Northern Limit Line", Korean Yearbook of International Law, Volume 2 (2015), pp. 191-203
- Douglas Irwin, "Globalization enabled nearly all countries to grow richer in recent decades," Peterson Institute for International Economics (16 June 2022)
- Douglas Irwin and Oliver Ward, "What is the Washington Consensus?", *Peterson Institute for International Economics* (2021)
- Dukgeun Ahn, "Why Reform is Needed: WTO 'Public Body' Jurisprudence", Global Policy Volume 12, Supplement 3 (April 2021)
- Edgar Feuchtwanger, *Bismarck*, Routledge Historical Biographies (2002)
- Edward Carr, *The Twenty Years' Crisis, 1919-1939* (Macmillan, 1951)
- Edward Carr, *What is History?* (Vintage, 1967)
- Edward Luce, *The retreat of western liberalism*. Atlantic Monthly Press (2017)
- Edwin Feulner, "What Are America's Vital Interests?", REPORT Political Porcess, The Heritage Foundation (6 February 1996)
- Eleanor Lattimore, "Pacific Ocean or American Lake?" Far Eastern Survey, Volume 14, Number 22 (7 November 1945), pp. 313-316
- Eric Schmidt, "Innovation Power – Why Technology Will Define the Future of Geopolitics," Foreign Affairs (28 February 2023)
- Francis Fukuyama, "The End of History?", The National Interest, Number 16 (1989), pp. 3-18
- Francis Fukuyama, "The End of History and the Last Man", Free Press (2006)
- Francis Fukuyama "Against Identity Politics: The New Tribalism and the Crisis of

Democracy", Foreign Affairs, Volume 97, Number 5 (2018) pp. 90-114
- Francis Fukuyama, Barak Richman, and Ashish Goel, "How to Save Democracy from Technology Ending Big Tech's Information Monopoly", Foreign Affairs (January/February 2021)
- Gail Braybon, *Evidence History, and the Great War: Historians and the Impact of 1914-18* (Berghahn Books, 2004)
- George Friedman, *The Next 100 Years: A Forecast for the 21st Century* (Knopf Doubleday Publishing Group, 2010)
- George Modelski and William Thompson, *Leading Sectors and World Powers: The Coevoluation of Global Economics and Politics* (University of South Carolina Press, 1996)
- Gerhard Weinberg, *A World at Arms: A Global History of World War II* (2nd ed.) (Cambridge University Press, 2005)
- Gideon Rose, "Get Ready for the Next Nuclear Age – How Trump might drive proliferation," Foreign Affairs (8 March 2025)
- Graham Allison, *Destined for War: Can America and China Escape Thucydides's Trap?* (Houghton Mifflin Harcourt, 2017)
- Graham Allison, "The Myth of the Liberal Order: From Historical Accident to Conventional Wisdom", Foreign Affairs, Volume 97, Number 4 (2018), pp. 124-133
- Graham Allison, Kevin Klyman, Karina Barbesino, Hugo Yen, "The Great Tech Rivalry: China vs the U.S.", Avoiding Great Power War Project, Harvard Kennedy School Belfer Center for Science and International Affairs (December 2021)
- Graham Allison and Robert Blackwill, *America's National Interests*, The Commission on America's National Interests (1998)
- Hal Brands and Michael Beckley, "China is a Declining Power – and That's the Problem," Foreign Policy (24 September 2021)
- Hal Brands, "The Age of Amorality – Can America Save the Liberal Order Through Illiberal Means?" Foreign Affairs (20 February 2024)
- Hal Brands, "The Renegade Order – How Trump Wields American Power," Foreign Affairs (25 February 2025)
- Halford Mackinder, "The Geographical Pivot of History", The Geographical Journal, Volume 23, Number 4 (1904), pp. 421-437
- Haneul Jung, *Clash of Worldviews: Understanding 21st Century International Order Through Ideas*, System for International Law and Order (2025)

- Haneul Jung, "Decoding Global Politics: The Complex Workings of International Relations", SiLO Perspectives No. 3 (September 26, 2024)
- Haneul Jung & Nu Ri Jung, "Enforcing 'Purely' Environmental Obligations Through International Trade Law: A Case of the CPTPP's fisheries Subsidies", Journal of World Trade, Volume 53, Issue 6 (2019), pp. 1001-1020
- Haneul Jung, "Kant's Perpetual Peace: The Foundation of the Liberal Worldview", SiLO Perspectives No. 6 (2025)
- Haneul Jung & Nu Ri Jung, "Longstanding Riddle about the Doctrine of Legitimate Expectation Under International Investment Law – Ascertaining Legal Tests for the Customary International Law's Minimum Standard of Treatment", Northwestern Journal of International Law and Business, Volume 42, Issue 2 (2022)
- Haneul Jung & Jeongmeen Suh, "Preventing Systematic Circumvention of the SCM Agreement: Beyond the Mandatory / Discretionary Distinction", World Trade Review, Volume 15, Issue 3 (2016), pp. 475-493
- Haneul Jung, et al., "Responding to Foreign Anti-Dumping Investigations: Exclusion of Korean PVC Shrink Film Products from Colombian Anti-Dumping Duties", Lexology (29 November 2013)
- Haneul Jung, "Tackling Currency Manipulation with International Law: Why and How Currency Manipulation should be Adjudicated?", Manchester Journal of International Economic Law, Volume 9, Issue 2 (2012)
- Haneul Jung, "The Age of Reason: How the European Enlightenment Shaped Modern Civilization", SiLO Perspectives No. 5 (December 2, 2024)
- Haneul Jung, "The Ends Justify the Means? Realpolitik's Clash with Legitimacy Through History", SiLO Perspectives No. 4 (14November 2024)
- Haneul Jung, "The European Balance of Power: The 19th Century Geopolitics Behind the World War II", SiLO Perspectives No. 7 (2025)
- Haneul Jung, "Welcome to Our Changing World: Why the World Order is Shifting and Why It Matters", SiLO Perspectives No. 2 (7 June 2024)
- Hans Kelsen, *Pure Theory of Law* (originally in 1960), The Lawbook Exchange (2009)
- Hans Kundnani, "What is the Liberal International Order?", German Marshall Fund (3 May 2017)
- Hans Morgenthau, *Politics Among Nations* (7th ed), McGraw-Hill Education (2005)
- Henry Farrel and Abraham Newman, "Weaponized Interdependence: How Global Economic Network Shape State Coercion", International Security, Vol. 44, No. 1

(2019)
- Henry Kissinger, *Diplomacy*, Simon & Schuster (1994)
- Henry Kissinger, *World Order*, Penguin Books (2015)
- Henry Sokolski, "Getting Ready for a Nuclear-Ready Iran: Report of the NPEC Working Group," in Getting Ready for a Nuclear-Ready Iran, ed. Henry Sokolski and Patrick Clawson. (Strategic Studies Institute, 2005), pp. 1-10
- Hippolyte Forack, "US-Africa Leaders Summit could make history - if leaders recalibrate trade relations," Atlantic Council (12 December 2022)
- Holger Herwig, *The Influence of A.T. Mahan upon German Sea Power* (U.S. Naval War Collge, 1990).
- Hope Seck, "The Navy Wants to Decommision 24 Ships. Are Plans for A Mega-Fleet Dead?" SANDBOXX (3 April 2022)
- Hope Seck, "Hypersonic Weapons Could Rescue The Navy's Stealth Destroyer" SANDBOXX (3 April 2022)
- H.L.A. Hart, *The Concept of Law*, Oxford University Press (1997)
- H. P. Willmott, *First World War*, Dorling Kindersley H/B (2003)
- Ian Hurd, *International Organizations: Politics, Law, Practice*, Cambridge University Press (2011)
- Ian Hurd, "Legitimacy and Authority in International Politics," International Organization (World Peace Foundation, 1999), pp. 379-403
- Immanuel Kant, *Perpetual Peace - A Philosophical Essay* (originally in 1795), CreateSpace Independent Publishing Platform (2016)
- International Bank for Reconstruction and Development (The World Bank): "The 2011 World Development Report"
- Isaac Chotiner, "Why John Mearsheimer Blames the U.S. for the Crisis in Ukraine," The New Yorker (1 March 2022)
- Jack Donnelly, "The Ethics of Realism", in Christian Reus-Smit & Duncan Snidal (eds.), The Oxford Handbook of International Relations, Oxford University Press (2008)
- Jaemin Lee, "IHR 2005 in the Coronavirus Pandemic: A Need for a New Instrument to Overcome Fragmentation?," ASIL Insights, Volume 24, Issue 16 (2020)
- Jaemin Jeon & Haneul Jung, "Korea" Chapter, Brian Facey (ed.), Foreign Investment Regulation Review, Law Business Research (2016)
- James Fearon, "Rationalist Explanations for War," *International Organization*,

Volume 49, Number 3 (Summer 1995), pp. 379-414

- Jamie Gaida, Jennifer Wong Leung, Stephan Robin & Danielle Cave, "ASPI's Critical Technology Tracker – The global race for future power," Australian Strategic Policy Institute (2 March 2023)
- Jared Diamond, *Guns, Germs, and Steel,* W. W. Norton (2005)
- Jean Jacques Rousseau, *The Social Contract* (originally 1762), Ozymandias Press (2018)
- Jeannette Money, "Globalization, international mobility and the liberal international order," International Affairs, Volume 97, Issue 5 (2021), pp. 1559-1577
- Jeff Colgan and Robert Keohane, "The Liberal Order is Rigged: Fix it Now or Watch it Wither," Foreign Affairs, Volume 96, Number 3 (2017) pp. 36-44
- Jeremy Baum & John Villasenor, "How close are we to AI that surpasses human intelligence?" Brookings (18 July 2023)
- Jeremy Rifkin, *The European Dream: How Europe's Vision of the Future is Quietly Eclipsing the American Dream*, Jeremy P. Tarcher Inc. (2004)
- John Culver, "How to Read Xi Jinping – Is China Really Preparing for War?", Foreign Affairs (6 June 2023)
- John Delaney, et. al, "2022 Emerging Technology Trends, Perkins Coie LLP (January 2022)
- John Gray, *Straw dogs: Thoughts on humans and other animals* (Granta Books, 2002)
- John Gray, *Black Mass: Apocalyptic religion and the death of utopia* (Allen Lane, 2007)
- John Gray, *The silence of animals: On progress and other modern myths* (Allen Lane, 2013)
- John Ikenberry, *After Victory: Institutions, Strategic Restraint, and the Rebuilding of Order after Major Wars*. Princeton University Press (2001)
- John Ikenberry, *A World Safe for Democracy: Liberal Internationalism and the Crises of Global Order*. Yale University Press (2020)
- John Ikenberry, "Is American Multilateralism in Decline?", Perspectives on Politics, Volume 1, Number 3 (2003), pp. 533-550
- John Ikenberry, *Liberal Leviathan: the origins, crisis, and transformation of the American world order*. Princeton University Press (2011)
- John Ikenberry, *Liberal Order and Imperial Ambition: Essays on American Power*

- *and International Order*. Princeton University Press (2011)
- John Ikenberry, *Power, Order, and Change in World Politics*. Cambridge University Press (2014)
- John Ikenberry, "Salvaging the G-7", Foreign Affairs, Vol. 72, No. 2 (1993), pp. 132-139
- John Ikenberry, "The End of liberal international order?", International Affairs, Issue 94, Volume 1 (2018), pp. 7-23
- John Ikenberry, "The Future of the Liberal World Order", Foreign Affairs, May/June (2011), pp. 56-68
- John Ikenberry, "The Illusion of Geopolitics: The Enduring Power of the Liberal Order", Foreign Affairs, Volume 93, No. 3 (2014) pp. 80-90
- John Ikenberry, "The Plot Against American Foreign Policy: Can the Liberal Order Survive?", Foreign Affairs, Volume 93, No. 3 (2017) pp. 2-9
- John Kane, "Democracy and world peace: the Kantian dilemma of United States foreign policy," Australian Journal of International Affairs (2012), Volume 66, pp. 292-312.
- John Lewis Gaddis, *The Cold War:* A New History, Penguin Books (2006)
- John Lewis Gaddis, "Why Would Anyone Want to Run the World? – The Warnings in Cold War History," Foreign Affairs (7 June 2024)
- John Locke, *Two Treatises of Government* (originally in 1689), CreateSpace Independent Publishing Platform (2014)
- John Mearsheimer, "Bound to Fail: The Rise and Fall of the Liberal International Order", International Security, Vol. 43, No. 4 (Spring 2019), pp. 7-50
- John Mueller, "PAX AMERICA is a Myth: Aversion to War Drives Peace and Order," The Washington Quarterly (Fall 2020), pp. 115-136
- John Pomfret & Matt Pottinger, "Xi Jinping Says He is Preparing China for War – The World Should Take Him Seriously," Foreign Affairs (29 March 2023)
- John Rawls, *A Theory of Justice* (originally in 1971), (Belknap Press, 1999)
- John Ruggie, "International Regimes, Transactions, and Change: Embedded Liberalism in the Postwar Economic Order", International Organization, Vol. 36, No. 2 (1982), pp. 379-415
- John Ruggie, "Multilateralism: The anatomy of an institution", in John Ruggie (ed.), Multilateralism Matters: The Theory and Praxis of an Institutional Form, Columbia University Press (1993), pp. 3-47
- J.V. Stalin, Questions & Answers to American Trade Unionists: Stalin's Interview

with the First American Trade Union Delegation to Soviet Russia (September 15, 1927), Marxists Internet Archive
- John Stuart Mill, *On Liberty* (originally in 1859), Dover Publications (2002)
- John Weitz, *Hitler's Banker: Hjalmar Horace Greeley Schaht* (originally in 1997), Warner Futura (2002)
- Jon Western & Joshua Goldstein, "Humanitarian Intervention Comes of Age, Lessons From Somalia to Libya," Foreign Affairs, FRNA, 48, Volume 90 (2011)
- Jonathan Kirshner, "Bring Them All Back Home? Dollar Diminution and U.S. Power," The Washington Quarterly, Volume 36, Issue 3 (Summer 2013), pp. 27-45
- Jonathan Kirshner, "Trump's 'America First' is Not Realism," Foreign Affairs (22 January 205)
- Joseph Ebeghulem, "The Failure of Collective Security in the Post World Wars I and II International System", International Journal of Peace and Conflict Studies. Volume 1, Number 1 (2012)
- Joseph Nye and David Welch, *Understanding Global Conflict & Cooperation: Intro to Theory & History* (9th Ed.), Pearson Education (2014)
- Karen Mingst, Heather Mckibben, Ivan Arreguín-Toft, *Essentials of International Relations* (8th Ed.), W.W. Norton (2019)
- Karl Marx & Frederick Engels, *Manifesto of Communist Party*, Foreign Language Press (1972)
- Keith Rockwell, "The drums echoing: Africa's rising clout in global trade and geopolitics," hinrich foundation (8 August 2023)
- Kenneth Oye, "Explaining Cooperation under Anarchy: Hyopthesis and Strategies," World Politics Volume 38, Issue 1 (1985), pp. 1-24
- Kenneth Waltz, "Globalization and Governance," Political Science and Politics, Volume 32, Number 4 (December 1999), pp. 693-700
- Kenneth Waltz, *Theory of International Politics*, (Waveland Press, 2010)
- Kenneth Waltz, "Why Iran Should Get the Bomb: Nuclear Balancing Would Mean Stability," Foreign Affairs, Volume 91, Issue 4 (2012)
- Kenton Thibaut, *Chinese Discourse Power: Capabilities and Impact*, Atlantic Council (August 2023)
- Kevin Grier and Robin Grier, "The Washington Consensus Works: Causal Effects of Reform, 1970-2015", Journal of Comparative Economics, Vol. 49 (8 September 2020), pp. 59-72

- Kofi Annan, "Reflections on Intervention," The Question of Intervention: Statements by the Secretary-General (United Nations, 1999)
- Larry Diamon, "How to End the Democratic Recession – The Fight Against Autocracy Needs a New Playbook," Foreign Affairs (22 October 2024)
- Lisa Martin, "Interests, Power, and Multilateralism", International Organization, Volume 46, Number 4, (1992), pp. 765-792
- Lori Damrosch, et al., *International Law – Cases and Materials* (4th ed), West Group (2002)
- Louis Henkin, *How Nations Behave – Law and Foreign Policy* (2nd ed), Council on Foreign Relations (1979)
- Luke Amadi, "Globalization and the changing liberal international order: A review of the literature", Research in Globalization 2 (2020)
- Malcolm Jorgensen, "The German National Security Strategy and International Legal Order's Contested Political Framing," European Journal of International Law Blog (5 July 2023)
- Mario Coccia, "Why do nations produce science advances and new technology?", Technology in Society 59 (2019)
- Mark Esper, *A Sacred Oath: Memoirs of a Secretary of Defense During Extraordinary Times*, William Morrow (2022)
- Mark Gunzinger & Bryan Clark, "Winning The Salvo Competition: Rebalancing America's Air and Missile Defenses," Center for Strategic and Budgetary Assessments (20 May 2016)
- Mark Copelovitch, Sara Hobolt & Stefanie Walter, "Challenges to the contemporary global order. Cause for pessimism or optimisim?", Journal of European Public Policy, Volume 27, Issue 7 (2020), pp. 1114-1125
- Markus Kornprobst and T. V. Paul, "Globalization, deglobalization and the liberal international order," International Affairs, Volume 97, Issue 5, (2021) pp. 1305-1316
- Martin Gilbert, *First World War*, Stoddart Publishing (1994)
- Matt Gobush, "Resurrecting Woodrow Wilson: A Christian Critique of Liberal Internationalism," Providence (29 June 2018)
- M. E. Sarotte, "Why They Fight – What's at Stake in the Blame Game Over Ukraine," Foreign Affairs (9 April 2025)
- Mette Eilstrup-Sangiovannia and Stephanie C. Hofmann, "Of the contemporary global order, crisis, and change," Journal of European Publis Policy, Volume 27, Issue 7 (2020) pp. 1077-1089

- Michael Albertus, "The Coming Age of Territorial Expansion – Climate Change will Fuel Contests – and Maybe Wars – for Land and Resources," Foreign Affairs (4 March 2025)
- Michael Cox, "Power Shifts, Economic Change and the Decline of the West," International Relations, Volume 26, Issue 4 (2012)
- Michael Desch, "Benevolent Cant? Kant's Liberal Imperialism," The Review of Politics, Volume 73, Number. 4 (2011) pp. 649-656
- Michael Doyle, "Why They Don't Fight – The Surprising Endurance of the Democratic Peace," Foreign Affairs (June 18, 2024)
- Michael Doyle, "Kant, Liberal Legacies, and Foreign Affairs," Philosophy & Public Affairs, Volume 12, Issue 3 (1983), pp. 205-235
- Michael Kimmage, "The World Trump Wants – American Power in the New Age of Nationalism," Foreign Affairs (25 February 2025)
- Michael Kofman and Rob Lee, "Beyond Ukraine's Offensive – The West Needs to Prepare the Country's Military for a Long War," Foreign Affairs (March 10, 2023)
- Michael Mandelbaum, *The Case for Goliath: How America Acts as the World's Government in the 21st Century* (Perseus Books, 2005)
- Michael Mandelbaum, *The ideas that conquered the world: peace, democracy and free markets in the twenty-first century*. Public Affairs (2004)
- Michael Sandel, *Liberalism and the Limits of Justice* (Cambridge University Press, 1982)
- Michael Sandel, *The Tyranny of Merits: What's become of the Common Good?* (Farrar, Straus and Giroux, 202)
- Mike Pence, *So Help Me God*, Simon & Schuster (2022)
- Miles Kahler, "Multilateralism with Small and Large Numbers," International Organization, Volume 46, Number 3, (1992), p. 681
- Mitch McConnell, "The Price of American Retreat – Why Washington Must Reject Isolationism and Embrace Primacy," Foreign Affairs (16 December 2024)
- Moisés Naím, "Globalization," Foreign Policy (March/April 2009), pp. 28-34
- Monica Toft, "The Return of Spheres of Influence – Will Negotiations Over Ukraine Be a New Yalta Conference that Carves Up the World?" Foreign Affairs (13 March 2025)
- Nicola-Ann Hardwick, "The UN During the Cold War: 'A tool of superpower influence stymied by superpower conflict?'", E-International Relations (2011)
- Nicholas Lardy, "Issues in China's WTO Accession," Brookings Testimony (9 May

2001)
- Nicholas Lardy, "How serious is China's economic slowdown?" Peterson Institute for International Economics (17 August 2023)
- Niccolo Machiavelli, *The Prince* (originally in 1532)(A Penguin Classics Hardcover), Penguin Classics (2015)
- Noam Chomsky, *World Orders*, Old and New (Pluto Press, 1994)
- Norrin Ripsman, "Globalization, deglobalization and Great Power Politics," International Affairs, Volume 97, Issue 5, (2021), pp. 1317-1334
- Odd Arne Westad, *The Cold War:* A World History, Basic Books (2019)
- Pankaj Ghemawat, "Why the World Isn't Flat," Foreign Policy, Number 159 (March/April 2007), pp. 54-60
- Pascal Lamy, "The slow American protectionist turn," VOX (27 March 2023)
- Paul Bracken, The Second Nuclear Age: Strategy, Danger, and the New Power Politics, Times Books (2012)
- Paul Gewirtz, "China, the United States, and the future of a rules-based international order," Brookings (22 July 2024)
- Paul Kennedy, *The Rise and Fall of the Great Powers: Economic Change and Military Conflict from 1500 to 2000*, Random House (1989)
- Paul Krugman, "China's Future Isn't What It Used to Be," The New York Times (22 December 2022)
- Peter Drysdale & Charlie Barnes, "How India can realize its ambitions to become a great power," hinrich foundation (23 August 2022)
- Peter Gries, *China's New Nationalism: Pride, Politics, and Diplomacy*, University of California Press (2004)
- Peter Hays Harris, "Losing the International Order: Westphalia, Liberalism and Current World Crises," The National Interest (10 November 2015)
- Peter Zeihan, *Disunited Nations: The Scramble for Power in an Ungoverned World*, HarperCollins (2020)
- Peter Van den Bosshe, *The Law and Policy of the World Trade Organization* (2nd Ed.), Cambridge University Press (2008)
- Petros C. Mavroidis and André Sapir, "All the Tea in China: Solving the 'China Problem' at the WTO," Global Policy Volume 12, Supplement 3 (April 2021)
- Philip Setler-Jones, "Welcome to the New Deal-based Order," World Economic Forum (2017)
- Pierre Lemieux, "Dispelling Supply Chain Myths," CATO Institute (Summer 2022)

- Pratap Bhanu Mehta, "Indispensable Nations – The Fall and Rise of Nationalism," Foreign Affairs (25 February 2025)
- Rakesh Kochhar, Richard Fry, and Molly Rohal, "The American Middle Class is Losing Ground," Pew Research Center (9 December 2015)
- Rakesh Kochhar & Stella Sechopoulos, "How the American middle class has changed in the past five decades," Pew Research Center (20 April 2022).
- Randall Schweller, "Grand Strategy Under Nonpolarity," in Thierry Balzacq & Ronald Krebs (eds.), The Oxford Handbook of Grand Strategy (2021)
- Richard Hass, "The Age of Nonpolarity: What Will Follow U.S. Dominance," Foreign Affairs (3 May 2008)
- Richard Haas, "World Order 2.0," Foreign Affairs, (January/February 2017)
- Richard Helms, "Memorandum for the Director of Central Intelligence: Meeting with the Attorney General of the United States Concerning Cuba" (19 January 1962)
- Richard Kohn, "An Essay on Civilian Control of the Military," Diplomacy, March (1997)
- Robert Art, "American Foreign Policy and the Fungibility of Force," Security Studies, Volume 5, Number 4 (Summer 1996), pp. 7-42
- Robert Art, "To What Ends Military Power?" International Security, Volume 4, Number 4 (Spring 1980), pp. 3-35
- Robert Art & Robert Jervis (eds.), *International Politics: Enduring Concepts and Contemporary Issues* (12th ed)(Pearson, 2015)
- Robert Gilpin, *U.S. Power and the Multinational Corporation* (Basic Books, 1975)
- Robert Jervis, "Cooperation Under the Security Dilemma," World Politics, Volume 30, Number 2 (January 1978), pp. 18-214
- Robert Jervis, "Theories of War in an Era of Leading-Power Peace: Presidential Address, American Political Science Association, 2011," American Political Science Review, Volume 96, Number 1 (March 2022), pp. 1-14
- Robert Kagan, "The Ambivalent Superpower: America and the world aren't getting a divorce. But they are thinking about it," Politico Magazine (March/April 2014).
- Robert Kagan, *The World America Made*. Vintage Books (2012)
- Robert Kagan, "The twilight of the liberal world order," Brookings Report (24 January 2017)
- Robert Keohane, "International Institutions: Can Interdependence Work?" Foreign

Policy, Issue 110 (Spring 1998), pp. 82-94
- Robert Powell. 1991. "Absolute and Relative Gains in International Relations Theory," The American Political Science Review, Volume. 85, Number 4:1303-1320
- Robert Ross and Zhu Feng (eds.), *China's Ascent: Power, Security, and the Future of International Politics*, (Cornell University, 2008)
- Ronald Dworkin, *Law's Empire*, Harvard University Press (1986)
- Samuel Barkin and Bruce Cronin, "The state and the nation: changing norms and the rules of sovereignty in international relations," International Organization, Volume 48, Issue 1 (1994), pp. 107-130
- Samuel Huntington, *The Clash of Civilization and the Remaking of World Order*, Simon & Schuster (2011)
- Samuel Huntington, *The Third Wave: Democratization in the Late Twentieth Century*, Volume 4, University of Oklahoma Press (1993)
- Sherzod Shadikhodjaev, "Steel Overcapacity and the Global Trading System," Asian Journal of WTO & International Health Law and Policy, Volume. 16, Number 2 (Sep 2021), pp. 179-218
- Sid Simpson, "Making liberal use of Kant? Democratic peace theory and Perpetual Peace," International Relations, Volume. 33, Issue 1 (2019) p. 109-128
- Simon Newman, "The Hegelian Roots of Woodrow Wilson's Progressivism," American Presbyterians, Volme 64, Number 3 (Fall 1986), PP. 191-201.
- Sonali Das, "China's Evolving Exchange Rate Regime," IMF Working Paper (March 2019)
- Stephen Brooks, John Ikenberry and William Wohlforth, "Lean Forward: In Defense of American Engagement," *Foreign Affairs*, Volume 92, Number 1 (2013), pp. 130-142
- Stephen Brooks, "The Trade Truce? – When Economic Interdependence Does – and Doesn't – Promote Peace," Foreign Affairs (18 June 2024)
- Stephen McGlinchey, "Nuclear Weapons and International Relations," *E-International Relations* (2022)
- Stephen Walt, "China Wants a 'Rules-Based International Order,' Too," *FP* (31 March 2021)
- Stephen Walt, *The Origins of Alliances* (Cornell University Press, 1990)
- Stephanie Hofmann, "Global Ordering and Organizational Alternative for Europe: NATO vs. the European Union?", Texas National Security Review (2019), pp. 13-20

- Steve Chan, "Challenging the liberal order: the US hegemon as a revisionist power," International Affairs, Volume 97, Issue 5 (2021), pp. 1335-1352
- Steven Croley & John Jackson, "WTO Dispute Procedures, Standard of Review, and Deference to National Government," American Journal of International Law Volume 90, Number 2 (April 1996), pp. 193-213
- Steven Ratner, "International Law: The Trials of Global Norms," Foreign Policy, Issue 110 (Spring 1998), pp. 65-75
- Suisheng Zhao, *A Nation-State by Construction: Dynamics of Modern Chinese Nationalism*, Stanford University Press (2004)
- Tanisha Fazal, "The Power of Principles – What Norms are Still Good For," Foreign Affairs (18 June 2024)
- Ted Galen Garpenter, "The Imperial Lure: National Building as a US Response to Terrorism" Mediterranean Quarterly (Winter 2006), pp. 34-47
- The White House, *Indo-Pacific Strategy of the United States* (February 2022)
- Thomas Friedman, *The Lexus and the Olive Tree,* (Farrar, Straus, Giroux, 1999)
- The White House, "United States Strategic Approach to the People's Republic of China," (May 20th, 2020)
- Thomas Hobbes, *Leviathan* (originally in 1651), Hackett Publishing Company (1994)
- Thomas Paine, *Rights of Man* (originally in 1791), Dover Publications (1999)
- Thomas Schelling, *Arms and Influences* (Yale University, 1966)
- Thucydides, *History of the Peloponnesian War* (Rex Warner, 1954)
- Tim Marshall, *Prisoners of Geography: Ten Maps that Explain Everything About the World*, Scribner (2015)
- Tim Chapman, *The Congress of Vienna 1814-1815*, Routledge (1998)
- Timothy Snyder, *Bloodlands: Europe Between Hitler and Stalin* (Basic Books, 2010)
- Timothy Snyder, *On Tyranny: Twenty Lessons from the Twentieth Century* (Crown, 2017)
- Timothy Snyder, *On Freedom* (Crown, 2024)
- Tom Buchanan, *Europe's Troubled Peace, 1945-2000*, Blackwell Publishing (2006)
- Tom Wright, *All Measures Short of War: The Contest for the 21st Century and the Future of American Power* (Yale University Press, 2012)
- Tomuschaat Christian, *The United Nations at Age Fifty: A Legal Perspective*, Martinus Nijhoff Publishers (1995)

- United States Trade Representative, 2018 Trade Policy Agenda and 2017 Annual Report of the President of the United States on the Trade Agreements Program (2018)
- United States Trade Representative, 2021 Report to Congress on China's WTO Compliance (February 2022)
- Umut Aydin, "Emerging middle powers and the liberal international order", International Affairs, Volume 97, Issue 5 (2021), pp. 1377-1394
- Walden Bello, *Deglobalization: Ideas for a New World Economy*, Zed Books (2004)
- Ward Wilson, *Five Myths about Nuclear Weapons*, Houghton Mifflin Harcourt (2013)
- William Thompson, *Power Concentration in World Politics: The Political Economy of Systemic Leadership, Growth and Conflict*, Springer (2020)
- Yubal Harari, "Why Vladimir Putin has already lost this war," The Guardian (28 February 2022)
- Zachariah Mampilly, "What 'the Global South' Really Means – A Modern Gloss for Old Divisions," Foreign Affairs (1 April 2025)
- Zbigniew Brzezinski, *The Grand Chessboard: American Primacy and Its Geostrategic Imperatives*, Basic Books (1998)

앞서 열거한 자료들 외에도, 저자가 어린 시절부터 일상적으로 접해온 뉴스, 잡지, 보고서, 각종 영상 자료 등은 직·간접적으로 이 책에 반영되었거나, 최소한 논리 전개의 틀을 형성하는 데 기여했을 것이다. 그러나 그 모든 출처를 일일이 특정하여 명시하는 것은 현실적으로 불가능했다.

세계관의 충돌
21세기 국제질서 사상으로 이해하기

발 행 일   2025년 11월 30일

지 은 이   정하늘
발 행 인   정하늘
발 행 처   국제법질서연구소
등   록   제2022-000198호
기획편집   심지원
디 자 인   오성민

ISBN   979-11-984119-9-0
정가   18,000원

본 서적에는 KoPubWorld 및 Noto Sans 서체가 사용되었습니다.
본 서적은 관련 법령에 의해 보호받는 지적재산으로서 무단 전재와 복제를 금합니다.